U0024348

失敗的偶像

——魯迅批判

敬文東・著

自序

1

　　有很長一段時間，魯迅的著作成了中國大陸少數幾本合法讀物之一。從許多曾親身經歷過那段荒唐歲月的當代中老年學者們的著述裏，我們可以看到對這種情況的生動描述。一般說來，他們大都是懷著感激的心情談起魯迅的：在那個堪稱文化沙漠、思想廢墟的年代，魯迅的文字無異於綠洲和可以供他們歇腳、居住的宅屋。的確，那個人的犀利、深湛、近乎天才般的創造力，還有他對人生無常、虛妄、絕望的肉身體驗，對生活在那個膚淺、狂熱、集體抽風年代中的饑餓青少年，可以想見，帶來的激動該會是怎樣的強烈。

　　余生也晚，沒有機會去親身體驗那種被迫的激動。在我七、八歲時，那個荒唐絕倫的時代終於結束了；其後的社會雖也幾經反覆，所幸的是，都還未倒退到合法讀物只剩下幾本的程度。但魯迅仍然是我們這一代讀書人接觸的最早的作家之一。我最早讀到的魯迅文字，大約是小學四年級語文課本裏的〈故鄉〉選段。教我的老師是一個斜眼，他講得唾沫橫飛。因為我在同學中年齡偏小，發育也較晚，坐在了最前排，因此就很有幾滴餘唾濺在了我臉上。等我去擦臉時，老師本來是向著正前方觀看的眼睛，我怎麼都覺得是在斜對著我不安分的手。

　　老師從魯迅的童年講起，直到魯迅的成就、貢獻，尤其是在他說到魯迅對小資產階級、帝國主義和國民黨的斜視時，我不禁笑出聲來。當然也遭到了他的呵斥。多年以後，我才明白，那位剛剛中學畢業就來給我們代課的民辦老師（即國家正式編制之外的小學教師）、前「紅衛兵」，關於魯迅的所有言論幾乎都是在「文革」的「講用」會上道聽塗說而來的。有趣的是，正好是十年後，他以老資格的民辦教師身份，考入了我

任教的那所師範學校（那是從「民辦」教師轉為「公辦」教師的必須手續）。我給他講授生物學，也順帶向他請教了十年來殘存的疑問。他證實了自己的道聽塗說：「如果我那個時候有書念，也好好念，我們的關係就不會搞反了。」我理解這中間的心酸。

遺憾的是，我對課文不感興趣，對那個善於在雪地上捉鳥的閏土更是索然寡味。因為那時我自信自己的捉鳥技術早已超過了他。我老家的麻雀在時隔二十年後，至今還對我心有餘悸，見到我都會躲得遠遠的，就是最好的證據。回頭想起來，那是因為當時我根本就沒有能力理解那篇課文。順便說一句，現在我認為，給小學生選講魯迅是極其不合時宜的，因為他的確難以得到一個小學生的理解，就更不用說共鳴了。

從那以後直到中學結束，每學期都會碰到魯迅，有時一學期能和他見面兩次或兩次以上（一冊語文課本裏選有兩篇或兩篇以上魯迅的文章）。這和許多別的作家在課本中遇到的情況完全不同，他們一閃身就逝去了，幾乎再也沒有回來過。博學的翦伯贊、多餘人瞿秋白、充滿母愛的冰心、憂鬱的普希金、絞刑架下的伏契克……他們再也沒有回來過。我們那個時代的語文課本不僅沾染了太多的意識形態，同時也是編者和時代的共同勢利上下其手達成的可笑妥協的結果。我的所有語文老師在講解魯迅時，無一例外都是滔滔不絕。我高中時代的老師是個老頭，就數他最為有趣。他眼睛奇大，個子奇小，講起魯迅不僅唾沫橫飛，而且兩眼發光、溜溜直轉，彷彿全身上下就只有他的嘴和眼，其餘部分都被省略了。這位前大學中文系教師最絕的一招，是把魯迅的文字肉身化為他在講臺前的表演。在講到〈資本家的乏走狗〉時，他模仿了魯迅對梁實秋的各種動作，滑稽之極，卻又明顯和魯迅的文字吻合到了天衣無縫的程度。閃轉身，他又在想像中模仿起梁實秋看了這篇文章之後的舉動：舉起雙手做投降狀並念念有詞：「我不生氣」……我至今仍能記得老師當年的舉止；在我看來，那幾乎就是對魯迅的最好研究了，勝過了許多高頭講章。

我的親身體驗和觀察告訴我，魯迅的確教育、修改、薰陶了幾代人的心靈。從老師們的動作上，從語文課本的編排目的上，都能讓我們得

出這樣的判斷。除此之外，更多的生活事實還可以有力地支持這一結論。大學畢業後，我曾在老家一所師範學校任教。我有一位同事，也是一位語文教師，此老說話尖酸刻薄，幾乎對所有的人與事都不滿意，牢騷滿腹。有一次，他煞有介事地對我說：「老子這張嘴麼，說是要說的，」他眼睛幾翻，就像沙汀筆下的那個邢幺吵吵，「老子這一代人麼，受魯迅的影響太大了。」我當時對此的反應是：你以為魯迅只有刻薄和牢騷嗎？我至今仍然能記住他說的那句話和他說那句話時的神情：滿足、得意又無可奈何。我的震驚產生在很久以後：我和那位老先生之間隔著幾十年的光陰，看來魯迅對其後幾代人頭腦、行動和語言的修改能力之大，的確是名不虛傳。

因為有很長一段時間，我也有著強烈憤世嫉俗、尖酸刻薄的惡劣習性。說來慚愧，我也把它的得來歸結為魯迅對我的教育。的確，我受惠魯迅很多，我曾不只一次地讀過他的全集；在我最絕望的時候，他還充當過我的救命稻草。我仍然能記起在那些灰暗、慘敗的日子裏，他的著作，尤其是他傳奇般的痛苦經歷極大地鼓舞了我。以尖刻的目光看待人世，確實給了我生存下去的力量。今天，我不會再諱言這一點。從這個意義上，他如果不是我的救命恩人，起碼也是指路明燈。為此，我至今仍然感謝他。

但是，我越來越沮喪地發現，我身上的偏執、狹隘也的確部分地來源於他的文字。回頭想起來，這基於一個非常簡單的事實：我們從小學到中學的語文課本編選的魯迅文章，大多是被比喻為投槍、匕首的論戰雜文。我們從魯迅那裏學到最多的——說起來很好笑——就是罵人和諷刺的藝術。鄙人的諷刺技術就相當不錯，堪稱行家裏手。我相信，這不能完全被稱作「以小人之腹度君子之心」，也不能完全被看成對魯迅的誤解。如果一個人的行為老是讓人產生誤解，老是得到以小人之腹度君子之心的滑稽待遇，被誤解者和君子們的身份以及風度，如果不能說要大打折扣，起碼也有它（他）們自己的漏洞——它（他）們給這些行為的最終成型開啟了暗中的後門。

2

　　在濟南讀書時，我認識了散文家劉燁園先生。他自稱是魯迅的信徒。這位前「紅衛兵」的確對魯迅有著超乎常人的虔誠。我讀過劉先生的好幾本散文集，我確實看到了魯迅的語氣、魯迅的身影、魯迅的神態，令人滑稽地溜進了他的字裏行間。直到今天，我仍然認為劉燁園是一位優秀的散文家，但他強學魯迅而又不得其神的尷尬，始終使他的文字有著近乎矯情的做作。這是他作為作家最大的敗筆。1994 年春天的一個深夜，在他的客廳裏，他模仿魯迅的神情：給我們幾個前去拜訪他的人解釋過，他的紅衛兵時代就是魯迅陪著度過的。陡然之間，我似乎明白了許多。

　　很多受到魯迅影響的人，尤其是花了一生的時間研究魯迅的人，迫於魯迅巨大的威懾力，在不知不覺間開始了對魯迅的模仿：從腔調、神態、情緒、行文直到動作。我從許多魯學研究者的文字裏聽到了魯迅的腔調。但我能一眼看出，它們都是贗品，是假冒的文物。在魯迅研究中，模仿魯迅似乎成了時髦，或者是在不經意間給薰陶出來的？坦率地說，無論是哪種情況，都讓我不舒服。

　　有不少作家，甚至是相當優秀的作家，同樣遺憾地讓我們看到了這一面孔：張煒的散文中（尤其是那些號稱「夜讀」魯迅的文字），就混合著孔子的神態和魯迅的語調，其摻水的假深沉、貼膏藥的頓足捶胸、故意大叫後弄啞了的嗓音、有意在夜半寫作而生造出的憂心忡忡，讓人讀起來頭皮發麻。順便說一句，上述一切，其實我都不反對；但必須要自然，不要讓人聯想到魯迅的面孔。至今我仍然相信，魯迅是獨一無二的。你模仿不了。就更不用說矯揉造作到令人好笑的梁作家曉聲的拙劣表演了。梁某人處處把自己打扮成聖人，處處把自己當作正義的化身，而他的整個對立面無疑都是值得唾棄的了。今天我要在這裏說，他在用假嗓子說話，因為他把魯迅沉重的、蒼老的語調誤讀成了假嗓子；他哄抬物價，把自己矯揉造作的假嗓子認作了魯迅語調上沉重的蒼老。──看來我當年那位同事的話，描述的決不只是他自己。

我把這些人通稱為「小魯迅」。坦率地說，當我終於有一天發現自己身上的劣根性——故作姿態的神情、矯情到荒謬滑稽的動作、在憤世嫉俗中以便把自己打扮為崇高莊嚴的化身，一句話，極端不自然的表情——又出現在其他人身上時，我感到毛骨悚然，也更加厭惡自己從前的表現。不過，我仍然得感謝他們，是他們促成了我的警醒，讓我開始拋開幾乎所有的魯迅研究文字，去理解我心目中的魯迅：他的優點、缺點，他的偏執，他的殺傷力，他可愛的地方、值得人討厭的地方，他的巨大力量，以及他在對幾代人頭腦的修改過程中留下的可怕後遺症。當然，也迫使我 1997 年 10 月在上海華東師範大學博士生樓一間朝西的房間裏，寫下了表示決心的拙劣詩行：

> 我放棄了玄想、悲哀甚至尖刻的語言
> 成天只馳騁在軼聞瑣事之間
> 不再為人類發愁，不再為歷史擔憂
> 正想和凡夫俗子交心，他們已經拉攏了我。

（敬文東〈如今〉）

從那時起，我開始了重新學習；學習的主要科目之一，就是以一個正常的、健康的、寬容的普通人的心態，去面對生活、人間瑣事、凡夫俗子。我渴望走出魯迅的陰影。讓我沮喪的是，一個朋友在看了這本書中的部分文字後說：你的文章火氣很旺，也很有殺傷力。看來，我的學習才剛剛開始，遠沒有到達畢業那一天。

3

幾十年來，魯迅研究一直是中國大陸的顯學之一。魯迅研究早已形成了規模效應，有關魯迅的研究專著和論文多如牛毛，每一個圖書館都有魯迅專櫃，不僅陳列了魯迅的著作，也陳列了研究他的可以以噸位來計算的學術文字。詩人李亞偉將這種情況調侃為「把魯迅存進銀行吃利息」（李亞偉〈中文系〉）。不知道究竟好不好笑，反正面對這一切，我確實笑不起來。

　　研究魯迅的著作、論文雖然已經達到了汗牛充棟甚至氾濫成災的程度，卻並不意味著魯迅研究已經達到了多高的水準，也不能說研究的線索會顯得多麼複雜。太多的文字給了我們千人一面的感覺，彷彿是一個模子裏邊鑄出來的。大致說起來，幾十年的魯迅研究所走的路線圖不過是：革命（家）的魯迅──思想（家）的魯迅──文學（家）的魯迅──痛苦的魯迅。這中間的進步雖然曲折，但依然十分明顯。革命家的魯迅曾經一代豪傑毛澤東的點化後，最早在魯迅研究中興盛起來。圖書館魯迅專櫃裏大量已經發黃的著作，既表明了它曾經的輝煌，也顯示了它明日黃花的英雄末路。「革命家的魯迅」究竟算不算得上給了魯迅準確的定位，此處不論；但論者們在這樣的觀念指引下去解讀魯迅的生平和文字，不可避免地充當了政治傳聲筒，卻又是再明白不過的事情。自20世紀80年代以來，思想家的魯迅、文學家的魯迅、痛苦的魯迅逐漸占了上風。不必諱言，革命家的魯迅始終溶解在後三種研究範式中。

　　我讀過這四種魯迅研究中的大量文字（讀完是不可能的），特別吸引我的是如下幾位學者的著述：錢理群、王富仁、王曉明、汪暉。從80年代中後期我上大學以來，他們的著作總能給我啟發。我得說，這種情況直到今天並沒有改變。他們的優秀著作在指引我正確理解魯迅這一方面，始終讓我感激。他們嚴肅、認真、謹嚴的學術態度，給過我很大的震動。或許正是依靠他們，魯迅研究才算擺脫了外在環境的干擾，走上了真正的學術之路。

　　每一個人眼裏都有他自己的魯迅，正如每一個人眼裏都有他自己的世界。老實說，我對這四種魯迅研究範式都不感興趣。不是說它們不對、不好，而是說這些研究範式和我的性情不合。我反對文學研究的真理性觀念，只承認它的解釋性質；而解釋，也許不能拿對不對、真不真作評判標準。文學批評需要的是精彩的道理，不是客觀的真理。不可能有關於文學批評的客觀真理。文學批評也不可能構成知識──是不是這樣，可以向蜜雪兒‧福科（Michel Foucault）諮詢。

　　也許我本來就是一個境界矮小、只習慣思考雞毛蒜皮、只喜歡樹木不喜歡森林的人，所以一向對戴帽子、貼標籤式的宏觀研究、學院派批

評不感興趣。這種思維方式上的劣根性，幾乎貫穿在我近幾年來的所有文字中。本書當然也不可能例外。如果在價值中立的基點上【但願這個「基點」真如馬克斯・韋伯（Max Weber）保證過的那樣始終存在】，我願意說，上述四種研究方式都可以統稱為「大魯迅研究」，因為它們一貫注意到的，是魯迅身上偉大的一面、魯迅身上帶出來的大問題、魯迅的咳嗽中顯現出的「民族魂」……我把自己的工作稱作「小魯迅研究」。它的含義是：這種研究是渺小的，是不關乎國計民生的；這種研究是一個小人物的研究，因為他受到自己品位、境界、窮人身份的限制，從來都看不到大問題，從一尊大象身上只看見了幾根微不足道的、惹人笑話的寒毛。本書的研究又可以稱作有關失敗者魯迅的研究。本書始終認為，與其把魯迅看作一個成功者，遠不如把他看作一個失敗者。魯迅並沒有留下多少偉大的思想和作品，他給我們留下的最大遺產就是他的失敗：魯迅是少數幾位深刻體驗了失敗感的中國作家之一。失敗是人類永恆的主題。

很明顯，假如本書裏的文字會被看作是對魯迅的惡意攻擊（但願這只是我的瞎擔心），出於上述原因，這種攻擊也是微不足道的，是蚍蜉撼大樹，在滾滾而來的大魯迅研究波濤中大可以忽略不計。出於同樣的道理，我不敢說已經走入了魯迅的世界；但作為一個走馬觀花的旅遊者，人們應該相信我在旅途中也有一鱗半爪的見聞。也許自己在旅途中的漫不經心，沒有仔細觀察景物的微言大義卻又空發議論，會引來一些非議，但我敢保證，作為一部《馬可・波羅遊記》性質的旅行記，本書還算差強人意。它能證明我確實參觀過魯迅營造出的莊園，甚至還在裏邊歇過腳、吃過茶，也看見過魯迅在自己的莊園裏痛苦、絕望尤其是失敗的種種動作和表情。作為一個觀光者，我有權利把自己看到的記錄下來，至於是否令人喜歡，卻不是我顧得過來的了。

4

我從未有過寫一本有關魯迅的書的念頭。感謝鍾鳴，是他的建議使我下定了寫這本書的決心。不管怎樣，這本書在吵鬧的大半年中終於寫

完了。對我這樣一個常常被瑣事纏身、為生計奔波勞碌的渺小人物，這項工作無疑是一段艱難的旅程，其間經歷的猶豫、放棄、懊喪以及雞肋般的感覺，完全不足為外人道。但它也確實了結了我的一樁心事：把魯迅曾經給過我的最大限度地還給了魯迅——尤其是偏激、憤世嫉俗、好鬥、視戰鬥為有趣等等。它們都曾經是我生活中的糧食、血液和氧氣。為著這個目的我也許說了不少過頭話，但從來就不是想有意和什麼人為難或故意唱反調——我寫的魯迅只是我心目中的魯迅。至於這個魯迅究竟是什麼樣子，負責任的讀者不難從我的文字中看出端倪。

奇怪的是，在寫作過程中，我對魯迅產生了越來越強烈的茫然感、陌生感。甚至當我寫下「魯迅」兩個字時，彷彿覺得他和我一點關係也沒有。這個在我筆下無數次出現的人是誰？他只是一個符號，還是實有其人？他活了多少歲？他都幹了些什麼？我為什麼要寫他？有必要寫他嗎？這些疑問幾乎貫穿在我的每一段文字之中。遙遠的感覺，空洞的回聲，虛擬的目光：陡然之間，我甚至不明白都在幹些什麼。

我仍然熱愛魯迅，但不再是一個小兒面對父母的熱愛，毋寧說是一個成人面對自己老邁父親那樣的熱愛：它是有條件的，是看清了弱點之後的愛。是理解了人之為人——他的優點、缺點，他的善、惡，他的偉大與卑下，他的成功與失敗，而且尤其是失敗——之後的愛。本書也許在指出弱點和失敗感方面顯得太多了一些，但它的合理性正好在於：這些東西都和我從前的生活、甚至未來的可能生活密切相關，也和魯迅的痛苦相關，更和我們今天的痛苦相關。蜜雪兒・福科在《規訓與懲罰》中說：「我為什麼願意寫這樣一部歷史呢？只是因為我對過去感興趣嗎？如果這意味著從現在的角度去寫一部關於過去的歷史，那不是我的興趣所在。如果這意味著寫一部關於現在的歷史，那才是我的興趣所在。」可以大言不慚地說，這也是我的目的之所在。我得說，這本書不是我多年來學習和熱愛魯迅的結果，而是對自己身上的惡劣習氣一次較為徹底的清算的結果。是我與自己的對話，也是與生活的對話，更包含著對生活的善意理解和期待：不是與它為敵，而是做它的朋友並且相依為命。

　　因此，在這裏我不再想就人文學術研究中的「六經注我」、「我注六經」究竟誰好誰壞孰高孰低做出論斷。我願意說，選擇什麼方式要看選擇者的目的；更何況「我注六經」很可能只是一種比喻狀態，根本就不會成為現實。我一點兒也不相信人們常說的，「雖然我們不能達到真實，但我們可以不斷逼近真實。」「逼近真實」是一種典型的修辭學口吻，早已遠離了真實的本義。它是一個假想的烏托邦。它曾經吸引了無數願意為公正、客觀的人生價值之達成的人，也引誘他們為它付出了無數立方的真實津液。

　　我反對爭論，反對文字鬥爭，也反對投槍和匕首。長期以來我們缺乏的不是戰鬥，而是「費爾潑賴」（fairplay）式的寬容和理解。除此之外，值得考慮的還有，在中國大陸，爭論從來都沒有好下場，也不會有什麼諸如求同存異、互相說服了對方的好果子。比如說，魯迅就捲入了那麼多的論爭、論戰，他得出了讓他的論敵買帳的結論了嗎？——魯迅死後的郭沫若、成仿吾等具有變色龍習氣的人物除外，我指的是胡適之、梁實秋之流。對本書所有可能得到的攻擊（也包括腹誹、故作姿態的緘默），本人都將視而不見，充耳不聞，所謂「知我罪我，聽之而已」。我想說，對於我，魯迅已經結束了。也該結束了。他已經陪伴我走過了二十年多年的漫長航程。

5

　　我在猶豫中，最後還是堅定地認為這是一本嚴肅的學術著作。但他的文體形式、行文姿態，卻顯示了和一般的學術著作迥然不同的架勢。在許多人眼裏，很可能會被認為是桀驁的架勢。但我不是故意的。長期以來，我對甲乙丙丁開中藥鋪的學院派批評大倒胃口，雖然我至今還是學院中人。在我看來，文學批評必須要得到特殊的、各具特色而不是千人一面的文體的支撐。文體絕不是一件隨隨便便的東西，對於寫作，它有著致命性：一種文體就是一種進入世界的特殊角度，就是一種世界觀。它牽扯出了選擇這種文體的寫作者對待事物、世界的幾乎全部態

度，當然也拉出了他個人的全部習性，無論是優點還是缺點。文學批評應該是一種真正意義上的再創造，它需要的創造能力，或許該超過了文學創作要求作家的那種創造能力。這是我堅定不移的信念。任何文章，如果我們把「文章」放在第一位置（在我看來，它根本就不應該成其為問題），它的有趣、漂亮、生動、卓越的文體、異乎尋常的想像力，以及想像力本身營造的廣大的可闡釋性空間，融於見地的深刻之中，就是它天然的、起碼的要求。誠如讀者將會看到的，本書做得並不好，它根本就沒有達到我當初對它的期望。它辜負了我的理想，頂多只算為我開了一個小小的頭。

作為一個寫作者，我的目的還在於：想憑藉這本小書的寫作，展開自己其後獨立的、最少程度依傍旁人的寫作階段。這是我長久以來的最大夢想。茨維塔耶娃說，閱讀始終是寫作的同謀。我不打算反對她，因為她講的話對我正好是事實。但我仍然有話要講：我不希望閱讀過多地打擾寫作，而是開創打上了個人鮮活以及血肉印記的寫作。寫作就是撕開皮膚，直逼心臟；要讓我們在五十公里以外都能感覺到它的個性——儘管我也勉強算得上一個書蟲，也在本書中鸚鵡學舌地旁徵博引，甚至引起了我的朋友、詩人蔣浩不無善意的批評。

克爾凱戈爾（Soren Aabye Kierkegaard）說：既然你沒有能力讓事物簡單一些，你就索性讓它們複雜一些吧。我聽從了他的建議，也把他的話當作了我的擋箭牌。因為我剛好沒有讓事物簡單起來的本事。在我本來就不多的朋友們眼裏，我的文字晦澀，句式複雜，有點不那麼討人喜歡和平易近人。它的表達方式遠離了快樂時代對狂歡的要求。我發誓：這絕不是故意的，的確是能力有限所致。錢鍾書先生說過，一個作者的勞動也許要在幾千里、幾萬年之外，才能碰巧遇上二、三子向它點頭、問好。我的速朽的文字肯定不會遇到這麼嚴重的問題；引述錢先生的話也沒有給自己壯膽的意思，更沒有誇張、膨脹自己的念頭（本書畢竟還稱不上優秀）。我的意思很簡單：長期以來，我只為假想的讀者寫作。有理由相信，以世界之大，人口之眾多，總會有個把人喜歡我的文字吧，雖然我還不知道他們躲在什麼樣的角落裏。他們是穿西服的，還

是穿長衫的？是博士、教授還是工人？猜測太費神了。但我肯定會有一天要邂逅他們，正如一位詩人在語無倫次的心聲中表達過的：

> 這次邂逅是永難回避的情感大騷動
> 你聽我說我
> 知道這盤殘局的最後一著準會撞見你
> 車站的木條椅上，坐滿了嗑著傻子瓜子的觀眾和聽眾
> 各種燈光統統瞄準了我落滿大雪的佝僂背部
> 撫摸這架歷盡劫波的老式鋼琴我將
> 為你彈一曲什麼
>
> （張小波〈人之路〉）

　　和許多寫作者一樣，對於我，唯一的現實就是紙和筆。讀者從來都是虛構的，他們只存在於臆想之中。而我認為自己有臆想他們的權力。

2000 年 2 月，北京看丹橋

目　次

開頭：他究竟想幹什麼？

1、傳說，傳說……

　　記不得到底是文學史上哪位哥們說過，以下這句話反正不是我說的，鄙人只是引用：「藝術家的真實留存，不過是由他的傳說照亮的。」而傳說，正如我們可以想見的，似乎都不是當事人的創造（為了防個萬一，我得說：當然也不完全排除這種可能性），而是後人；更加準確地說，是懷有某方面目的和意圖的後人。按照古希臘智者普羅狄科斯（Prodikos）的看法，自從宙斯賦予他一不小心走火才產下的後代赫拉克勒斯（Herakles）以言語織體的編織能力，傳說便由語言組成了——傳說在詞源學上的涵義之一，就是對某種虛擬性事物或超自然神力的「說」；由語言編織而成的傳說，是後人對某一位被他們有意識挑中的人的比喻性說法。它是一種故意性的修辭行為，這中間存在著鮮明的目的性和傾向性。傳說歸根結底意味著對現實的偏離。我們這些在年代學和譜系學上更加靠後的人想順著傳說去摸清真相，如果不是緣木求魚，起碼也稱得上異常艱難。

　　在 20 世紀中國大陸，魯迅被當作神和偶像，是由來已久的事實了。他活著時，人們只把他當作一個複雜的人物來對待，批判他的弱點，原諒他的缺陷，也讚美他的成就；死後，人們卻把他當作神（或聖人），這也是由傳說組成的。不排除異口同聲讚揚魯迅的某種合理性——它畢竟可以看作是時代假借意義之手對魯迅的挑選與追認；但這中間有沒有赫拉克勒斯編織「言語織體「的意味呢？長期以來，人們對魯迅給 20 世紀中國思想、文化帶來的可能傷害，避而不談，對他身上的缺陷、弱點視而不見，對他的失敗人生更是三緘其口；除了表彰、發明他的功績

和貢獻以及偉大的成功（這當然正確，我也舉雙手同意），更有甚者，對魯迅的弱點、缺陷以及他帶來的可能性傷害採取了美化方式，直到把他處理成聖人。這不僅構成了對大多數人的傷害，也是對魯迅的傷害。這種情況，應該說，直到今天還沒有得到真正改觀。

在一篇悼念友人的文章裏，魯迅曾激憤地說過：「文人的遭殃，不在生前的被攻擊和被冷落，一瞑之後，言行兩忘，於是無聊之徒，謬託知己，是非蜂起，既以自衒，又以賣錢，連死屍也成了他們沽名獲利之具，這倒是值得悲哀的。」（《且介亭雜文‧憶韋素園君》）當然也是值得警惕的。可以肯定，魯迅這樣說，也有對自己百年後的預言意味在內，儘管他死後遇到的情況不完全是這樣；但平心而論，性質還是相當一致的。且不說中國有多少人假借研究魯迅混飯吃、成名成家，就是對魯迅所做的貌似研究的讚美，不也正是別一種意義上的「謬託知己」麼？就更不用說眾多的小魯迅了，他們在表彰和發明魯迅時，不但把自己當成了他的正宗傳人，甚至還把自己封為魯迅，從腔調、行文到咳嗽……都在極盡模仿之能事。這種可笑的潛意識，老實說，確實不是個別的。

假如魯迅在今天突然從上海以他的名字命名的公園裏坐起來，看到到處滾動的都是小魯迅，到處都是有關他的傳說，也看到他曾經視為論敵的那麼多人（比如周揚、成仿吾之流）突然車轉屁股爭相歌頌他，素有懷疑癖好的魯迅該會作何感想呢？索性讓我們再大膽一些：假如此時的魯迅充滿調笑意味地書寫一篇回憶自己生平的文章——包括生活、創作、思想的種種脈絡——那些小魯迅會不會認為這是魯迅在造自己的謠？他們精心編織起來的傳說，會答應和認可魯迅對自己的回憶嗎？凡斯種種，依照眼下的情景，並不是不可以想見的。我想說，魯迅如果不會被氣死（他確實是習慣於生氣的），肯定有人在潛意識中想將他吊死。因為他的回憶直接威脅了小魯迅們的肉身生存和思想生存——想想看，把戲揭穿了，飯碗也被敲掉了，思想上的危機也就出現了，一句話，小魯迅看來是不大當得成了。

有一個號稱幽默的故事是這樣的：一位醫生死後下葬，神甫照例要以上帝的名義發表演講，表彰死者生前的許多美德。可能是做得太過火

了吧，搞得他的未亡人很驚奇，就對她兒子說：「湯姆，去看看墳墓中那個人是不是你爸爸？」這個故事其實一點也不幽默，因為它立馬就讓人怪模怪樣地發出這樣不懷好意的疑問：怎麼好人都死光了，就剩下我們這些壞人還死皮賴臉活在世上？神甫的講話也是一個正在進行時態的傳說，其實很容易被揭穿；我們缺少的正是那位可敬的、不能容忍傳說的未亡人——倒並不是因為她不愛自己的丈夫，而是她不允許自己的丈夫受到侮辱。M・海德格爾（Martin Heidegger）說：「迷霧乃是歷史的本質空間。在迷霧中，歷史性的本來因素迷失於類似於存在的東西（Seingleichen）中。因此，那種歷史性地出現的東西就必須被曲解。」（海德格爾《林中路》）據梁啟超揭發，中國就是一個極其善於製造歷史迷霧的國家，具體做法之一是：篡改經籍，為經籍製造傳說，然後以此去糊弄他人，並對他人進行有理有據的統治和管理（參閱梁啟超《清代學術概論》）；顧頡剛指著漢代那個鬼鬼祟祟向《尚書》、《左傳》捎帶私貨的劉向父子說：就是他！顧頡剛就地急轉了一個 360 度的圈子，不斷地指指點點：看！還有他、他、他……（顧頡剛《漢代學術史略》）這夥人的目的就是為了假虎皮為大旗，其累積加疊，使傳說漸成事實，迷霧也就如其所願地成了史實，這使得一貫喜歡裝腔作勢、裝神弄鬼、強調必須要扭曲歷史的海德格爾也有些看不下去了：「倘若沒有迷霧，也就沒有……歷史。」（海德格爾《林中路》）

　　魯迅複雜的一生、駁雜的思想、充滿矛盾的情緒、看似不合邏輯的各種動作以及起伏不平的語調，為有目的性的傳說的最後成立，提供了能夠輕易實現的條件。但是，正如一則寓言告訴我們的，解鈴還需繫鈴人；對魯迅重新和公正的認識也只有從上述種種開始。作為一個寫作者，魯迅被後人認識的最可憑恃的證據就是他的文字；除此之外，恐怕不會有更好的路徑。

　　1927 年 9 月 24 日，魯迅寫了一篇很奇怪的短文叫做〈小雜感〉（後收入《而已集》），由十多條看起來互不相關的札記組成。這在魯迅的寫作中生涯中顯得十分打眼（類似的文字僅見於〈無花的薔薇〉、〈擬豫言〉等少數幾篇）。古生物學上有一條定律是這樣的：如果發現了一種未知

動物的頭骨（或其他骨頭）化石，生物學家可以得知這個動物身體的幾乎所有構造，並依此畫出該動物的大致輪廓。這是因為那塊頭骨全息性地包含著未知動物的所有消息。〈小雜感〉雖然看起來很奇怪，但正是它，給我們展示了魯迅身上的許多消息。它也是全息性的，是魯迅為我們豎起的、有關他自己的消息樹。但這裏要預先說明的是，在中國，幾乎所有的歷史都是一種有預謀的修辭（即傳說），它往往是在某種權力話語的暗中幫助下才得以實現的，梁任公將他指斥為「帝王將相的家譜」，魯迅則滿懷鄙夷地說：看啦，滿本都是仁義道德！所以，破除歷史中的修辭可能永遠都是類似於烏托邦的衝動。這個困難，再加上〈小雜感〉中的許多話很難索解，使得我們清除迷霧的雄心不免立馬就有一些預先的疲軟、虛脫。但我們仍然不妨試一試再說。

2、要上戰場，莫如作軍醫；要革命，莫如走後方；要殺人，莫如做劊子手。既英雄，又穩當[1]。

據許多小魯迅講，這是魯迅挖苦那些鼓勵別人去拼命，自己卻躲在一邊看熱鬧的人說的話。我們好像還沒有理由懷疑這一論述。在〈我之節烈觀〉裏，魯迅就揭發過，那些熱衷於表彰烈女的道學家們，一點都不喜歡自己的女兒也有機會成為烈女。不信，你就去預祝那位道學家的女兒有機緣當烈女吧，看看我們的孔門弟子到底還有沒有平心靜氣的心性功夫？可以猜測，在暗中，魯迅很可能會這樣幽默地設想。當然，按照道學家的欲望來說，他更不希望烈女太多，否則，他自己就完全失去放縱的機會了——只不過，有幾個烈女出現，既能讓他行使表彰之權，又不會失去放縱的機會，何樂而不為呢？畢竟「贏得青樓薄幸名」和提倡「餓死事小，失節事大」的，往往都是同一個（種）人。這就是做軍醫、走後方、當劊子手的真正涵義。

---

[1] 以下各節標題的文字全採自〈小雜感〉，但順序並不全依原文，比如，此處的標題在原文中恰好就是第二條。

　　假如我們說，這正好是魯迅無意間對自己的描寫，你同意嗎？魯迅那麼激烈地攻擊政府，那麼激烈地「侮辱」社會，幾乎激起了許多同時代人的憤怒和反感——魯迅自己就說過，幸好中國識字的人不多，否則他早就死無葬身之地了——，但他仍然能夠得以善終，並且在遺體上還覆蓋著「民族魂」的大旗，就是因為他充分掌握了做軍醫之於上戰場、走後方之於革命、做劊子手之於能快意地殺人，一句話，穩當之於英雄的隱祕關係。有很多人（比如梁實秋）把這稱作魯迅的「世故」；另外許多人，包括高明的「多餘人」瞿秋白，又把這看作是魯迅精通「韌的戰鬥」的神髓，通曉「壕塹戰」的關鍵要領（瞿秋白〈《魯迅雜感選集》序言〉）。梁實秋的誹謗也許不足為訓，瞿秋白的看法如果不是說有意美化，像那位神甫一樣現場編織傳說，至少也稱得上誤解。

　　為魯迅的勇敢作證的，是他的同志楊杏佛被殺後冒著有可能被暗殺的危險去參加追悼會。據許廣平回憶，魯迅那天出門時把鑰匙都扔了：他已經不準備再活著回來。我絲毫不懷疑這件事的真實性。那麼，一有風吹草動馬上就躲進租界，又是什麼意思呢？是漢家叛徒李陵和正史英雄文天祥所謂的「將以有為」嗎？冒險去開朋友的追悼會，算是「臨難不苟免」，這當然不錯；遇到通緝就逃跑，難道就不算是臨難「有意」苟免了？究竟是逃往租界的次數多，還是勇於就死的機會更多？……完全沒有必要用這些問號去質問和嘲諷魯迅，因為這些充滿矛盾的、過於含混的舉止，發生在一個活生生的人身上，不是不可以理解，倒是太容易理解了。「千古艱難唯一死。」我們沒有必要因為這一點就指斥魯迅為膽小鬼，儘管和勇敢者比起來，膽小鬼在數量上無疑要多得多。問題只在於，他為什麼會這樣？他究竟想幹什麼？

　　種種跡象有理由讓我們相信，這很可能是因為魯迅早已弄懂了：沒有任何一個所謂的道義在重量上，堪稱超過了肉身或者哪怕僅僅等同於肉身；也沒有任何一個道義，可以讓懷疑主義者魯迅為了它不惜把自己的肉體供上祭壇——〈紀念劉和珍君〉、〈為了忘卻的紀念〉已經反覆說明了這一層意思。

　　我們都聽說了，魯迅是進化論者，是社會主義者，是尼采分子，是受苦大眾的同路人……這些言論或多或少都有誤解的成分在內。魯迅不過是一個堅定不移的懷疑主義者罷了──他懷疑一切，包括懷疑自己、自己正在做的事情和自己的懷疑本身。他之所以在人生的不同階段，也大體上會相信某一個特定的理念，那只是因為他的肉身天然就必須要有一個「信」的本己渴望，否則，是難以為繼的，也是難以打發時日的。

　　不能說魯迅一開始就是這樣，而是說，他很早就是這樣。所以，魯迅的逃往租界，並不全是因為膽小所致，更是因為不值得為任何東西去死的信念所驅使。如果有可能，當軍醫、走後方、做劊子手，都將成為魯迅的動作首選，因為它的確能既讓他有事情可做（比如上戰場了，革命了，殺人了），打發了空白歲月，不致於讓自己漫長的一生無法被動作填滿；也滿足了他不為任何理念而死的懷疑主義癖好。

　　龔自珍說：「未濟身焉終飄渺，百事翻從闕陷好。吟到夕陽山外山，古今誰免餘情繞？」不用說，多半講的就有這麼回事。

3、蜜蜂的刺，一用即喪失了它自己的生命；犬儒的刺，一用則苟延了他自己的生命。他們就是如此的不同。

　　自 1840 年以來的很長時間，革命是中國的第一主題。國人打洋人，漢人打滿人，滿人打漢人，漢人收拾漢人，中國人收拾日本人、美國人，還曾把鬥爭的火種遠銷法蘭西，據說薩特（Jean Paul Sartre）等人都曾經狂熱地接過了那把火種……這些都曾被稱作革命。事實早已證明，革命最終、最明顯地意味著：為了它的目標可以損失、消滅自己或他人的肉身。這構成了革命定義下的英雄的真正內涵──在革命眼中，除了肉身的消亡，還有什麼更配稱為英雄的舉動？上了革命斷頭臺的革命家丹東（Danton）曾經大吼道：「我是個無神論者。物質永不消滅，這真是個該

死的定理！我也是物質，真是太悲慘了！」「虛無已經把自己殺死了，創造物就是他的致命傷，我們是它流出的血滴，世界是墳墓，讓它在裏邊腐爛……」但羅伯斯比爾（Maximilien de Robespierre）和他的同志們顯然不會同意叛徒丹東的看法，羅伯斯比爾認為：「如果革命的激流每到一個階段，每一次轉折，要衝出幾具屍體，有什麼值得大驚小怪？」

這似乎也可以當作魯迅的看法：蜜蜂為了向敵人施以猛烈一擊，不惜獻上自己的生命。在此處的語境中，蜜蜂顯然是值得讚美的英雄，因為它符合革命為英雄下的最一般的定義。馬克思主義說了：哪裡有壓迫，哪裡就有反抗；荷爾德林（Holderlin）也阿Q似的對自己說：哪裡有危險，哪裡就有救。後者的口氣聽起來倒好像是在說，哪裡有獵槍，哪裡就有註定會撞到獵槍上的豺狼。如此等等都意味著，我們可以用肉身去構築一座能夠被比喻為鋼鐵的長城。犬儒就不一樣了，在魯迅的獨有語境中，犬儒只是在迫不得已時才還擊一下，以便更好地忍辱偷生。在蜜蜂看來，犬儒的還擊不過是暴力身邊的微風，是給暴力、壓迫、黑暗撓癢癢，引來的是暴力更高的笑聲。這就是說，英雄只是一次性的，犬儒卻是不斷生成著的：犬儒只是一個草稿，從未有最後完成的那一天。在當時的中國語境裏，蜜蜂無疑更能受到人們的普遍尊敬。

革命的派生定義之一就是鬥爭，鬥爭由此成為第一主題（即革命）的代用品。蜜蜂作為英雄，它的刺，既是它的武器，也是它鬥爭的方式；犬儒之所以成為犬儒，按照某種本體論的口吻，就在於它的刺不是鬥爭工具，只是活命、保命的手杖。魯迅顯然希望有更多的人能像蜜蜂那樣成為真正的英雄、鬥爭者和戰士。不過，只要我們把魯迅本人多次逃往租界的動作聯繫起來（他的日記對此有較為詳細的記載），就可以毫不猶豫地說，魯迅也有犬儒的色彩。這個犬儒自有他的特殊性：既同意丹東的狂吼，又同意羅伯斯比爾和他的同志們的義正詞嚴──只不過在大多數情況下前者對自己，後者作用於他人。從這裏，我們是不是也可以看出，當軍醫、走後方、做劊子手云云，的確有為魯迅自己畫像的一面呢？在〈紀念劉和珍君〉裏，魯迅就公開承認過，他一貫反對「徒手請願」。徒手請願不正好就是蜜蜂的舉動嗎？這到底是怎麼回事？

　　革命最終將以肉身的損毀作為鋪墊。讓革命十分尷尬的恰恰是，肉身是生命的自然屬性；它對生存的渴望是生命的自然權利，由此，怕死也就成了一個可以被原諒的生命弱點。正是這一點構成了生命在道義面前的軟弱痼疾。對戰士來說，他的捨生忘死，的確需要革命、鬥爭來定義和判斷；但頒佈革命、鬥爭的旨意者——不管這個旨意來自時代還是來自時代的某個代表——卻可以不必是戰士，他只充當戰士的領袖或腦袋。我們從未見過揮槍上場的總司令，槍在總司令胯間，僅僅是修飾勇武的一個耀眼的形容詞。我們早就知道了，大將軍總是最後一個死；棋盤上的「帥」、「將」之流，永遠不會越過三寸見方的框子御駕親征，只是在戰士們抵擋不住敵方的炮火，被敵人攻入大內時才挪挪屁股。因此，領袖和腦袋一方面會鼓勵別人做蜜蜂，自己一有風吹草動卻可以立馬當犬儒。在這中間，領袖是否假傳了時代的聖旨，戰士是不能發問的。卡夫卡（Franz Kafka）說得好，這樣的發問毫無意義。因為發問、等待，甚至有了答案才是這種發問的天然品性。卡夫卡嘲笑道：「自己並不能產生回答和發問，永遠得不到回答，在提問題的人和回答問題的人之間並無距離。這不是要逾越的距離，因此提問與等待毫無意義。」

　　魯迅公開諷刺過一忽兒是犬儒一忽兒又是戰士的角色。不幸的是，這剛好組成了一個反諷——魯迅就一直在蜜蜂和犬儒之間來回穿梭。這是 20 中國的神話，中國的變形記。這個具有廣泛搖擺性的變形記也從根本上證明了，魯迅不相信世上居然還會存在任何可供他捨生忘死的道義。但在更多的情況下，他卻對所有人——不管他們的本義是做蜜蜂還是做犬儒——說，路在何方，我並不知道。真理和道義看來並不在魯迅那裏，魯迅也不知道它們會在哪裡。魯迅是誠實的：肉身畢竟有著它龐大的自然權利，儘管這和革命的要求有著巨大的衝突。但是，這裏的矛盾依然存在：一方面鼓勵別人當蜜蜂，另一方面，又不能給準備當蜜蜂的人指出具體的路線和可以捨身去轟炸的碉堡。我們確實不明白這個鼓勵者究竟想幹什麼。

4、革命，反革命，不革命。革命的被殺於反革命的，
反革命的被殺於革命的，不革命的或當作革命的
而被殺於反革命的，或當作反革命的而被殺於革
命的，或並不當作什麼而被殺於革命的或反革命
的。革命，革革命，革革革命，革革……

　　魯迅並不是缺乏勇氣，也不僅僅是出於怯弱才逃往租界和試圖做軍
醫之類。他那樣做，完全是槍炮式革命這個概念內部的迷宮性質決定
的。上引那段有似繞口令的話，已經把革命本身的含混和它的繞口令性
質給真實地描摹下來了。革命，反革命，不革命，正好是對當時國人最
主要的分類標準——如果不是說唯一標準的話。在魯迅那個時代，分類
的依據就是革命，也大有可能只是革命。魯迅究竟是革命者、反革命者
還是不革命者？這也有些繞口令的嘴臉了。

　　應該說，魯迅對革命抱有極其複雜的心情：既想革命，並通過它去
砸爛一個舊世界；又懷疑革命。這正是魯迅在述說革命時為什麼會使用
繞口令句式的內在原因。毫無疑問，革命首先帶來的是混亂，「城頭變
幻大王旗」、「亂紛紛你方唱罷我登場」，可以算作對這種混亂局面的縮
寫，也是對繞口令的直抒胸臆。在此之中，人的身份在不斷變化以致於
模糊不清、萬難判斷。如此等等，首先出自於革命的內在律令的歧義
性上。

　　革命一開始只是一個辭彙，它的初始狀態是零。但這個辭彙狀態的
零卻天然有著擴張自己和推演、推銷自己的內在衝動：它在請求自己的
豐滿、圓融。這就需要人的行動來彌補。它需要工具。過去是弓箭、刀
劍，在魯迅的時代則是槍、炮。但無一例外都是殺人。這也就是蘇美爾
人的古老諺語了：弓的本意是要人在外來侵害面前、在暴力面前有尊嚴
地站立，結果無一例外總是讓人卑下地撲倒。革命就是槍炮帶出來的計
算的數學。就是這種數學，計算著人的身份，稱量著人的正邪。由於槍
炮方向的不同——不管是它來自的方向，還是它施出的方向——，使每

一個時代中人都兼具革命者、反革命者和不革命者的三重身份：到了最後，革命的內在律令要求槍炮聲來為革命下定義。這就是 W・本雅明（Walter Benjamin）反覆說過的：歷史始終在和勝利者共鳴（本雅明《論歷史哲學》）。不用本雅明教導我們照樣能夠明白：歷史也只和勝利者共鳴。失敗者是不會有歷史的；或者，失敗者不會有自己單獨的歷史，他們的歷史只有作為勝利者歷史的旁證、補充和一個渺小的修飾才會出現。正如我們每一個人都知道的，革命以及革命者的身份最終得由勝利者來分享：勝利者是唯一的革命和革命者。這同樣是革命的數學精心考量的結果，而計算的法則永遠攥在勝利者手中。

在魯迅的時代，只有局部的、暫時的勝利者；按照革命的本體論，只有暫時的革命者。暫時的革命者意味著，他本身還有潛在的反革命者和不革命者的身份在內。這剛好和革命的內在律令的初始階段吻合。暫時的革命者由於有槍、炮支援，可以對反革命者和不革命者施以絕對的打擊：殺死他們，讓他們在革命的計算數學的齒輪下死無葬身之地。魯迅皮笑肉不笑地說：「有在朝者數人下野；有在野者多人下坑。」（《而已集・擬豫言》）說的是不是這個意思呢？這個問題不妨留給革命者去回答。但是，反革命者和不革命者的潛在邏輯，使得他們始終依據革命的內在律令認為：只要自己有了足夠火力的槍炮聲，也可以向革命者的身份叫板甚至過渡。正是這點花裏胡哨的潛意識，使得不革命者和反革命者的身份也是暫時的，他們也有權利殺死他們眼中的不革命者和反革命者。就是這種廣泛的暫時性，使得 20 中國革命的計算法則，長期處在某種「彎彎繞」和繞口令的境地之中。繞口令是革命的計算法則內部的迷宮，是革命的口吃和支吾。

魯迅在骨子裏幾乎討厭所有的人，他決不會熱愛他們——不論他是革命的、反革命的還是不革命的。如同他長期在犬儒和蜜蜂之間穿梭，既想上戰場卻又特別想做軍醫相似，他決不會輕易相信一件事情；即使相信了，也是暫時的，會有不停的搖擺。這種廣泛的搖擺性組成了一個懷疑主義者的典型姿勢。魯迅懷疑革命，並不是全然不相信革命，而是始終在信與不信之間來回擺渡。擺渡的動作以及它身上沾染的微言大

義，最終置換為魯迅語調上的辛辣、譏諷、故意的含混、不帶笑意的苦澀幽默以及冷漠。他曾經對自己語調上的如此特徵有過一個解釋。在給許廣平的信裏，他說，我時而愛人，時而憎人（《兩地書》二四），正可以說明這一點。如同蜜蜂和犬儒、當軍醫和上戰場都是魯迅靈魂的合理組分，魯迅對革命和革命者是徹底絕望的。不管他們是在使用結結巴巴的數學，還是在使用某種流線型的、膽豪氣盛的自命為永久性的計算法則。

5、闊的聰明人種種譬如昨日死。不闊的傻子種種實在昨日死。曾經闊氣的要復古，正在闊氣的要保持現狀，未曾闊氣的要革新。大抵如是，大抵！

　　魯迅的注家們以為，「昨日死」云云是指蔣介石與汪精衛合流時，對共同結束過去和開創未來的賭咒發誓。我當然不反對這種索引式的注解，但有必要從更高的層次，或者說更廣泛的角度來理解它，尤其是聯繫到「曾經闊氣的要復古，正在闊氣的要保持現狀，未曾闊氣的要革新。大抵如是，大抵」那一段，我們就更得如此了。因為這裏邊依然涉及到，或至少涉及到革命問題。

　　革命的內在律令之一就是殺人；革命領袖可以出於更加長遠的考慮，不惜與自己的生死仇敵聯合。史達林以為，革命在低潮時完全可以向強盜妥協，那不是面子不面子的問題，而是一種以退為進的權力游擊術。它是漢相陳平在呂后面前的飲醇酒、泡美人，也是劉備當年在曹操大營後邊的種蔬菜，更是變了種的「怕應羞見劉郎才氣」的求田問舍。敵對雙方領袖們之間的仇恨，如同昨日一般死去了；而那些為了革命（？）死去的傻子們呢，的確是有如昨日那般死去了。這也是革命的內在律令之一。這兩個修辭的涵義是絕不一樣的：前一個「昨日死」僅僅是一種純粹的修辭，一種外交辭令，一種官樣文章；後一個則表徵真實的、肉身的毀損，儘管據許多小魯迅們說，它的背部也的確背了好幾個

修辭格。發明有關死的修辭真是一種罪孽！在人類精神史上是多麼的神祕和殘酷：因為修辭以言辭上的美麗，掩蓋了許多罪惡的真相，它以犧牲別人的肉身換取自己言語上的活力──對於革命，無論它是充滿激情的煽動（稱鼓動也可以，稱動員也行），還是滿懷豪情的指示，最終的目標就是要讓傻子們去拼命，最後終不免用別人的生命來為自己充滿激情、豪情的修辭進行填充。革命的內在律令之一就在於：它的語言和語言上的修辭活力需要鮮血來澆灌。鮮血就是肥料。問題的嚴重性剛好是，傻子們的生命是齷齪的，有關革命的修辭從來不願意弄明白什麼叫齷齪。「革命不是請客吃飯，」這肯定就是革命的語調。

　　可是傻東西們真的齷齪麼？魯迅看出了革命的槍炮實質後，又看出了它在傻子們那裏的實質：趙太爺是不會革命的，他充其量想拼力維持現狀，阿Q卻肯定要揭竿而起，因為他的土谷祠正好缺少一架寧式床和一個溫婉的老婆，革命正好可以帶來他需要的東西。不能說魯迅那個時代的革命都是出於阿Q那樣的目的，但阿Q無疑是支撐革命的主力軍。歸根結底魯迅還算不上革命的領袖，他只是在革命律令的判斷下渺小的一員，所以他看到了這一實質，也願意說出它。因為這樣做歸根到底丟的不是他的人，而是革命的人。──這是槍炮式革命臉上的鍋灰，也是它的內在律令眼睛上的蛤蟆鏡。魯迅特別喜歡出各種他所討厭的人與事的洋相。

　　魯迅在鼓勵別人做蜜蜂和痛斥犬儒的時候，在看清了革命的繞口令特質後，有理由跑到租界去寫他的《且介亭雜文》及其二編和末編。這不僅僅是個怯弱與否的問題，更是一種懷疑的態度。魯迅的確想做一個革命者，但現有的種種革命方式卻不是他能夠相信的。魯迅是一個槍炮式革命事業的虛無主義者，他不想以自己真實的肉身為革命的虛擬修辭做填充運動。這是一個真實的思想者的清醒行為，不涉及高尚或卑下；可我們的眾多小魯迅們卻經過大排轉折親運動，把它處理成了高尚的行為。這當然很滑稽，可又僅僅是滑稽嗎？

　　卡繆（Albert Camus）在《鼠疫》中借自己筆下人物之口說：「當一個基督徒看到一個無辜的人被挖掉了眼睛，他要麼喪失信仰，要麼同意

挖掉眼睛。」魯迅顯然既不同意用槍炮革命的方式來達成復古，不同意趙太爺的反革命行徑，也不贊成阿 Q 為了寧式床和吳媽的可笑革命。這三者，恰好可以算作是革命者、反革命者和不革命者的最好體己。革命在魯迅的銳眼的洞穿下，呈現出這副人模狗樣，難道不值得我們長歎一聲嗎？對於這一切，他究竟想幹什麼？他究竟想怎麼辦？

6、**女人的天性中有母性，有女兒性；無妻性。妻性是逼成的，只是母性和女兒性的混合。一見短袖子，立刻想到白胳膊，立刻想到全裸體，立刻想到生殖器，立刻想到性交，立刻想到雜交，立刻想到私生子。中國人的想像唯在這一層能夠如此躍進。**

在一本有關中國傳統文化的小書裏，我曾經開玩笑說，中國冠冕堂皇的文化，從「物」的水平上看，不過是一種燒房子的文化、纏小腳的文化、挖祖墳的文化。燒房子和挖祖墳不用說了——那是改朝換代的標誌，項羽一把火燒了阿房宮，李自成掘了朱家的鳳陽祖墳，直到今天還是肥皂劇的好材料。現在只談一下纏小腳。對男人在思想上纏小腳使他們不能在思想上越軌——這是纏小腳的首要功能，也不用說了；對女人在肉身和思想上纏小腳，使之成為中國版的真正女人——這是纏小腳的附帶功能，卻正是這裏想要重點發揮的。

魯迅復出文壇第一篇重要雜文，就是破除小腳女人的檄文，喚作〈我之節烈觀〉。這篇文章詳細揭發了「妻性」的來源。妻性就是對肉體的削減，對欲望的限制，也是對人性的關押、囚禁。因此，對於女人，在魯迅眼裏，中國文化是刀、是閘門、是牢獄。解除這一切，正是魯迅式的革命。

魯迅式的革命有時又被稱作文化批評，一忽兒又被叫做批判國民性。魯迅式革命的到來，和他對槍炮式革命的絕望與虛無分不開。格爾

文（Gervin）在《從尼采到海德格爾》裏為虛無下了一個判斷：「虛無主義的所謂經典含義是與實證論同義的。即：除了直接被感知、所觀察的事物外，對一切都否定。如果誰要問：感知觀察正確的根據是什麼？回答是：什麼也沒有。所以就是虛無。」魯迅的特殊之處在於：他是在發現了槍炮式革命的繞口令和彎彎繞式計算法則後，是在發現了「感知觀察正確的根據」後才走上虛無的，從而代之以他早年的「立人」主張（參見魯迅〈摩羅詩力說〉）。這就是打上了魯迅私人烙印的革命方式。

　　魯迅曾在某處講過，中國文化中「語法的不精密，就在證明思路的不精密，換一句話說，就是腦筋糊塗。倘若永遠用著糊塗話，即使讀的時候，滔滔而下，但歸根結底，所得的還是一個糊塗的影子。」（《二心集・關於翻譯的通信》）魯迅看似開玩笑說出的「一見短袖子」最後就「想到私生子」，就是語法不精密的產物（當然也不僅僅是語法不精密的產物，此處暫不論及這一點），但它又是一種謹嚴的修辭格的運算，遵循著修辭格的運算通則，和真實的數學無關，卻和槍炮式革命的運算法則有著異曲同工之妙。

　　上述種種，在魯迅看來，正是纏小腳的功能之一：當男性在以男性為主體的男《四書》（《大》、《論》、《中》、《孟》）的教育下，刪去主格，僅僅成了賓格的小腳男人後，其他一切方面的想像力以及激情都被抹去了，只對在女《四書》（托为班昭、宋若華等著）的教導下被纏了腳的女人才有了充分的想像力。孔子說，由於上蒼去掉了你的翅膀，作為補償，所以你的手臂才會更加發達。這個比喻性的說法，對男性的想像力非常適用。中國男人就是在這個角度上，遵循慾望的指引，也遵循著修辭格的運算法則，展開了對女人的充分想像。但這種想像往往最終不是落實在修辭上，而是在真實的事件上：一方面是男《四書》和女《四書》的渾然高懸，一方面卻是青樓妓院的四處林立，狎妓、飲酒、「贏得青樓薄倖名」被廣泛好評，這究竟是什麼意思？就更不用說在槍炮式革命後，阿 Q 對吳媽、小尼姑和秀才娘子的淫藝想像了。這中間的矛盾、悖論和漏洞，幾千年來，小腳的中國男人們不因此去設法推翻它，反而

在四處挖泥試圖修補。我們的文化幾千年來大幹快幹的事情之一，就是這種「拆了東牆補西牆，拆了帽子補褲襠」的可笑勾當。

　　魯迅式革命的要點就在這裏：要解除男、女《四書》對中國人實施的小腳主義運動。這是一場看不見硝煙的戰爭。它在槍炮支撐下的革命看來，完全不配稱作革命（魯迅之後的中國的各種革命運動證明了這一點）。魯迅沒有理會他們，而是以討厭的嚴重心情，毫不鬆懈地開始了自己的革命。他說，在中國，搬動一張桌子都要流血，更遑論其他。悖謬重重的槍炮式革命帶不來的好結局，魯迅式革命就能帶來麼？正是在這裏，魯迅看見了自己力量的渺小。他進行的那場小小的、袖珍的革命的最終結局只能是失敗。失敗給魯迅帶來的是失敗者的身份和絕望者的形象。失敗是魯迅的真正身份，它帶出了魯迅的一切：痛苦、絕望以及在艱難的求索過程中所達到的深刻度。這些都是失敗的產物，但它們首先為失敗的到來貢獻了綿薄之力。在這裏，魯迅看見的不是革命的虛無，而是一切革命在中國的幾乎不可能。按他自己的話說，不過是聊做革命科以度時日罷了。

7、樓下一個男人病得要死，那間壁的一家唱著留聲機；對面是弄孩子。樓上有兩人狂笑；還有打牌聲。河中的船上有女人哭著她死去的母親。人類的悲歡並不相通，我只覺得他們吵鬧。人感到寂寞時，會創作；一感到乾淨時，即無創作，他已經一無所愛。創作總根於愛。……

　　「創作總根於愛」是理解上述札記的前提。魯迅理解這個前提，但他做不到。作為一個槍炮革命的虛無黨，一個小腳革命的失敗者、絕望者，魯迅對任何人也愛不起來，他對一切人的看法，都只是討厭。「吵鬧」一詞的確切涵義就是討厭。這不是修辭。但它並不意味著魯迅喜好安靜。作為一個熱愛革命的人，魯迅喜好的是戰鬥。戰鬥是熱鬧的。

　　我們往往認為，能憎才能愛；我們還以為，魯迅是以恨來表達愛的。這真是荒謬絕倫。誠如許多小魯迅所說，魯迅的創作的確是投槍、是匕首、是檄文。他根本就不信任任何人。如果說還有一個人能夠愛他不信任的人，除了上帝我們還能找出誰？耶穌代表上帝說：「我的心裏甚是憂傷，幾乎要死。」（《聖經‧舊約‧馬可福音》14：34）為什麼呢？蒲伯（Popper）說出了上帝憂傷的一個小原因：「犯錯誤的總是人，原諒人的總是上帝。」（To err is human, To pardon is God）上帝的無奈和辛苦由此可見。魯迅的文字透露出來的要麼是寂寞、痛苦、絕望和無聊感，以及這一切的複合性形象——失敗，要麼就是對幾乎任何人的討厭。在這裏，兩者互為因果、共為終始。它是魯迅的行動天然帶出來的有關魯迅自己的闡釋學循環。魯迅不是上帝。魯迅牌闡釋學循環意味著，原因和結果分別都有著雙重性，它們既是因又同時是果。闡釋學循環是失敗者魯迅在找不到立足點時，為自己的內心境況發明的最無可奈何的棲身處所。正因為這樣，我們從魯迅的書寫中，既找不到真資格的白天，也找不到一絲真正的亮色，它整個兒就是黑暗和夜晚。劉小楓把這一現象描述為魯迅為了民族未來的光明，預先把自己的心染成了黑色（劉小楓《拯救與逍遙》），的確是獨到之見。從常識的角度來看，一個絕望者要麼太需要愛人了，要麼就太不需愛人、太不會愛人了。魯迅傾向於後者。畢竟魯迅式革命和槍炮式革命一樣，都號稱在成功後會給人們帶來幸福、美好、安寧與健康。而這，隨著一切革命在魯迅那裏的不可能徹底落空了。

　　在長篇小說《人的狀況》裏，法國外交家、小說家馬爾羅（Andr Malraux）說，人能忍受絕望，但不能生活在絕望之中。卡繆則認為，人生的要義就是忍受絕望帶出來的荒誕。與此思路相似但結果不一，魯迅的書寫僅僅是他能得以活下去的假動作：他不會再把目標放在革命的是否成功上，而在於怎樣打發完自己的一生上；他的文字也不再是以批判為第一目的，因為批判並不會帶來任何有改變意義、任何革命性的實際效果，而是在聊做反抗科、批判科和革命科。他的書寫只是一個載體：以討厭和仇恨的心情把自己擺渡到死亡的那一邊去。他多次說過，從生

到墳（死）之間有一段長長的空白，這段空白需要每一個具體的人，用適合自己的具體動作進行填充。他的書寫對他的填充空白來說，是真實的；對於在許多小魯迅那裏所發掘出的偉大意義而言，顯然是一長串假動作。

〈小雜感〉就是魯迅收集假動作的一個容器，也是對自己填充空白歲月的流水帳式生活的總結和概括，儘管這一點非常隱蔽。〈小雜感〉是一種記錄，也是一個虛無主義者的內心告白，是雅斯貝爾斯（Karl Jaspers）所謂一個失敗者的「失敗密碼」，也構成了歌德所謂生活中眾多「失察的時刻」。不能排除在這個世上還有許多對空白歲月艱苦填充的人，他們的方式各個不一，但他們彼此之間並不能成為同志，他們是一個個孤單單的人，一座座孤島。他們各自擁有一個個純粹的、與他人無關的孤單的世界。他們都是寡人。他們的痛苦來源於此，他們的絕望同樣來源於此。這難道就是魯迅要去的地方、要幹的事情？而這些問號中間，不正包孕著魯迅即將走向失敗者角色的若干前兆嗎？那些喜歡通過編織「言語織體」為魯迅製造傳說的小魯迅們，對此當作何感想？生前被人中傷，死後被人謬認知己，悲慘的魯迅所遇到的情景，正如一首古謠曲撕心裂肺唱道的：

> 看看的相思病成，
> 怕見的是八扇幃屏。
> 一扇兒雙漸小卿，
> 一扇兒君瑞鶯鶯；
> 一扇耳越娘背燈，
> 一扇兒煮海張生。
> 一扇兒桃原仙子遇劉晨，
> 一扇兒崔懷寶逢著薛瓊瓊，
> 一扇兒謝天香改嫁柳耆卿；
> 一扇兒劉盼盼眛殺八官人。

哎！天公，天公！
教他對對成，
偏我合孤另！

（元・無名氏〈十二月過堯民歌〉）

從身體說起

1、我只得由我來肉薄這空虛中的暗夜了……（魯迅）

　　遠視和近視一樣都是疾病，很難說哪一種更好或者更壞：前者只看得見遠方的宏闊風景，比如本質、主義在它那裏就是號稱清晰的；後者只能看見近處足夠大的事物，卻無法看到細小的、瑣碎的東西。遠視和近視都共同以犧牲灰塵、否棄細節和排拒肉體為代價：與高尚的、迂遠的本質——有時又叫靈魂——比起來，渺小的肉體的確只能算是塵埃。據雅典的蘇格拉底（Socrates）論證，肉體在「本質」上就是塵埃的意思。費希特（Johann Gottlieb Fichte）也曾經咬牙切齒，又不無自豪、神聖和誇張地說：我的使命就是要證明真理和本質，我的命運、生命和肉體都一錢不值。就這樣，遠視眼和近視眼經常把自己看到的東西當成了某種確定不移的事實（以自命真理和靈魂為方式），給全盤接受下來了，甚至屁顛屁顛把它貢獻給不幸沒有看見的人們，至於那些不幸的人們是否需要，是否高興，就不是他們準備關心的了。

　　不斷把自命的真實示人，幾乎和大量的謊言一樣，會影響我們合理、公正地觀察與看待問題。出於這樣的原因，我們對周邊事物的誤解，就是再正常不過的事情。比如說，在遠視眼和近視眼那裏，魯迅不無沉痛的、幾乎是白描似的一句話，也被徹底地、堅定地和錯誤地解釋了。魯迅在引用了裴多菲（Sandor Petofi）的〈希望之歌〉（「希望是什麼？是娼妓：／她對誰都蠱惑，將一切都獻給；／待你犧牲了極多的寶貝——／你的青春——她就棄掉你」）和裴多菲的名句「絕望之為虛妄，正和希望相同」之前說：「我只得由我來肉薄這空虛中的暗夜了……」（《野草・希望》）遠視眼和近視眼共同把有問題的、幾乎是殘廢了的目光，

齊刷刷投向了「空虛中的暗夜」，從中引出了大量議論：象徵啦，勇敢啦，意義啦，戰士啦，「民族魂」啦（當然也算不得錯，但它們是第二性徵的，不是第一性徵的），好大一籮筐；不幸得很，居然忘記了「肉薄」這個至關重要的謂詞。

　　肉薄表明了一個事實：它是帶血的戰鬥，它的第一基礎是肉體。丟掉了肉體，一切搏鬥、一切宏大的景物和一切有著昇華癖好的東西，毫無疑問，都將成為無稽之談。魯迅在這一點上是深刻的，也是誠實的。卡夫卡在他的隨筆裏寫道，甚至連殉難者也並不低估肉體，他們讓肉體在十字架上昇華，「在這一點上，」卡夫卡感慨萬千地說，「他們和他們的敵人是一致的。」難怪有人不惜以「卑鄙無恥」的心思去揣度猶大之所以出賣耶穌，很可能是耶穌本人的主意：犧牲了自己的肉體和門徒的名譽，神之子的身份也就最終確立了。保羅·蒂利希（Paul Tillich）曾經說到過十字架對於基督教至關重要的象徵意義：正是牢牢控制了沾染了神之子鮮血和承載過神之子肉身的十字架的解釋權，基督教才有了說服徒眾的能力和底氣（保羅·蒂利希《文化神學》）。要是不以肉體付帳，基督教是難以成立的──連聖奧古斯丁（St.Agustin）那樣正統的神學家對此也不否認；基督教之所以能夠成立，大大半取決於無數徒眾幾乎都是遠視眼和近視眼這個基本事實：他們看到了基督的拯救本質，卻沒有觀察到肉體在其中的作用。就這樣，肉體經常要麼是個無名英雄，要麼完全就是個墊背的角色。它通常被認為是無足輕重的，是靈魂卑下的載體。所以，自覺有罪的卡夫卡的恍然大悟才會有效：「誰不喜歡是一個高尚的人呢？可是關上門。」E·畢肖普（E. Bishop）才會說：「啊，天堂，我理解這地方，我知道它！」知道什麼呢？肉體的門關上後，天堂也就消失了。

　　最好把「鏟子就叫做鏟子」（call a spade a spade），先不忙將它點化成投槍、匕首和加農炮。喜歡戰鬥，卻又對槍炮式革命有著廣泛討厭，鼓勵別人當蜜蜂，而自己又常常躲進租界當犬儒的魯迅，很顯然，知道肉身的分量和重要性。他誠實地說，自己的所有舉止都只是肉薄，都首先是肉薄，這也有肉體方面的原因。

　　有人說，魯迅的日記幾乎是一部疾病史（吳俊《魯迅個性心理研究》），這是相當準確的論斷。1936 年 9 月 3 日，魯迅在病中給母親寫信說：「男所生之病，報上雖說是神經衰弱，其實不是，而是肺病，且已經生了二、三十年。」在魯迅那個時代，肺結核往往被看作是不治之症——魯迅的小說裏經常出現癆病患者的形象，就是這一潛意識的明確表現（參看〈孤獨者〉、〈藥〉等作品）。完全可以設想，要是一個人在寫作之前，就知道自己的身體處於極度無能的狀態（魯迅的真正寫作時間通常被認為只有 18 年，即從 1918 年寫作〈狂人日記〉算起），隨時都有可能被死亡的子彈命中，他們會不會像魯迅那樣寫作？又會不會有魯迅那樣的激憤風格？魯迅為什麼要把自己的第一部書命名為不詳的《墳》，並將「墳」當作自己身體唯一的終結之處？卡夫卡也說，和身體最相匹配的東西不會是別的什麼高貴之物，它只能是棺材。很顯然，這些都是魯迅留給我們的疑難雜症……

　　1913 年 10 月 1 日，魯迅在日記裏用春秋筆法說起了自己：「寫書時頭眩手顫，似神經又病矣，無日不處憂患中，可哀也；」20 多年後的 1936 年 6 月 30 日，魯迅的日記是這樣的：近日以來，「日漸委頓，終至艱於起坐，」「其間一時頗虞奄忽，但竟漸愈，稍能坐立誦讀，至今則可略作數十字矣。」這就是魯迅肉薄了一生的真實寫照。身體和將要被身體處理的對象（比如殘破的時代和社會）之間的巨大反差，幾乎導致了魯迅的寫作中出現的絕大多數特色。「我只得由我來肉薄這空虛中的暗夜了……」魯迅悲哀地說。

　　病人是沒有真正的朋友的，唯一可靠的朋友只有他的疾病。「我只得由我來……」這樣對結論不容商討的句式和語氣，就在試圖向我們表明，病人是孤單的，儘管他有無數的同志，有一個古往今來堪稱龐大的病人集團軍。病夫卡夫卡說過，值得我們注意的，不是痛苦的上帝是當初宗教的主要上帝，屬於每個病人的是他們家中的上帝，比如說，屬於肺結核患者的就是窒息的上帝。在說出這些話後，卡夫卡不無惡意地問：「如果人們還在可怕的聯合之前就不對他感興趣的話，人們怎麼可以忍受他的臨近呢？」不排除有這樣的可能性，但魯迅是根本就不信上

帝的,他頂多只把疾病當作了無法不信仰的上帝。不把疾病當作上帝將意味著什麼,魯迅比每一個健康的人都更加清楚,也比所有的小魯迅都要誠實。在這裏,魯迅的上帝意味著「不得不」,貝多芬將它稱作「非如此不可」。疾病是魯迅無可奈何的忠實朋友。疾病教會了魯迅認知世界的幾乎所有特殊方式。它是他永恆的發動機。

2、肉薄的倫理學……

　　魯迅對自己的現實境況相當清楚。他在一封通信裏說:我「還想從以後淡下去的淡淡的血痕中看見一點東西,謄在紙片上」。(《而已集・答有恆先生》)說「謄」而不說「抄」、「寫」,對於對詞語有著高度敏感和超人修為的魯迅,確實是意味深長的。海德格爾說過,我們完全可以從人的動作上看出一個人的幾乎全部訊息。強調人的精神存在、一生都在尋找可供精神棲居的老巢的海德格爾,肯定不得不同意,動作不僅是精神的,而且必定首先是生理(身體)的。「謄」(而不是抄、寫)表明了一種身體上的徵候。它把魯迅在寫作時的吃力情狀全部暴露出來了──我們從「謄」的字源學上可以發現這種徵候。應付日益險惡、動盪的局勢和生存際遇,可以想見,一個患病的人從來都是力不從心的。

　　諸葛亮在司馬懿派來的使者面前耍盡花招,為的是能向後者表明自己還很能吃,因而身體很好。這一招果然使司馬懿知難而退,不敢輕易再打蜀軍的主意,就不能不說諸葛亮已經洞明了身體和對象之間功敗垂成的生死關係。卡夫卡說,如果我的胃口不錯,我就會用吃食在我身上堆積起那可怕的冒險想像來。魯迅對此深有同感,他說,無論從哪裡來的,只要是食物,壯健者大抵就無須思索,承認是吃的東西;唯有衰病的,卻總想到害胃,傷身,特有許多禁條,許多避忌(《墳・看鏡有感》)。這裏究竟有沒有感同身受的意思?

　　「胃」是魯迅經常用到的比喻。一副好牙口,一副好腸胃,是身體基礎中的基礎。義大利的執政官、獨裁政權的絕對擁護者克拉蘇(Crassus)在挑選角鬥士時,角鬥士學校的校長把斯巴達克斯

（Spartacus）推薦給了克拉蘇，因為該斯巴達克斯能一口咬斷人的腳筋。克拉蘇買下了他；斯巴達克斯後來成為能征善戰、專門和克拉蘇為敵的起義軍領袖，全是因為有了一副好牙口，一副好腸胃。有人說，彼得大帝之所以改革成功，他強壯的身體幫了他一多半忙。因此，先不忙將「胃口」上升到隱喻的嚇人高度——如遠視眼常常做的那樣——我們只從「物」的水平上來觀察一下胃的功能就行了。

能吃的人，一般來說肯定身體碩健，也就肯定能較為輕易地跨過橫在自己面前的標高。魯迅反覆從各個角度寫到「胃」，正是他對自己的身體與身體將要處理的對象之間的巨大反差無能為力的隱蔽表達。按照佛洛伊德（Sigmund Freud）的理論，這就是潛意識了。魯迅對洋鬼子們說：「我正爬著，但我想再寫下去，站起來。」（《集外集拾遺・英譯本〈短篇小說集〉自序》）這番話也不能僅僅從隱喻的角度去觀察，毋寧說，它首先描敘了某種身體的吃力景況。

王充在一千多年前的一座小書齋裏幸災樂禍地說：「稟氣渥則其體強，體強則其命長，氣薄則體弱。」（《論衡・氣壽》）病夫魯迅終生都在殘破的身體和同樣殘破的世界之間，努力尋找一種平衡。出於歪鍋對歪灶的原因，兩個殘破的人、物終於找到了各自的契合點：魯迅對殘破世界的拼力批判，最深層的心理學動因，很可能是要把對自己身體的惱怒灑向殘破的世界和社會，以換取一點點心理上的平衡，因為他畢竟不能對自己的身體發火。魯迅當然明白，對自己的身體發火會有什麼好果子吃。對於這一點，膽小鬼兼病夫卡夫卡就說過：和自己的身體過不去，意味著是和造物主打擂臺，因為歸根到底是神而不是你的父母給了你這樣的身體——父母只不過是在按神的旨意行事。魯迅尋找到的契合點是他的滅火機，是他的出氣閥門，也是他從身體這間「鐵屋子」走出去，迎接清新空氣的救命動作。關於這一點，魯迅的弟弟周作人最為清楚。魯迅逝世的當天，周作人就對《大公報》的記者說，談起魯迅的肺病來，本來在十年前就已經隱伏了，醫生勸他少生氣，多靜養，可是他的個性偏偏很強，往往因為一點小事就和人家衝突起來，動不動就生氣，靜養

更沒有那一回事（1936 年 10 月 20 日《大晚報》）。這中間有沒有可逆的過程呢？明眼人肯定是不難看出來的。

魯迅的文字精短、激憤，都可以從這裏找到原因。魯迅說，他的文章不是湧出來的，而是擠出來的（《華蓋集續編・〈阿 Q 正傳〉的成因》）。遠視眼和近視眼常常把這句話理解為魯迅的謙虛，因為他們搞不明白，這一「擠」是拼盡了全力的。魯迅的氣很短，所以文章不長；之所以氣短，是由於用力過猛。而為什麼要用力過猛，周作人的話已經說得很明白了。過猛意味著激憤、辛辣、刻薄，意味著投槍和匕首。這是一個不可逆的過程。所以，業餘拳擊手、壯如公牛的海明威（Ernest Hemingway），為了把小說寫得簡潔（那是另一種意義上的精短），在寫作時需要把雙腳浸泡在冷水中，給自己過於繁多的熱情和衝動降溫。這樣，海明威的小說看起來就很短，魯迅的文章讀起來卻很長。對此，另一個病夫卡夫卡提前給出了解釋：「在肉體世界中可笑的東西，在精神世界中往往是可能的；」內心世界只能經歷，只能化作行動，卻不能得到有效的、精準的、言能盡意的描繪，所以卡夫卡下結論說，心理學只能是一門「關於煩躁的學問」。

這種煩躁的矛盾性緣起，魯迅的學生馮雪峰曾有過精當的描述：無論魯迅自覺或不自覺，他都不相信自己會被疾病所戰勝；但是，也無論他自覺或不自覺，他都不能不暗暗把疾病看作是不可戰勝的敵人（馮雪峰《回憶魯迅》）。魯迅的不幸在於：他遇上了一個殘破的時代，這個時代需要他有足夠的力氣去做揭露科和批判科；魯迅的幸運在於：他的確遇上了一個患病的時代，這個倒楣的時代可以充當他在不可戰勝的疾病那裏受到的鳥氣的出氣筒。卡夫卡說得好：「最強烈的光可以使世界解體。在弱的眼睛面前，它會變得堅固，在更弱的眼睛面前，它會長出拳頭，在再弱一些的眼睛面前，它會惱羞成怒，並會把敢於注視它的人擊得粉碎。」卡夫卡建議說，這話反過來說也正確。就這樣，時代首先成了魯迅的出氣筒；魯迅之所以比他的同輩人或同時代人更能激憤地對待社會，曾被許多人歸結為性格原因，但另一個更深刻、也更隱蔽的來源被忽略了：魯迅首先是一個有氣想出的人。

　　肉薄是魯迅的真實寫照；但肉薄的涵義最終表明：在肉體的無能和時代的巨大之間有著強烈的反差。肉薄首先是一個無能者不願認輸的勇敢行徑，並不是遠視眼和近視眼認為的，一開始就是「民族魂」的寫照。尼采（Friedrich Wilhelm Nietzsche）說，上帝死了；羅蘭‧巴爾特（Roland Barthes）說，作者死了；蜜雪兒‧福科說，人死了；後現代主義說，身體活著。這個逐步被揭露出來的東西也許是真實的。遠視眼和近視眼造成的普遍誤解，經過無數代人那充滿可疑的艱苦努力才被有限地矯正。對這些簡單問題的不簡單解碼，為一大群思想家的出生提供了必要的理由。我們是不是也可以由此說，這些偉大的思想家僅僅是在恢復常識，在矯正視力？

　　弱者的上帝肯定是強有力的，強者的上帝則多半是贏弱的。肉薄表明了，魯迅只是一個以強者姿態出現的弱者。肉薄是魯迅獨有的倫理學。不理解這種倫理學，我們就不大可能把魯迅當作一個肉體凡胎的活人，也無法理解他的社會批評（即魯迅式革命）為什麼會達到那樣激烈的程度。身體的狀況肯定是造成這種後果的主要原因之一：他把自己的怒氣灑在殘破的時代身上，時代更多的是一個出氣筒的身份，社會現狀是否被改造和怎樣被改造，則是十分靠後的問題。畢竟身體永遠都在自己身上，它的疼痛永遠不可能讓它的主人視而不見。像關羽那樣刮骨療毒還飲酒下棋的人只能是殘忍者。而在對他極盡讚美之能事的史書中，我們也的確看見了關某在仁義掩蓋下的殘忍舉動。身體是我們唯一的出發點。在魯迅那裏，時代本身的殘缺值不值得同情是不用過問的。W‧本雅明說，卡夫卡的人物更多是出於莫名其妙的原因就鼓起掌來（本雅明《弗蘭茨‧卡夫卡》），魯迅筆下的情況卻往往是，在他的字裏行間常常是有意憤怒地叫了起來，有時甚至帶有明顯的神經質和歇斯底里（魯迅把這叫做吶喊）。這都值得深究。卡夫卡還認為，倫理學在一定的意義上就是絕望。肉薄的倫理學也是這個意思：它拼命抓住了一個受氣包，先出了自己的惡氣再說。

3、身體即故鄉……（海因）

身體有有限的未來，卻沒有永恆；身體自始至終都在排拒永恆。一貫追求理想，充當了若干日月遠視眼的中國詩人海因，在病中發現了自己隱蔽了多年的另一半：身體。他以浪子回頭的口氣說：「一個人的身體與他的想像力，與他對這世界的認識程度有著極為重要的關係。」（海因《病》）海因是對的：是身體而不是別的什麼構成了我們欲望的最大障礙，當然也是最大助力。這種口氣聽上去讓人欣慰。卡夫卡說了，我身體的狀況組成了我前進最主要的攔路虎——有了這樣一個身體，任何像樣一點的目的都達不到。說到這裏，卡夫卡明顯有了破罐破摔的意思：「我將不得不習慣它那連續不斷的失敗。」為此，卡爾・波譜爾（Karl Popper）說過一句非常正確的話：「不是賺錢的欲望，而是飛行的慾望，使我們發明了飛機。」（波譜爾《通過知識獲得解放》）波譜爾忘記了說，這完全是因為人根本就不是可以飛行的鳥，僅僅是囿於重力在大地上負重行走的兩腳獸，他的負重來源於他那在佛家看來應該算作「臭皮囊」的身體。詩人鍾鳴給波譜爾添上了一個精彩的理由：人缺少什麼，就追求什麼（鍾鳴〈旁觀者〉）。這已經是沒有任何疑義的了。

就是在這個基礎上，才產生了遠視眼和近視眼看來應該存在的本質、理想、未來直到永恆的精神家園。在尋找這些玩意的途中，遠視眼和近視眼共同把自己的第一性徵給弄丟了，直彷彿自己一貫就是那些尋找聖杯的人。他們忽略了一個簡單的事實：神話不是說了麼，聖杯找到的那一刻，就是肉身消亡的那一瞬。倒是比較不那麼聖潔的 T.S.艾略特（T.S.Eliot）明白這中間的深意，他的明白最終產生了偉大的《荒原》。尋找到聖杯的孩子，是不是有如精神家園論者認為的那樣，一勞永逸地活在永恆之中了？

一個笑話說：一位妓女向一位曾與自己媾和過的總經理討「房租」，該總經理以「房間」太大、「水電」不通為由拒絕付款。這位智商奇高的女人馬上反唇相譏：房間太大，是因為你「傢俱」太小；水電不通，是因為你沒有找著「開關」。這個性工作者的玩笑話，完全可以理解為

是在嘲笑我們時代的精神家園論者：精神的發動機永遠都在我們的身體之內，身體上天然包納著調控一切超越性精神的開關。我們要麼是沒有找到它，要麼就是只找到了它。沒有找到的人，以為只有臭皮囊；只找到了的人，卻忘記了還有一副臭皮囊。只有找對了開關，才會找到我們將要發動的真正激情。激情不僅是精神的事，而且首先必定是肉體的領地。一個肉體領導了無數個激情，它是它們的酋長──激情無法自己領導自己。生理學早就證實過，激情是由生理性的激素最終調控的。激素存在於我們的內分泌之中。激情是複數的，肉體永遠呈單數狀態。這一點倒是和靈魂、本質有思維上的異曲同工之處：上帝只有一個，魔鬼和人之子卻趨向於無窮。肉體不僅是感受器、接受器，也是一切動作──無論是超越性動作還是純粹肉體性動作──的唯一施與者。洛伊‧C‧巴斯特告誡我們說：

> 真理的一半是理想
> 四分之三將是不真實的。

這就是只找到開關後必然會顯露出的真相。剩下四分之一正確的真理（姑且這麼說吧），卻往往是歪打正著的，有著相當的運氣成分。魯迅找著了自己身體的開關，也是好運道幫了他：由於體弱、氣短、疾病纏身，他既不得不重視自己的肉體，又不得不想方設法找到一個正確的開關，使自己有可能衝出身體這間「鐵屋子」，以便釋放自己的怨氣。魯迅為什麼要用鐵屋子和想衝出鐵屋子的人來比喻變革（《吶喊‧自序》）？難道密不透風的鐵屋子不正是讓人窒息、憋氣的所在嗎？這是不是曲曲折折表達了魯迅在肉體方面所受到的壓抑？這點潛意識不妨留在這裏，作為存照。

人們通常以為，是由於時代和社會的險惡，才使天生愛好公正、正義和有愛心的魯迅怒不可遏。這是個抓癢癢的看法。卡夫卡給病夫魯迅或類似於病夫魯迅者，開了一個理由充足的處方，很值得我們信賴：我之所以這樣寫作，完全取決於對我的身體和對我的身體的未來的絕望。對於魯迅，更真實、更隱蔽的原因很可能就在這裏：倒楣的時代終於可

以名正言順地充當有志於改造國民性和愛好文藝，並且有怨氣要出的魯迅的絕好口實。倒楣的時代在更大的意義上，只是魯迅不期而遇的一個活靶子。這裏邊包含著太多的偶然性。那些太多的偶然性直接組成了魯迅的好運道。這個好運道是不能被小看的：正是它，促成了被遠視眼和近視眼們稱作「民族魂」的魯迅的誕生。順便說一句，「民族魂」決不是高看了魯迅。出於上述原因，倒很可能是誤解了魯迅。我曾多次說過，一個偉大的行動往往起源於一個相對渺小的私心──我想拯救你，我只有拯救了你，我內心才會舒服（要是耶穌不被釘在十字架上，他會感到幸福嗎）；我現在有氣要出，我也只有出了這口惡氣才舒坦，至於它是否剛好歪打正著批判了社會，對於社會是不是投槍和匕首，我就顧不了那麼多了。即使是，它也是第二性徵的。

　　在臨終前一個月，魯迅面對隨時都會到來的死亡心情複雜地說，30年前學醫的時候，我曾研究靈魂的有無，結果是不知道；又研究過死亡是否苦痛，結果是不一律。而現在，我終於知道了，我是到底相信人死無鬼的（《且介亭雜文末編‧死》）。在同一篇文章中，他還給出了鬼的乳名──靈魂。人有身體，有精神，有意識，但絕無靈魂，這就是魯迅在臨死前的堅定結論，其可信度和堅定程度是不難想見的。靈魂是一個比喻性的說法。死者的死，是精神、肉體、意識的「予與汝偕亡」。伏爾泰（Voltaire）要求死後將自己的心臟浸泡起來，並留下了一句高傲的遺言：「這裏是我的心臟，但到處是我的精神。」伏爾泰本來是想對拋棄了自己的、一貫勢利的巴黎庸眾開最後一次玩笑，沒想到後者根本不懂幽默，把玩笑徑直當成了真事。巴黎的庸眾和善於起鬨、樂於充當看客的中國庸眾，從內容到形式都有著相當的一致性。因為他們不知道，死者的所謂精神只是對活著的人說的。諾貝爾‧埃里亞斯（Elias）就說過，死沒有任何祕密，也不開啟任何門，它是一個活人的終結，在他身後留存的，是他留給其他人的東西，是長存在他們記憶中的東西（參閱迪迪埃‧埃里蓬《權利與反抗》）。所以我們才說，死者的精神對死者本人毫無意義──堪稱「敵」基督的伏爾泰是不會搞錯的；所以，海因才會說：身體即故鄉。在身體之外，向來就沒有什麼靈魂，也無所謂靈魂。

　　魯迅激憤地說：「我的可惡有時自己也覺得，即如我的戒酒，吃魚肝油，以望延長我的生命，倒不盡是為了我的愛人，大大半乃是為了我的敵人。……要在他（即魯迅所謂的正人君子──引者）的好世界上多留一些缺陷。」（《墳‧題記》）這是一種典型的病理修辭學，是來源於魯迅殘破身體的直接引語，也是肉薄的倫理學典型的語言表達。一方面要向自己的敵人出怨氣，一方面又不忘保住自己的身體；兩者之間很難說有真正的邏輯承傳，但肉薄的倫理學把它們需要的邏輯承傳給天衣無縫地找到了：魯迅既不想自殺，不想從速結果自己的老命，更不敢對自己的身體發脾氣。肉體有它自己的計算數學和紀律，也有它自己的秘密邏輯。但它和中國版革命內部的運算法則不一樣，肉體的計算法則永遠不會有支吾，不會有口吃；它的疼痛、幸福和慾望一樣，都是直截了當的，沒有絲毫的躲閃性。肉體的祕密邏輯嚴格遵守直線型的三段論。

　　半個世紀以前，美國佬羅伯特‧喬丹俯視著山丘，面對即將來臨、有可能來臨的死亡說，我已經為自己的信念戰鬥一生了。如果我們能在這裏打贏，在任何別的地方也一定能夠勝利。世界如此美好，真值得為它而戰，我真不想離開（海明威《喪鐘為誰而鳴》）。魯迅在死之前是說不出這些話的。這是一個健壯者、一個戰士、一個強者的語言。它不是魯迅和肉薄的倫理學的語言。病夫魯迅臨死之前最有力氣的一句話是：一個也不寬恕（《且介亭雜文末編‧死》）。肉薄的倫理學也決不允許寬恕行為發生。出於可以理解的原因，寬恕要麼是強者的行為，要麼是弱者的行為，卻不大可能是以強者的姿勢現身的弱者的動作。它不是。

　　魯迅在向正人君子、胸前有徽章的人、中庸的貓、資本家的乏走狗、流言世家、現在的屠殺者、無聲的中國、已經唱完的老調子、無花的薔薇、搗鬼者、淡淡的血痕、友與仇、人與獸……投出了自己的怒火後，肉薄的倫理學早已表明了：他找到了打開自己身體這間鐵屋子的開關，他走了出來，迎面碰上了這一切，禁不住暗自高興、慶幸起來。它們來得可真是時候。它們引起了他早已滿儲的、將要溢出的、來自於身體內部的惱怒，也承接了那些有如箭在弦上已不得不發的惱怒。但它們用左

耳洗耳恭聽，從右耳把肉薄的倫理學發出的憤怒之聲彈出。「我從前的攻擊社會，」魯迅長舒了一口氣，然而也是索然寡味地說，「其實也是無聊的。」（《而已集・答有恆先生》）既然如此，為什麼還要孜孜不倦地攻擊下去呢？大大半是肉薄的倫理學的慣性需要罷了。毫無疑問，這是一種源於身體的、有關絕望的倫理學。

1912 年 9 月 15 日深夜，噩夢中的卡夫卡從床上爬起來，打開了令他窒息的窗戶。然後，這個終其一生都在向一個未知的、更高的法庭投遞自辯狀的犯人，在他的日記本上記下了這樣一首詩：

　　由於虛弱的
　　緣故
　　我們用新的力量
　　攀登
　　神祕的主
　　在等待
　　直到孩子們
　　精疲力竭

卡夫卡沒有說出精疲力竭的孩子們是否到達了主的居所。從《審判》中，尤其是從《城堡》中，我們看見了孩子們的無望努力。主在和孩子們捉迷藏。主是虛擬的，它是只找到開關和找錯了開關註定的結果。有趣的是，肉薄的倫理學卻從另一個角度回答了這種攀登：「有我所不樂意的在天堂裏，我不願去；有我所不樂意的在地獄裏，我不願去；有我所不樂意的在你們將來的黃金世界裏，我不願去。」（《野草・影的告別》）他究竟想去哪裡？一副病快快的身子，他又能去哪裡？還能去哪裡？

4、一個夢，一個幻想或一句胡話……（佛洛伊德）

經常喜歡倒過來看問題、喜歡麻雀仰著飛的叔本華（Arthur Schopenhauer）在某處說過，身體越虛弱的人，精神也就越強大。魯迅

說，我完全贊同（《華蓋集・戰士和蒼蠅》）。這裏面究竟有沒有同病相憐抑或顧影自憐的味道？在這一點上，魯迅只有二分之一的誠實：他一面同意叔本華的話，顯示出了一個在遠視眼和近視眼那裏的戰士形象；當他從身體的鐵屋子裏破門而出時，又不免要把充當一個戰士無法出完的怨氣灑在自己身上。這當然要冒著毀壞身體的危險。他曾經對許廣平耳語道：「我忽而愛人，忽而憎人；做事的時候，有時確為別人，有時確為自己玩玩，有時則竟因為希望生命從速消磨，所以故意拼命地做。……總而言之，我為自己和別人的設想，是兩樣的。」（《兩地書》二四）這才是可以讓人信任的話[1]。

德魯茲（Gilles Deleuze）與伽塌里（Guattari）曾經精闢地講解過：身體的慾望總是以對「那是什麼意思？」這個問題的全部瓦解作為開始，因為身體（即無意識的慾望）不提什麼意義問題（參閱德魯茲與伽塌里《反俄狄浦斯》）。當然也就沒有什麼原始的意義目標了。身體能產生追求，不能產生有關人生價值的科學真理。偉大的達・芬奇（Leonardo da Vinci）在這方面就犯過錯誤，他說，如果一個人沒有獲得對某一事物的本性的徹底瞭解，他就沒有權利愛或恨那件事物。這顯然是把無意識的東西處理為知識或者知識的客觀性了。追求指涉的是信仰，真理指稱的是一種獨立於肉體之外的純客觀存在；信仰的句式是：「我信……」客觀存在的句式是：「你必須信……」；「我信……」是一種主動的行為，「你必須信……」則是強制性的，它意味著「否則」之後就要破你「門」而入的懲罰。這懲罰據魯迅說有時來自天理，據另外的人說有時又來自上帝或真主，據福科說還可能來自權力和知識話語的霸道性（參閱福科《規訓與懲罰》）。總而言之，那些號稱真理的東西為了維繫自己的尊嚴，不惜犧牲肉體的原始涵義。讓身體去堆砌有關人生價值的「客觀」真理，既是對真理的濫用，也是對肉體的蔑視和弔詭。真理總是意味著

---

[1] 其實正是矛盾的魯迅才是真實的魯迅，對「痛苦的魯迅」做過深入研究的王曉明先生顯然是同意這一看法的，並且有過精當的論述（參閱王曉明《無法直面的人生》，上海文藝出版社，1994 年版）。

殉道、祭獻和充當犧牲。真理超過了肉身畫定的疆界。對於身體，真理僅僅是一張鬼臉，魯迅把那些在晚上被偷偷摸摸製造出的真理稱作「鬼臉上的雪花膏」（《准風月談‧夜頌》），充分顯示了魯迅的「毒眼」的力量。身體拒絕參與真理舉辦的各種化妝舞會和貼面舞會，因為在那些舞會上，肉體只是幌子，頂多是個卑賤的、只能躲在牆角的客人。

　　信仰是身體唯一可以支撐的精神之傘，它的開關就在身體之內。「我是我的骨頭的主人，」羅蘭‧巴爾特意味深長地說。信仰意味著肉身的局限，同時也意味著它的全能：只有信仰才能為肉身找到超越肉體的去處，但信仰依然來自於肉身自身的需求。沒有信仰，肉身的確只是一副臭皮囊；只有信仰，那就是承認人有靈魂或者只有靈魂。這是肉體獨有的辯證法：它是孫悟空在唐三藏周圍，用金箍棒畫出的一個可以阻攔牛鬼蛇神、妖魔鬼怪進入其中的圓圈，它保護肉身不受外來侵害，尤其不受喬裝打扮的真理假冒信仰之名對身體帶來的殘殺。

　　除了身體本身的原因，肉薄的倫理學就建立在這個基礎之上。魯迅說出了他不願意去的很多地方；但他知道，他必須要去一個地方。墳是最後的去處，這不用理會了，反正會有那麼一天；魯迅說，關鍵是從這裏到墳場的路數。墨子臨歧路痛哭而返，阮籍觸窮途大哭而還，劉伶一邊走路一邊喝酒，一邊命人跟著自己，半閉著眼向後擺擺手：死便埋我。魯迅則這樣描述自己的情形：如果我遇到了歧路，就「先在歧路頭坐下，歇一會，或者睡一覺，於是選一條似乎可走的路再走，倘遇老實人，也許奪他的食物來充饑，但是不問路，因為我料定他並不知道的。如果遇見老虎，我就爬上樹去，等它餓得走開了再下去，倘它竟不走，我就自己餓死在樹上……倘若沒有樹呢？那麼沒有法子，只好請它吃了，但也不妨咬它一口。」魯迅設想了多種可能性，不過是想說，在毫無真理可言的世界，對於他，肉薄的倫理學才是唯一可能的選擇。

　　……就這樣，無物之陣既是他最可能的去處之一，是肉薄的倫理學可以大展手足的舞臺，也是魯迅打開身體的開關後首先值得「信仰」的尤物：他厭惡和不信任無物之陣上的任何一件東西（包括這些東西們帶來的真理），卻相信「舉起了投槍」的「這樣一個戰士」（《野草‧這樣

的戰士》）。慈善家、學者、文士、長者、青年、雅人、君子、學問、道德、國粹、民眾、邏輯、公意、東方文明……魯迅一一指點著它們說，你們果然都是無物之陣上的絕好名稱，卻構成了無物之陣上空心人的大聯唱。舉起投槍的戰士在向他們甩出投槍後，發現他們的腹中竟然空空如也。廣泛的目擊，普遍的洞穿：魯迅變得勇敢起來了。但是，具體的上戰場、殺人、革命以及當蜜蜂所要求的勇敢，和面對抽象的無物之陣與虛無所要求的那種勇敢相比，畢竟還有著質的不同。前者是以肉身的損毀為代價，後者則是以信仰的破產為前提。身體對此當然有話要說：要做到後一個勇敢，困難；要做到前一個勇敢，則是難上加難。

　　身體是我們唯一的故鄉，信仰是身體的遊子；而號稱真理的，往往不過是鳩占鵲巢的私生子。遺憾的是，由於後者的過於主動、偽裝的熱情和假他人之手的霸道，我們把真理當作嫡出的子孫已經千百年了。信仰有門卻不得而入。它的故鄉看來不打算要它了。它在不斷敲我們的門，可這不是什麼命運的敲門聲。讓我們難以想像的是，千百年來，這暗中的「規律」和敲門聲依然在暗中慫恿我們、指點我們。身體打開，兒子出去，正如同身體打開，兒子可以進來。肉薄的倫理學也在暗中受到信仰的支配，它說：「我信……」，「我必須得有一個信……」里爾克（Rainer Maria Rilke）聲嘶力竭地高喊道：

> 大地！不可見的！
> 如果不是這種再生，
> 你急切的召喚又是什麼？
> 大地！親愛的大地！我要！

（〈杜伊諾哀歌〉之九）

　　究竟是故鄉在尋找遊子，還是漂泊的人背著墓碑在搜羅故鄉？這裏有了一點含混的、糾纏不清的意念了。幾乎在肉體的痛苦中昏迷了一生的荷爾德林對於還鄉有著更為精湛的描寫。可能是他離自己的故鄉不太遙遠了的緣故，他沒有里爾克的悲痛欲絕：

> 航海者愉快地歸來，到那靜靜河畔
> 他來自遠方島嶼，要是滿載而歸
> 我也要這樣回到生長我的土地
> 倘使懷中的財貨多得和痛苦一樣

魯迅從鐵屋子走出來後，便和他的兒子迎面相撞。這究竟是幸運呢抑或大背運？無物之陣意味著，信仰在向著空無開火——這正是肉薄的倫理學遇到的一大難題：故鄉找回了自己的兒子，卻發現他並沒有多大用處，僅僅是有一個罷了。

史沫德黎（A.Smedley）有一回很奇怪地問女畫家珂勒惠支（Kaethe Kollwitz）：從前你用反抗的主題作畫，現在你卻在表示母愛，這到底是怎麼回事？後者說，那是因為我一天天老起來了……魯迅臨終前曾經深有感慨地引述過這則逸事（《且介亭雜文末編·死》），那是因為他也老了。薩特的情人波伏娃（Simone de Beauvoir）說過一句十分「歹毒」的話：老年是對生命的拙劣模仿；薩特也說過，他決不和 25 歲以上的人交朋友，因為他們沒有激情，因為他們的身體虛弱到了支撐不起激情的程度；王爾德（Oscar Wilde）則說，年輕人想忠實，做不到，老年人想食言，又力不從心。就是這樣，魯迅已經沒有力氣指使他重新歸來的兒子，因此，無物之陣也是去不得的了——那畢竟是一個需要力氣摔擲投槍的地方。卡夫卡對疲憊的描寫正好可以用在這裏：他的疲憊是一個鬥劍士的疲憊。魯迅累了，也老了。他從無物之陣上退了回來。但肉薄的倫理學並沒有放過他，他（它）還有怒氣要出：魯迅直到死，也沒有將投槍和匕首轉換為香巾與項鏈。他說，一個也不寬恕。這是一種純粹只剩下形式的信仰，是為信仰而信仰：人總得有一條活路才行啊。——陀思妥耶夫斯基（Dostoyevsky）的話在這裏依然有效。既然不能再擲投槍，那麼，相信一切都不足信才算是最後的抉擇。這是肉薄的倫理學最後的信仰，幾乎已不是信仰。它和所有需要肉體充當犧牲的真理決不一樣——我們早就聽說了，真理在最後總是以哈哈大笑的姿勢來完成自己的。因為真理總是掌握在勝利者手中，這才是自打盤古王開天闢地到而今最大的真理。

　　通達最後的信仰有一個前奏。從需要更大力氣才能面對的無物之陣中退出來後，魯迅把他一貫的幽默發揮到了極致。米蘭・昆德拉（Milan Kundera）曾經以為，對幽默的發現，是西方人進入現代社會的標誌性事件，因為它意味著，人們從此可以對從前唯一的真理放聲長笑了（昆德拉《被背叛的遺囑》）。這顯然是健康的人、自信的人的動作。魯迅的幽默是不帶笑意的，幽默只是魯迅「隸體鬍鬚」（阿累《一面》中的描述）上的輕微顫動。魯迅的幽默表情，和他面對無物之陣的表情一致，只是前者比後者更省力——魯迅的幽默就是為了節省體力。因此，和昆德拉截然相反，幽默是魯迅接近衰亡的徵候。中國歷史上有笑話，有昏話，有謊話，有屁話，有鬼話，有蠢話……就是沒有真資格的幽默。有鑒於此，林語堂曾經荒唐地提倡過幽默文學，錢鍾書指著他（它）的鼻子很省力地說，這本身就是一個幽默（錢鍾書《寫在人生邊上・說笑》）。中國人不理解幽默，魯迅的幽默長期以來被廣泛誤讀，不過是老兵的又一新傳。肉薄的倫理學第一次發現了和自己內在腔調相一致的幽默：這是失敗者魯迅最大的成功之一。

5、噢，親愛的孩子，我請求你也為駝背小人兒祈禱吧……（德國童謠）

　　德國童謠裏有一個駝背小矮人——本雅明在論述卡夫卡時曾經提到過它——，誰如果被他注視，誰就會受到驚嚇，從而也變作一個倒楣的小矮人。要命的是，沒有任何人知道這傢伙什麼時候才去注視人，也不知道他將要注視什麼人。總之，從童謠流傳的廣泛性來看，說小矮人至今還出沒在人群之中是不會有錯的（現在不是還到處滾動著各種各樣的矮東西麼？）。小矮人的出沒，造就了大量的矮子，也造就了影響極大的矮子的真理。

　　我們被矮人注視由來已久。當一種矮人的真理出現後，小矮人的起源就轉變了：是一些矮人拿著自己的主義在教導另一些人也要充當矮人，最後他們果真變作了矮人——其累積加疊，使得矮人主義恣意橫

行。在中國，最大的矮人主義真理觀是由一群叫做儒家的小矮人提供的。魯迅在〈補天〉中，專門在高大的女媧胯下設計了一個走動著的、指手劃腳的矮個子儒生，就明顯是魯迅牌幽默的神來之筆。儒者，柔也。講究的就是個不溫不火。據王充等人說，子路本來是個猛夫，殺人越貨、浪跡於月黑風高之際，要是沒有孔夫子是完全可能的。不幸（或者大幸？）的是，子路後來成了孔子的門徒，受儒家之柔術，最後也變作了一個幾千年後屢屢被魯迅挖苦的「非禮勿視」、躬腰趴背的「柔」儒（王充《論衡‧率性》）。但他也受到了正宗和準正宗的儒生們的一致恭維：所謂知錯能改，善莫大焉。

　　矮人和矮人主義是成正比的：矮人只能產生矮人主義，矮人主義又充當著矮人的精神護法師。肉薄的倫理學深刻地發現了這一關係；肉薄的倫理學之所以能對此獨有感悟，不能不說是魯迅長期囚禁於身體這間鐵屋子，對肉體與精神之間的水乳關係有著太多的感慨。這使他完全有理由把怨氣出在矮人主義促成矮子的生產方式上。魯迅說，體質和精神都已硬化了的人民，對於極小一點的改革，都無不加以阻攔（《二心集‧習慣與改革》）。因為變革會破壞矮人集團的內部平衡，最後受到威脅的肯定是矮人主義的真理觀。不是說了麼，在動物眼裏人也是動物；矮子的真理是希望所有人最後都有幸能成為三寸丁。魯迅用省力的幽默語言說，率先進化的那只猴子，肯定會被還未進化的、還來不及進化的猴哥們給毫不猶豫地搞顛。

　　這就是矮人的真理假冒肉體的信仰，鳩占鵲巢似地來到肉體故鄉的現實結局。這種普遍的真理造成了一種更為普遍的事實，以致於歌德在《浮士德》裏把這種矮東西稱作水晶人。據說水晶人並不是表徵死，而是代表一種凝固的、不能更加發展的形式（溫利奇《十八世紀中國與歐洲的接觸》）。黑格爾在他的哲學講座裏，也把中國的歷史看作凝固的歷史，顯然指的就是水晶人的歷史。肉薄的倫理學在打開自己身上的開關後，既發現了這一形式，也把廣泛的怨氣出在了這一形式之上。魯迅說，現在的青年的精神未可知，在體質，卻大半還是彎腰曲背，低眉順眼，表示著老牌的老成子弟的成色（《墳‧論睜了眼看》）。說得激憤、刻薄

又那麼到位和觀察準確。肉薄的倫理學發現了新一輪的子路。經由肉體去考察民族精神，在肉薄的倫理學那裏是順理成章的事情。它至少表明，魯迅已經受夠了身體對精神和信仰的囚禁之苦，它知道要解救精神，首先得解救肉體，為精神留下在肉體上的房間——這對個人，對民族都一樣。

叔本華把紳士比喻為豪豬，魯迅嘴上不承認，心裏早已為這句話供上了牌位（參閱《華蓋集續編‧一點比喻》）。因為在病夫魯迅那裏，豪豬至少是強健的，是活躍的、野蠻的，和水晶人的凝固、板滯絕然相反。它足以支撐起自己的信仰之傘，也足以抵抗假扮信仰而來的各種矮子的真理。在一篇精短（但讀起來很長）、漂亮的文章中，魯迅揭發了中國的矮人真理是如何把人一步步弄成矮子加流氓的（《三閒集‧流氓的變遷》）。很顯然，這裏的流氓就是歌德挖苦過的水晶人，不過他們都是些能做出各種複雜而下流的動作的水晶人，畢竟流氓在無恥方面的確稱得上花樣百出。魯迅在一篇文章裏還暗示過：由於身體的孱弱，整個中國連睜眼觀看、正視現實的能力都喪失了（《墳‧論睜了眼看》）。就是這樣，魯迅才會不無惡意也不無幽默地列出了如下算式：

人＋獸性＝西洋人

人＋家畜性＝某一種人

（《而已集‧略論中國人的臉》）

某一種人難道不是指中國的矮東西嗎？毫無疑問，魯迅贊同那些帶有獸性的西洋鬼子。畢竟他們是孔武有力的人，卻又未必時時像〈流氓的變遷〉裏描寫的那種角色一樣，專門去懲治飲酒的和尚、通姦的男女，以期從中獲得時時斷頓的快感。德國童謠裏的矮東西和鴉片一起，被船堅炮利的洋鬼子強行促銷（？）到了中國。這真是有趣。

正是渴望肉體和精神同時強大的理念在魯迅筆下作祟，使得幾乎人人都知道，魯迅曾經是個進化論者（後來呢，據說是個社會主義者了）；出於同樣的考慮，也使得幾乎大多數人都忘記了，魯迅其實至死都是一個退化論者，當然這得從相反的角度去看——這就是不帶笑意的幽默的

語用學涵義之一了。柏拉圖（Plato）提出過的「退化的進化論」正是魯迅要提出的。柏拉圖說，諸神創造了人，其他物種則是人的腐敗和衰落過程中實現的。起初，有些人（比如懦夫）下降為婦女，缺乏智慧的人逐漸下降為較為低等的動物。我們聽說了，鳥就是由無害但懶惰和體質虛弱的人變成的，魚和貝類就是那些最愚蠢、最笨拙和最矮小的人「進化」而成的（柏拉圖《提邁歐篇》）。魯迅則說，矮子們，如果你們還要在矮人主義的指引下前進，你們就會「進化」為蟲子（《吶喊・狂人日記》）！變成完美監獄裏享受溫飽的犯人（《且介亭雜文・關於中國的兩三件事》）！但矮子們是否會改變自己的主義呢？魯迅比所有人都明白這中間的過節。這就是魯迅的絕望之處，也是他在這方面艱苦努力之後註定的失敗之處。絕望的魯迅甚至不惜報復性地拖著自己的病軀，去扛起黑暗的閘門，試圖把不想變做矮人的孩子們放到光明中來（《墳・我們現在怎樣做父親》）──魯迅的形象陡然之間高大起來了。但正如我們所看見的，他仍然是令人歎息地失敗了。

肉薄的倫理學在這裏同樣展示了一貫絕望和註定要失敗的面孔。戴著這副面孔，魯迅一次次來到矮人主義製造的矮子的無物之陣，察看矮子們製造的無事的悲劇。他的最後結論是：絕望或一個也不寬恕。魯迅在向殘破的時代和社會出夠了來自自己身體的怨氣後，才發現自己怨氣的庫存不但沒有減少，反而增加了。對於這種廣泛的失敗感，他也只有抱以不帶笑意的幽默。

契訶夫（Anton Chekhov）在一篇充滿詩情畫意的小說裏，描敘了一個急著要穿越草地回家的孩子：孩子看到茫茫草地絕望地哭了；等他穿過草地盡頭從此不會再有草地時，孩子又哭：沒有草地，他該做什麼呢？至於還要不要回家，要麼已經被孩子忘記了，要麼就是顯得不太重要。魯迅現在遇到的問題和那個孩子遇到的問題一樣：在向殘破的社會和矮子主義及其真理猛烈開火時，把肉薄的倫理學原初的意思給弄丟了──到了最後，如同近視眼和遠視眼所認為的，彷彿魯迅一開始就想這麼做。

既然得勝的是第二性徵，班師回朝的總是本質和靈魂，那麼沒說的，「民族魂」的大旗也就可以蓋在遺體上了。

流水帳

1、我看得時光不大重要……（魯迅）

1927 年 9 月 4 日，魯迅在一封通信裏說：「我看得時光不大重要，有時往往將它當作兒戲。」（《而已集・答有恆先生》）我們要麼輕易繞過了這句話，因為它畢竟有礙觀瞻；要麼就是對這句話進行了解釋學上的登山運動——有著強烈昇華癖好的力比多，從遠視眼和近視眼的口腔裏就這樣過渡到了魯迅身上。人在一個被自己造出來的神面前是有理由這麼做的。的確，我們難以理解，神仙也是要上廁所的。這顯然超過了我們的想像能力。南面為王的劉安率領自己的雞犬升天後，沒想到卻被天帝任命為廁所的所長（參閱劉克莊《後村先生大全集・雜興》，孟郊《元憲集・默記淮南王事》）。上帝也是一個大俗人，因為他是所有俗人唯一的始祖；米蘭・昆德拉從上帝有腸子、要上廁所這個簡單的事實就把它給窺破了（米蘭・昆德拉《生命中不能承受之輕》）。《聖經》其實早已向我們暗示了這個意念，可惜我們這些有著過多聖潔癖好的俗人，無法理解來自上天的啟示。魯迅的話遭到踐踏，就更在情理之中。

我們多次被告知，熱愛生活是我們這些生活擁有者的天然義務。這當然很好，也當然算不得錯——假如情況真的就是這樣。可是，教導我們的所有人、所有教義，都沒能令人信服地說出他們（它們）所說的「義務」究竟意指什麼。所以，卡繆才像猜謎一樣，指著義務的鼻子向我們驚呼：看啦，那些薛西弗斯！中國的神話也只好把雙手一攤：哎，吳剛。我曾在一篇文章裏說過，生活只是出於一種十分偶然的原因，漂到我們手中的一筆有待考證的贓款。揮霍贓款，構成了我們生活的實質——生活從來就是不潔的，它有著被魔鬼定義過的嚴重嘴臉；把贓款用於類似

於希望工程的靈魂改造事業，也是贓款的偉大用途之一──但永遠說不上什麼義務（敬文東〈關於請假的三首小詩和三條注記〉）。「無論怎樣渺小的思想觀念，都能貫穿人的一生！」1946 年，維特根斯坦（Ludwig Wittgenstein）在他的哲學筆記裏驚奇地喊道，「這正如同一個人在一個小小的國家裏，花費他的畢生而旅行一樣，他會認為在這個國家之外沒有任何東西。」很顯然，在這裏義務就是那個袖珍思想、袖珍國家：在有著熱愛性質的義務之外，決不承認還有頹廢、悲觀和虛無──這些都是骯髒的事物，是魔鬼。而生活本身卻是巨大的，它有著多種多樣的可能性。生活一直在向我們發話：我誕生了，但你們並不認識我，那不是我的事情，那是你們的事情。

「我看得時光不大重要……」是魯迅剖肝挖心的獨白。這種句式在沉靜、沉痛和沉重中，包含著的不可商量、不容討論的堅定性早已向我們表明，魯迅是反對義務說的：既然生活僅僅是一筆不潔的款項，你像一個吝嗇鬼一樣對待它、珍惜它，對頭；我去踩躪它，戲弄它，也對頭。這中間沒有可爭論的餘地，爭論只意味著枉費力氣。《聖經》說，你來自塵土，也將回到塵土。《聖經》向我們保證：你們這些塵土只有信奉上帝才能得救，你們的生活才會有意義。但《聖經》無法合乎邏輯地告訴我們，為什麼只有信了上帝他老人家，我們就不會是塵土了。它只是說，你們要虔誠……實際上，生活本身毫無意義，它只是一個個肉身凡胎穿過時光隧道的一次次短暫旅行，它從莫須有處來，將再回到烏有之鄉中去。它不會帶走人世間的一根寒毛。正如一首古波斯的四行詩所詠誦的：

> 人生到頭落得手中一陣清風，
> 世界萬物終會變得無影無蹤；
> 一切存在之物都應視為烏有，
> 無有之物也可想像就在世界之中。
>
> （歐瑪爾‧海亞姆《魯拜集》第 23 首）

　　沒有任何理由去誤解魯迅的獨白。它是魯迅在看清了生活實質後的恍然大悟。對於任何一個聽到過生活與生命之間互相交戰、對話、駁難的人，或多或少都會對時光有一些殘忍的習慣性動作。但這首先是因為時光是殘忍的。卡夫卡說：「每個人體內都有一個房間，這一事實甚至可以通過聆聽來驗證。」卡夫卡大約忘記了說，每個人體內還有一雙無形的耳朵和一張無形的嘴巴，它能聽見生活無聊的、不潔的腳步聲。它能對生活說不。但寄存在時光外衣之內的生活，是一個強加給我們的事實，它有著相當的含混、致命的偶然、廣泛的來歷不明和普遍的背景不清的味道。對生活說不，在身體和生命那裏有著雙重性質：它反對生活，但它也只能接受生活、熱愛生活。對任何一個活人，生活都是一條暫時還沒有結束的河流。「它會有一個結束嗎？」T・S・艾略特自言自語道，「沒有。」（Where is there an end of it? / There is no end of it.）就是這樣，酷愛寫日記的卡夫卡才會在他的日記裏說：「睡覺，醒來；睡覺，醒來，可憐的生活。」「德國向俄國宣戰。——下午游泳。」

　　魯迅的日記就是對艾略特和卡夫卡那些精短言論的放大：魯迅的日記整個兒就是一部流水帳；〈狂人日記〉裏的古久先生的「陳年流水簿子」漂到了魯迅的手上。魯迅一伸手就接住了它。但這是一部關於生活的流水帳，它記載了生命流逝的些微痕跡，也記載了生活的了無意義。「日記是歲月之善舉，」卡夫卡說。1932 年 1 月 7 日，魯迅的日記只有寥寥數字（魯迅的日記一貫只有寥寥數字，有時只有兩個字）：「雲，冷。無事。」千篇一律的日子，無事忙的生活，不過是為著把這筆不潔的款項盡可能花光。這樣的生活對人的意識、記憶，構成了強烈的威脅和嚴重的挑戰。流水帳表明了生活的了無意義，也表明了人對它的記憶是零星的、渺茫的、甚至是不值得記錄的。魯迅之所以要長年累月地記日記，僅僅為了防止生活的被忘卻，儘管忘卻它也沒有什麼大不了：我們絕大多數人的流水帳般的生活，不是早已煙消雲散了麼？這又有什麼了不起呢？但魯迅的日記同時表明了，記日記本身也構成了魯迅消耗日月的方式之一。他能從中獲得快感。

　　佛洛伊德說，一個人對他成年時期的事件的有意識記憶，完全可以類比於第一類歷史（即當時事件的編年史）。魯迅為自己寫了一整部《春秋》。魯迅的《春秋》已經產生了許多部試圖從中發掘「民族魂」的由來的偉大的「左傳」。但這顯然不是魯迅的初衷。

2、我僅僅是一個草稿，從未真正完成……（敬文東）

　　敏銳的病夫卡夫卡說，日記是個總體問題，「在日記中，人們找到了這樣的證明：人們本身就生活在不堪忍受的處境中，四處張望，記下觀察；」他寫日記，是為了「每天至少有一行文字是針對我的，就如同有人用望遠鏡對著那顆彗星一樣，」是為了用日記去更正生活，是為了發現「我就睡在我自己的旁邊。」生活是一筆未經我們同意就強行塞在我們手中的贓款，至於它來自何方，歷來都有各種不同的說法，它應該怎樣被花費，千百年來的說教就更是五花八門。實際上，生活的實質就是強制性，接納和忍受是它的天然要求。這才是身體、生命對生活的唯一義務。一切所謂的人生意義，一切樂觀，都應該建立在這個認識之上，否則，要麼就是虛偽的，要麼就是盲目的、不可靠的。廣泛而普遍的虛偽與盲目，曾經貽誤了多少人的青春年華。如果說卡夫卡對生活的忍受要求還隱含著不平，魯迅似乎已經抹去了這種不平。魯迅的生活的流水帳就是這種口氣。在說到自己的雜文集《墳》時，魯迅用凝重的口吻講：「在我自己它還有一點小意義，這就是《墳》總算是生活的一部分痕跡。」（《墳·題記》）這是生活流水帳的另一種表達方式：它根本上就是「當時事件的編年史」，是對生活春秋筆法式的思想羅列。

　　卡夫卡對生活有過正確的表述，他說，我們一般都是在沒有多少不同的情況下度過時光的。在說到日記時，他又錯誤地以為，「寫日記的人的一個優點在於：他對變化有著冷靜清晰的意識，他無時無刻不面臨這種變化。」魯迅的生活流水帳同意卡夫卡對生活的表述，卻不承認卡夫卡對日記的讚美。魯迅的日記表明了：他的確渴望面臨生活的變化，

但生活卻以一貫的古老腔調，用太監的公鴨嗓子拒絕變化。流水帳是魯迅在深刻認識到生活的實質後，才採取的維護自己可憐記憶的無奈方式。它是可憐本身的好證明。魯迅的日記是無事的生活的習慣性動作。這就是魯迅為什麼臨死前幾天還要僅僅記下「星期」二字的原因（參閱魯迅 1936 年 10 月 18 日日記）。

「我看得時光不大重要……」在口吻上和生活的流水帳質地是相匹配的。生活在根本上僅僅是用文字記載的流水帳；流水帳是無事的生活的直接引文。流水帳的羅列式記錄方法，也配得上生活的內在質地。魯迅發現了體內的房間、嘴巴和耳朵，在生活要求他說「是」（即所謂熱愛生活的義務）的時候，他用逐漸降低的語調說：不……但聽上去又像是逐漸增高。魯迅有這樣的本領，也瞭解頹廢與生活之間的關係。許多人都注意到了魯迅的自虐傾向，這當然很對，但具體的表達方法是：魯迅把自己的生活首先看作了流水帳。

所有關於「民族魂」的偉大來歷都應該從這裏邊去尋找：「民族魂」是建立在生活的流水帳之上的；魯迅是在不大看重時光卻又不得不使用、消費時光，不得不接納與忍受生活時，才在歪打正著中當上了「民族魂」的。「民族魂」歸根到底是一個假動作，是消磨時光這個真動作的漂亮外衣。要是魯迅還有其他的方法消磨時光，要是魯迅根本就不喜歡舞文弄墨，假如魯迅像一個賭徒一樣酷愛麻將，魯迅還能當上「民族魂」嗎？這是魯迅給我們留下的眾多疑難雜症中的一種。人遇到的第一問題，從來就不是唯心和唯物，也不是卡謬所說的是否要自殺或丹麥王子的 to be or not to be，而是該怎樣有趣地活下去，把到手的歲月盡可能有趣地打發掉；至於活到什麼樣子，是「民族魂」還是民族敗類，是英雄還是王八，都是後一步才要考慮的。維特根斯坦說，讓人吃驚的不是世界是怎樣的，而是它就是這樣的。人生與生活也是這樣。貝多芬說，命運在敲門；但貝多芬很可能只是想說，人活著必須要打發歲月，並力爭有趣一些，那才是真正的命運。

魯迅對自己是不是民族魂，實際上並沒有多大興趣。魯迅的言行早已向我們暗示了這一意念。他知道自己也許根本就不是「民族魂」。他

在本質上只是一個失敗者，是被時光擊中的失敗者，也是被時光和命運以及中國的現實景況挑選出來、突出出來的偉大失敗者。這是時光在魯迅那裏最重要的使用價值；該使用價值和人們屢屢稱頌的時光的價值（也可以被稱作意義）並不等價。價值不等於使用價值，價值和它的使用價值的互相撲空，是魯迅的日記——這個陳年流水簿子——向我們透露的微言大義和真實資訊。

3、公眾聽不見我說的，我不說它想聽見的……
（卡爾·克勞斯）

　　魯迅年輕的時候，也像渴望「生活在別處」的小青年一樣，向理想打了數十個傳呼。他在浙江紹興打過，在南京水師學堂打過，在東京弘文學院也打過……他等待回話的焦灼心情是明顯的，他有許多話要對理想它老人家說，如果它回傳呼的話。魯迅最想對理想講的話是：「靈台無計逃神矢，風雨如磐黯故園。寄意零星荃不察，我以我血薦軒轅。」（魯迅〈自題小像〉）理想究竟是咋搞的呢？是它沒有配傳呼，還是根本就沒有理睬魯迅的意思？「周流覽於四海兮，志升降以高馳」（劉向〈遠遊〉）。總之，當魯迅終於明白回話是等不來的時候，他早已坐在北京紹興會館一間老屋子裏抄「沒有問題和主義」的古碑了。院子中有幾棵槐樹，其中一棵據說還縊死過一個女人（《吶喊·自序》）……

　　魯迅以低沉的嗓音說，我年輕的時候也做過許多夢，後來大半都忘卻了（《吶喊·自序》）。等待催人老啊。當魯迅以大徹大悟的口氣說出「人生最痛苦的是夢醒了無路可走」之後（《墳·娜拉走後怎樣》），他也許終於明白，理想根本就沒有佩傳呼，或者，理想根本就沒有收到過他的傳呼。他顯然記錯了號碼。魯迅生活在一個理想普遍出生但最終都幼年夭折的時代。理想在不斷地更改電話號碼。「城頭變換大王旗，」魯迅就用這種皮裏陽秋的語氣數落著他看見過的眾多「理想」。

　　給理想打傳呼，表明魯迅還在做夢，他還有著滾燙的鮮血，還在渴望生活的意義，還在爭取成功的人生；等理想回傳呼，說明魯迅相信還有一個理想和它隨身攜帶著的意義；終於明白了等不到傳呼，表明魯迅即使沒有人去驚動也自動醒過來了。魯迅的睡眠不足，魯迅的夢境很淺，魯迅的睡眼惺忪。如果理想一撥就通，我們將看不到魯迅。更重要的是，這個過程徹底表明了，古久先生的陳年流水簿子是怎樣一步步來到魯迅手上的。魯迅想接到的是理想給他的回話，而不是拿到什麼流水帳。「陟彼北芒兮，噫！顧瞻帝京兮，噫！」（梁鴻〈五噫歌〉）流水帳的到來，也把一個個千篇一律的日子，可以令人無限惆悵的日子轉渡到了魯迅眼前。魯迅被迫接受了這一不潔的饋贈和款項後，他開始在日記中，逐日逐條記錄自己究竟在怎樣使用這一款項。比如說，魯迅就是這樣消費 1932 年 2 月 29 日這筆小款子的：「晴。午後復秉中信。復紫佩信。下午（郁）達夫來並贈乾魚、鳳雞、臘鴨。」這中間的偉大意義究竟在什麼地方？它和「顧瞻帝京兮」是不是截然相反的動作？

　　文學探長羅蘭・巴爾特從阿蘭・吉拉爾（Alain Girard）和布朗肖（Maurice Blanchot）的私人日記裏，偵察出了兩種不同的作案方式：一個認為，私人日記是對社會的、家庭的和職業的記載或誹謗、甚至調笑；我們聽說了，在另一個那裏，它是推遲孤獨和焦慮的方式。魯迅的日記顯然是吉拉爾式的：他把布朗肖給省略了。最初，魯迅在打傳呼和等待傳呼時，他生活在孤獨、焦慮和夢想之中，這時候魯迅的日記（如果他要寫的話）是飽滿的、充盈的，連孤獨和焦慮都鼓鼓囊囊，令人垂涎欲滴。和我們在卡夫卡那裏看到的情況不同，從魯迅的日記裏，我們根本找不到有關夢想的任何記錄：魯迅不習慣做夢，他已經忘記了做夢的關鍵性動作、步驟和要領。流水帳拒絕記載夢想，因為夢想虛無，貌似火熱。所以魯迅才意味深長地提供了一個非此即彼的選言判斷：「夢是好的，否則金錢是要緊的。」（《墳・娜拉走後怎樣》）這等於是說，古久先生的陳年流水簿子還記得曾經有夢，但又毫不猶豫地拒絕了夢想在自己領空上的盤旋。夢想早已被打斷了翅膀。它也向我們暗示了，魯

迅在怎樣現實地、容不得半點幻想地接納和忍受生活。博爾赫斯以
（Jorge Luis Borges）大徹大悟的腔調幫助魯迅說：

> ……那渴望中的
> 天堂只為少數人而建設
> 而地獄則屬於幾乎所有人。
> 在這一團亂麻的中心，
> 是另一個囚徒，那只叫做上帝的蜘蛛。
>
> （博爾赫斯《約納桑·愛德華》）

　　在博爾赫斯看來，上帝也有自己的日常生活，他也同樣要忍受它；
我們的生活之獲得，不正可以看作上帝為了填充自己永恆的空白歲月，
偶爾靈感大發的產物嗎？在許多神學家貌似莊嚴的說教中，隱含的正有
博爾赫斯的洞見，只是他們拒不承認或不願意明確說出。中國詩人臧克
家在〈春鳥〉裏也寫過一個很棒的句子：「從床上的惡夢走進了地上的
惡夢。」一輩子都在日記中記錄夢想的卡夫卡彷彿印證一樣地說：我夢
見自己正在翻過一座高牆，「我極為吃力地走著，我用上我全部的四肢，
好多次又滑下來，又朝上走，就好像我身上的牆變得越來越陡。同時令
我難堪的是，牆被人的糞尿覆蓋著，使我的胸部首當其衝地沾上了糞
塊。」卡夫卡遇上了和魯迅一樣的問題：魯迅接不到傳呼，卡夫卡翻不
過那堵高牆，到不了他心中的彼岸世界；同樣明顯的是，卡夫卡比魯迅
還要悲慘：後者找到了也接受了流水帳，在流水帳中打發日子，前者卻
遇上了糞便。這就是臧克家的口氣了：和地上的、現實中的噩夢一樣，
床上的夢想同樣令人不安甚至恐怖。它具有糞便的性質。這是夢中的糞
便，卻令人遺憾地來到了心臟的位置。理想天然就被人用糞便沖洗過
嗎？實際上，理想和有著強烈熱愛性質的義務觀，都是比喻性世界觀（也
即是另一種涵義上的傳說）的組成部分。

　　流水帳刪刈了夢想，它只負責記載穿著時光外衣這筆不潔款子的具
體流向。魯迅在一篇談論時政的短文裏，提到了生活──各種人的各種
各樣的生活──如何在修改夢。他說，做夢，是自由的，說夢，就不自

由。「雖然夢大家有飯吃者有人，夢無階級社會者有人，夢大同世界者有人，而很少有人夢見建設這樣的社會以前的階級鬥爭，白色恐怖，轟炸，虐待，鼻子裏灌辣椒水，電刑……」（《南腔北調集·聽說夢》）這些既是夢中的糞便，也是流水帳一個個異軍突起的大波浪，但流水帳往往把它處理成了小反常。W.F.懷特（W.F.Whyte）在《街角社會》裏說，要理解驚人的事件，就必須聯繫日常生活的流水帳模式來對待它。流水帳接受這樣的夢想：一種反夢想的夢想。魯迅的文學書寫，的確不是在記載人類精神，不是在記載中國人的反抗史，而是它們（或他們）的排泄物和排泄史，儘管魯迅用了時而激憤時而哀傷的語氣。魯迅的文學書寫和他的日記，是在一個無夢的時代，或者沾染了過多糞便的夢想的時代，產生的兩種不同形態的陳年流水薄子。只不過，魯迅的流水帳比大多數人記得詳細、精當，他比任何人都能更加準確地抓住生活這筆不潔款項的要領。他撕開了它的領口，看見了它乾癟的、鬆鬆垮垮的乳房。它的汁液早已被吸乾了，以致於讓人懷疑它曾經是否真的有過汁液。魯迅就是在記錄這種無聊的流水帳的過程中，深刻地看出了生活的空洞實質。它是一個無物之陣，它使病夫魯迅的投槍和匕首完全失去了用場。

1922 年 12 月 3 日，魯迅以記流水帳的方式，記載了他和老朋友金心異之間曾經發生過的一次對話，說的事情和魯迅在紹興會館抄「沒有問題和主義」的古碑有關：

　　——你抄這些有什麼用？
　　——沒有什麼用。
　　——那麼你抄他是什麼意思？
　　——沒有什麼意思。

「沒有意思」是生活的實質，是流水帳的本義。神學家雲格爾（Eberhard Jungel）說，人最親近的，他的自我和自我存在的條件都不屬於他自己；他最根本的東西，即他的生命不是他固有的東西（雲格爾《死論》）。人自身和人的生活實際上早已被取消了。人也不是自己的主人，儘管上帝早在創世紀時就規定他是大地的主人（《舊約·創世紀》1：28）。

早在魯迅領悟到理想不回傳呼的真實意思後，他就深刻地明白了這一宿命，就始終處在沒有意思的狀態之中。流水帳在他那裏也就幾乎成了「必然」；一切僅僅是玩玩罷了。但玩玩體現的正是這樣一個含義：要把餘下的日子打發出去，儘管它是流水帳式的，是吉拉爾式的。

4、不煉金丹不坐禪……（唐寅）

卡夫卡把他的日記搞成了一整部夢的剪影，把另外的作品弄成了夢中的胡話，因為卡夫卡是個只在夢中才敢睜眼觀看的人。這些夢將不再是關於拯救的囈語，而是不可能被拯救的、有關無望的夢中審判。「歡鳥衣一旦非王謝，怕青山兩岸分吳越，厭紅塵萬丈混龍蛇。老先生去也。」（汪元亨《正宮·醉太平·警世》）這個病夫、虛弱的人、膽小鬼、窩囊廢，這個卡夫卡，驚恐地打量著世界和時代，他退縮了，回到了充滿糞便的夢中，甚至把自己的心臟主動地貼了上去。這些來歷不明的眾多穢物，是上帝的排泄物，還是苦心孤詣向上帝下爛藥的人的內分泌？卡夫卡也搞不清楚。和卡夫卡有些不一樣，魯迅自從醒來後，便痛苦地接過了古久先生的陳年流水簿子，在上面寫著畫著，再也沒有做過夢。他在睡夢中都睜著眼睛。我們聽說了，魯迅有一雙「毒眼」；「毒眼」使魯迅看出了夢想的糊塗性質和殘忍色彩。

魯迅一手拿著流水帳單，一手握著毛筆（他自己把它叫做「金不換」），指點著來來往往的、飄忽的生活。他把生活最終處理成了一個個寄存在流水帳帳單上的現實場景。理想沒有配傳呼。夢想沒有裝電話。和卡夫卡相反，魯迅認清了，卡夫卡把糞便處理成夢中的穢物，既抬高了糞便的身份，又低估了糞便的能力：糞便根本上就是生活裏的風景，它有著足夠的能量支撐自己數不清的變體——槍殺、搶劫、欺騙、無物之陣、無事的悲劇、民國以來最黑暗的一天、「世風日下」、「國將不國」、倒掉的雷峰塔、爬在戰士遺體上的蒼蠅、推背圖、二醜的藝術、搗鬼心傳……奇怪的是，據說這些還都是熱愛生活的產物。「江山蒼茫同秦棧，

煙樹蕭條入楚辭。」（王昶〈上津鋪〉）這些在有著熱愛性質的義務觀的說教下誕生的場景，徹底閹割了魯迅做夢的能力。

　　魯迅的流水帳記下的都是些「沒有什麼意思」的場景；魯迅在記帳的過程中，也揮手把難以打發的日子消費掉了。這是經常憤怒的魯迅幾乎唯一的安慰。憤怒是魯迅的又一假動作，它的底蘊是驚喜：正當理想不回傳呼，魯迅又不知道如何打發時日的緊要關頭，卡夫卡夢中的穢物如願以償地來了，如同我們的毛主席說「白皮書來了」。它無意中構成了魯迅可以假言屬色進行批判並借機揮霍贓款的倒楣靶子。魯迅是最終懷著驚喜的心情愛上這些穢物的。對一個隻喜歡舞文弄墨的人，糞便的作用顯而易見，正如同在漆黑的夜晚，被星星肯定過的大地的意義之顯而易見。魯迅說，我的生命委棄在泥土，不生喬木，只生野草，這是我的罪過（《野草・題記》）。出於魯迅假動作的逼真性質，許多人顯然沒有察覺魯迅遺憾、沉重的語氣背後掩藏著的驚喜。這是個大出了一口長氣的動作，有著濃厚慶幸的成分在內：是生喬木還是只長野草，並不是魯迅最想關心的（雖然一開始他的確很關心）；他最想關心的事情，是如何過完自己的一生，並力爭有趣些（並不是有意義些）。所以，魯迅才會多次說，我的生命就在記錄這些流水帳的過程中毫無意義地流逝了，但我一丁點也不覺得可惜（請參閱（《而已集》《華蓋集》等集子的自序）。這肯定是大實話。我們知道，魯迅說過，他其實是很難得誠實的。

　　魯迅對自己無事可幹，時光又一如既往地來到自己身上的難堪有著深切感受。在一篇傑出的文章裏，他寫道：我的「寂寞一天一天地長大起來，如大毒蛇，纏住了我的靈魂了。……我自己的寂寞是不可不驅除的，因為這於我太痛苦。我於是用了種種法，來麻醉自己的靈魂，使我沉入國民中，使我回到古代去，後來也親歷或旁觀過幾樣更寂寞更悲哀的事，都為我所不願追懷，甘心使他們和我的腦一同消滅在泥土裏，但我的麻醉法卻也似乎奏了功，再也沒有青年時期慷慨激昂的意思了。」（《吶喊・自序》）這是魯迅開始重新提筆面對世界，將穢物處理成現實場景的最原始的心理動機──無事可幹的寂寞對一個活人意味著什麼，

是不難理解的。魯迅的獨白，非常明顯地暗示了他對時光、生活與寫作的真實態度：玩玩而已。吶喊是假動作，憤怒也是假動作；就打發日子而言，吶喊、憤怒和「回到古代去」、「沉入國民中」相比，對魯迅顯然要容易和有趣得多。魯迅就是這麼說的。

　　維特根斯坦把他的《哲學研究》當作自己思想的素描，與此相類似，魯迅對流水帳一樣的生活的場景描寫，也是他生活的肖像。在他給各式各樣的穢物畫像的過程中，既打發了時日，也深刻地揭發了生活的不潔質地。不排除魯迅在揭發的同時，有大聲疾呼不要這種生活的可能性，但它是魯迅的第二性徵，是最原始的心理動機的派生物。魯迅的眼光獨到、見解銳敏，這只是因為和許多同行相比更具有寫作和思想的才華，對生活的不潔特性瞭解得更深刻，也對自己的玩玩本意隱藏得更嚴實。把生活改寫成具有糞便性質的場景──魯迅的所有文字就是有關糞便的寫真集──就是他對理想不回傳呼做出的內在反應。

　　熱愛生活與追求生活的意義，是一個非常明顯的假動作，它是膽小鬼走夜路的手電筒，是偽君子的口頭禪，也是少不更事者可以將錯就錯和順桿爬的那根竹竿。魯迅把自己的日記弄成純粹吉拉爾式的，也把自己的其他作品搞成現實場景和穢物寫真集，目的就在這裏。它道出了生活這筆不潔款項的真面目。幾千年來，生活的流水帳早已寫滿了各種欽定的史冊，卻不斷有人給它賦予各種各樣偽裝的光環，按照魯迅貫常的話說，真是可憐煞人的事情。人活著不僅僅是為了麵包，這當然是對的，因為在麵包之外，還存在著許多有待填充的日子。獲得麵包花去的時間在人的一生中將呈逐級遞減的嚴重事態；醫學的不斷發展，導致了人的壽命越來越長，怎樣打發愈來愈多的無聊歲月，並力爭有趣些，是擺在每一個人面前的第一問題。它不會只出現在「民族魂」面前。就此而論，魯迅和我們一樣普通，他用寫作的形式來消費流水帳似的生活，並不見得一定比打麻將揮霍歲月更有意義。在一首描寫我母親的詩歌中，我寫到了麻將：

　　　　沒有仇人的日子是多麼美好，如今
　　　　你學會了麻將，進行五毛錢一盤的

> 退休生活。除了蒼老和風霜
> 你把完好無缺保持到了麻將桌上。

　　意義總是後來追認的，是根據需要追加的，也是由我們的誤解錯認的，它是用言語編織而成的精美傳說，和魯迅本人關係不大。把穢物記錄下來，把它轉化為流水帳薄上的現實場景，既打發了多餘的日子、偶然到來的歲月，也從終極的涵義上熱愛了生活與生命：魯迅在無事可幹寂寞不堪的歲月，沒有結束掉自己的性命，沒有從十七樓一頭把自己栽下去，沒有吊死在紹興會館的槐樹上，已經是熱愛的一個好證明了。不是有很多人就這樣完蛋了麼？

5、當我終於出現時，所遇到的目光，卻是我永遠不想再見到的……（審雪兒·福科）

　　寫信，記日記，訪客，作文，憤怒，罵人……構成了魯迅的日常生活，也標明了他消費時光的特殊方法。我們看到的《魯迅全集》，既是流水帳的結果，也是流水帳本身：通過它，魯迅把自己意在打發時光的日常生活給包納起來了。流水帳是魯迅的排泄物，也是他的肉身凡胎在穿過時光隧道的無聊過程中的天然產物。魯迅說，我吃的是草，擠的是牛奶。魯迅對自己記錄的流水帳還是很有幾分自信的。他非常明白，在每個人的帳薄上，記載的內容並不一樣——慈善家記住了自己的善舉，哲學家記住了自己虛構的形而上學，文人記住了自己的華麗詩文，長者記住了自己對他人的孜孜教誨，東方文明記住了自己的救世主義……上述種種，魯迅說，譬如昨日死。但上述種種會不會把自己看作流水帳呢？這要看它們的脾氣了……和它們比起來，魯迅顯然認為自己的流水帳更有意思。此流水帳和彼流水帳並不等值，但這中間的差價並不構成生活的意義，也無法成為生活的基本口實。魯迅在帳本上記下了它們的表演，也記下了自己對那些表演的意見。這當然是激烈的、意在否認的意見。可是，「激烈」、「意在否認」並不是為了打擊別人來證明魯迅的生

活的偉大意義，而是在此過程中，他有了打發日月、填充空白生活的對象。

　　作為一個偉大的會計，魯迅傑出的流水帳得益於他特殊的書寫方法。他發明了一種在大多數時候只對自己有效的、袖珍的寫作方式：記錄。和卡夫卡用敘述來虛構現實相反，也和各種烏托邦以炮灰的代價鋪墊天堂之路相悖，流水帳反對虛構，反對假冒而來的意義（意義在本質上就是虛構和傳說的意思）。記錄要求真實。記錄造就了魯迅的毒眼，又適合毒眼對自身焦距的要求：魯迅的目光專門聚焦於骯髒和穢物的現實，這現實包括了慈善家、學者、文人、長者、道德、學問、戰士、東方文明……他對美好喪失了判斷能力，因為我們的魯迅從未生活在美好之中。

　　記錄把自己看到的一切，通過自身腸胃的運動嘔吐、反芻為帳簿上的現實場景。魯迅的流水帳就是記錄的嘔吐物，但歸根結底是魯迅自己的嘔吐物。和慈善家、長者之流的記錄方法相反，魯迅的記錄擁有一套可供它自己咀嚼、消化時代穢物的腸胃與嘴巴。骯髒是魯迅為生活與時代取下的乳名，它給魯迅帶來了經常性的不適和廣泛的憤怒，因此，記錄必須要學會嘔吐——不會嘔吐的記錄法，不配成為魯迅的記錄法。魯迅在面對生活的時候，多次在自己的帳簿上記下了「噁心」的字樣；他討厭噁心，但嘔吐能解除它、幫助他。

　　魯迅毫不猶豫地滿足了流水帳的嘔吐要求。嘔吐也如其所願地充當了魯迅消費時光的實質性動作之一，但還有更多的動作值得我們進一步去發現、去描述。魯迅在記錄流水帳時，幾乎剔除了骯髒穢物的全部細節，只剩下骨架般的、大寫意般的場景——但這是嘔吐後的場景。由於這種特殊的記錄法，使魯迅的所有文字不可避免地失去了任何亮色——希望是不存在的。麵包是不會有的。一切都是不會有的。在魯迅的帳單上，他開出了購買各種希望的價格——他甚至願意出任何高價——可是，終其一生也從未找到賣主；那些不期而至的、來歷不明的所有希望，都無不帶有令人噁心的膻味。魯迅說，希望本無所謂有，無所謂無——它和絕望、虛妄有著驚人的內在一致性。

　　魯迅的寫作就是為了這樣的丟面子，不僅是丟自己的面子，也是在自我矛盾、自我懷疑中幫助骯髒的時代和生活丟面子。蜜雪兒・福科在他的《知識考古學》裏嘴硬地說：「你們想像一下我在寫作時經受了多少艱辛，感受到多少樂趣，如果我──用一隻微微顫抖的手──佈置了這樣一座迷宮的話，你們還以為我會執著地埋頭於這項研究，而我卻要在這座迷宮中冒險，更改意圖，為迷宮開鑿地道，使迷宮遠離它自身，找出它突出的部分，而這些突出部分又簡化和扭曲著它的通道，我迷失在迷宮中，而當我終於出現時，所遇到的目光卻是我永遠不想再見到的。無疑，像我這樣寫作是為了丟面子的遠不只我一人。敬請你們不要問我是誰，更不要希求我保持不變，從一而終，因為這是一種身份的道義，它支配我們的身份證件。」在辛苦的記錄中，魯迅也遇上了和福科一樣的寫作難題：在把生活轉化為流水帳後，儘管他也記錄了流水帳，但這些都是了無意義的。唯一的「意義」只在於消磨時光。和後人對他作為「民族魂」的要求相比，顯然存在著幾乎無限的差距。是的，魯迅永遠也不想再見到這種無謂的希求了──他在他們面前已經丟足了面子，也把一個失敗者的面孔甩給了我們，只不過我們不大好意思承認，或者竟然認不出來罷了。

對空白的艱苦填充

1、有趣，意義⋯⋯

　　大歷史學家湯因比（Arnold Joseph Toynbee）先生在檢討自己平生的學術研究時，曾感慨萬千地說：歷史是不可研究的，因為我們無法真正還原歷史，也不可能讓死去的人、死去的事件重新復活，而所有事實真相的底牌以至於同花順始終都攥在他（它）們手中。可是，湯因比的如許感慨馬上要面臨這樣的質疑：那些歷史中人復活了，真相就自動清楚、同花順就可以轉渡到我們手中了麼？假如項羽、劉邦有幸坐在老湯先生的書房裏，有理由肯定，我們的歷史學家至少能得出兩種很不相同的有關十面埋伏的真相。

　　有鑒於此，美國學者柯文（Paul．A. Cohen）不失時機地宣稱自己找到了一種折衷辦法：他使用分類學的古老伎倆，把歷史勉強區分為事件的、經驗的和神話的（P.A.Cohen , History in Three Keys: The Boxers as Event, Experience and Myth）。作為事件的歷史，如同十面埋伏那樣早已隨風飄逝，永遠不會有機會第二次到來，它給我們留下的只是灰燼，代表了物質通過消失所留存的殘骸；我們對歷史的唯一認識，僅僅是使用摻雜了我們自己的經驗、體驗，以及某種與作為事件的歷史無關、卻又和我們自己的當下處境生死相關的眼光，去看待歷史所形成的種種結論，這搞得大智大慧的施萊格爾（August Wilhelm von Schlegel）也只好陰陽怪氣地抱怨說，任何歷史其實都只是一部當代史——這就不是一貫號稱要不斷逼近真相的歷史學希望看到的結果了。直到最後，我們通過各種各樣偷雞摸狗的轉渡手段，把作為事件的歷史上升到了象徵的、圖騰的神話性歷史。數千年來的所謂歷史，其實就是對這一過程自覺或不自覺的具體化，儘管花樣千奇百怪以致於讓人目瞪口呆。

　　魯迅最終被神話，被稱為他那個時代（其實，又何止是他那個時代！）最正確、最清醒的人，這個結局也是很有來歷的老例了。柯文先生早已暗示出，研究歷史的主要任務，也因此不再是去徒勞地尋找歷史真相，而是研究作為事件的歷史如何通過各種型號的轉折親運動，轉渡為作為神話的歷史這個漫長的、特殊的、錯綜複雜的過程。我對神化魯迅的由來與步驟實在沒有太大興趣──鄙人始終覺得，和這比起來，更重要的是思謀如何去掉這層神話（化）外衣，最終給魯迅某種比較民主化、平民化的解釋。──這意味著，我只願意在渺小、瑣碎的經驗的歷史層面上閒逛、打滾，如有可能，也不妨在更高的層面上順手牽羊趁機鼓搗一翻。

　　魯迅說，要講到自己為何做起小說來，他仍然抱著十年前的「啟蒙主義」這家老字號大小招牌不放，以為必須是「為人生」，而且還要改良這人生（《南腔北調集‧我怎樣做起小說來》）；目的就是「要畫出這樣沉默的國民的靈魂來」，以引起療救的注意（《集外集‧俄文譯本〈阿Ｑ正傳〉序及著者自敘傳略》）。魯迅在這一點上看上去堪稱誠實，如同屢屢被舍斯托夫（Lev Shestov）稱讚為誠實的斯賓諾莎（Bewedict de Spinoza）說三角形的內角之和等於 180 度一樣，根本就不容懷疑。

　　沒有人會否認寫作是魯迅一生中的主要活動；同樣也不會有人否認寫作在魯迅那裏的如此目的。但是，我們往往把這個過程弄成了一個非常神話的過程：以為魯迅的唯一目的或初始目的，就是單一性地為了改變國民性，直到最後有意識地成為「民族魂」。這中間究竟遺忘了什麼？有意識地省略了什麼？而神話的宏大過程，始終有著削減雞毛蒜皮事件的天然癖好，比如說，改造國民性為何單單選擇寫作這一動作？為什麼僅僅選擇批判的方式？在我們的動作和方式的儲備庫存中，難道僅僅只有寫作和批判這兩樣活寶？這當然就不是「宏大過程」它老人家有屑於考慮的了。

　　讓我再一次說：任何人所遇到的第一個人生問題，從來都不是什麼唯物或唯心，而是如何活下去──假如他不自殺，假如他想活下去的話；如果「是否活下去」已經不成為問題（一般也不會成為問題），如

何盡可能有趣地打發完自己的一生，就自然而然成為第一問題眾多候補選手中的冠軍首選。出於人人都會活下去這個更為真實的原因（自殺的畢竟只是一小撮），如何有趣地活下去就是人最重要的問題，而且它還擁有先於其他一切人生問題的根本屬性。事實上，連自殺作為一個有意識的動作選擇，也就是因為自殺者找不到那個始終都在和他兜圈子的「有趣」，他既不能忍受人生的無趣狀態，也沒有耐心去尋找那個躲在暗處、只有通過搜羅甚至重新發明才會現身的有趣。──我們在時光中的所有動作選擇，都是對這個第一問題自覺或不自覺的回答及其具體化。

　　有趣只對個體而言；它是一個只對某一具體的人才有效的具體的概念。有趣的事情從理論上說會有無窮種，填充空白歲月的動作和方式也就會千姿百態。對此做出肯定性回應者之一的，是死不改悔的作家希歐多爾・巴瑞特（Theodore Burette），此人在 1840 年出版的《吸煙的生理學》（La Physiologie du Fummeur）中早就說過，儘管香煙是一種毒品，但她是令人愉悅的，充滿活力的，富有朝氣的；她是吸煙者調皮的、讓人興奮的女人，她的魔力隱藏在某種辛辣的東西裏邊。很顯然，對這個具體的巴瑞特，吸煙就是一件非常有趣的事情。不出「有趣」所料，他果然是吸上了。詩人拉弗格（Jules Laforgue）也發現，從降生在這個無聊的世界到來生一無所知這一長段時間裏，所幸還有一件值得追求的事情──消磨時間；在他那裏，用於消磨時間的唯一方式就是吸煙，和那個頹廢者巴瑞特一個樣。斯維沃（Italo Svevo）的偉大小說《芝諾的告白》（The Confessions of Zeno）對此有著更加具體的描述：書中的癮君子芝諾一生都處於戒不戒煙的矛盾過程中（畢竟香煙的確是一種毒品），行將就木的芝諾最後終於發現，正是這個痛苦的過程而不是其他構成了他美好的一生，因為在這個過程中充滿著矛盾和痛苦的「有趣」，使他得以填充若干空白的歲月，在此之前，他一直都在為找到一種好的填充方法費盡心機……因此，當《日間煙火》（Au feu du jour）的作者安妮・萊克利克說「香煙是我們這個時代的祈禱」時，你就千萬不要覺得奇怪──因為有趣在這裏充當了司令官的角色。

　　出於性質相同的原因，如果我們說魯迅的為人生、啟蒙主義（立人）、批判國民性、引起療救的注意……等種種動作，對魯迅而言首先是有趣的行為，魯迅在完成它們時能感到某種快感和滿足，有如香煙之於癮君子一般，也請你不要生氣；為什麼不呢？要是不這樣，魯迅還會把這種種高貴的行為推延到底嗎？──畢竟從來就沒有人逼迫他這樣做呀。人生歸根到底只有一個真正的必須：填充展現在每一個具體之人眼前的、有限的空白時光。而填充的動作選擇，就是這個唯一的「必須」和「有趣」上下其手的結果。也許這才是人生最根本的現象學。有關這一點，魯迅是非常明白的，他在《吶喊‧自序》裏早已清楚地暗示過了。

　　每一個具體的人對有趣的具體回應方式和動作選擇，都命定地帶出了他的全部思想，帶出了他之為他的整體性面貌，其中當然也包含著那個「他」對世界的基本看法、對生活的主要態度。有什麼樣的人，就會有什麼樣的填充方式，這點因果關係在這裏比在別的任何地方都要來得正確無比。因此，不同的人對有趣的不同填充方式或動作選擇本身並無高下之分，那都不過是些讓他們能夠盡可能有趣地消磨時光、打發歲月的伎倆，是一些載體，也是維特根斯坦稱道的那根能讓人達到某種目的腳手架。在這種情況下，你要是認為當一個「民族魂」、做一個英雄有趣，儘管去做好了，反正也沒有人會拉著你；他如果認為當一個流氓、無賴、同性戀者、癮君子有趣，也沒有什麼不可以。但最後的結局得由自己負責，從根本上說，也僅僅和選擇者本人相關。

　　魯迅認為自己之所以搞起寫作來，是因為在日本仙台醫學課堂上突然頓悟到，救治中國人最有效的辦法就是改造他們的靈魂，寫作就是完成這一任務最好的方式（《吶喊‧自序》，《朝花夕拾‧藤野先生》）。的確不能懷疑這個道白的真實性，可我們越來越有理由傾向於相信，這件事頂多只能算是魯迅其後事業的一根導火線。我們都聽說了，魯迅從小就喜歡文學藝術，恐怕這才是他選擇文藝方式來完成自己使命的真正原因。魯迅還說，他之所以學醫，仍然是受著改變國民性、為了國家富強的理想所促使。我們的確沒有任何理由懷疑魯迅的真誠；但是，假如魯迅根本就對國家富強、改造國民性毫無興趣，他還會那麼著急去學醫

嗎？這裏面暗中起大作用的，仍然是那個有趣和唯一的「必須」，只不過這是一種過於沉重的有趣和必須。這暗中的規律正如蘇美爾人的《洪水傳說》所詠誦的：「我要暗地裏對他人和睦。」只不過有趣和唯一的「必須」是通過強制性行為來對它們的臣民「和睦」的。借用亞當‧斯密（Adam Smith）的話，這種「暗地裏對他人和睦」的規律，正可以看作支撐我們人生的那只「看不見的手」。魯迅的動作選擇和他對人生第一問題的回應方式，歸根結底只能說是一個假動作。改變國民性決不僅僅只有文藝和批判，對魯迅，至少還有醫學。學醫和學文對魯迅的有趣填充本身並無高下之分──假如他也選擇行醫並以此為終身職業；出於相同的原因，他喜歡改變國民性和我母親喜歡打麻將，巴瑞特、芝諾喜歡吸煙，對於消磨時光和對於不動聲色的時光本人，也沒有誰高誰下之別。

　　儘管如此，對第一問題和唯一「必須」的不同回答，對空白歲月的不同填充方式，在不同的時代、民族、團體、黨派那裏卻有著不同的意義。意義是時代、民族、團體、黨派……從眾多（以致於無窮）種回應有趣的動作和方式中，按照自己一時、一地、一團體的利益需求所進行的勢利性選擇。意義從來就不應該是一個名詞，而是一個複合性的動詞；正是詞性上的有意曖昧，掩蓋了意義在動作上的雙重特性：挑選和追認。挑選和追認是隱藏在意義內部張牙舞爪的姿勢，具有明顯誇張的色彩。這意味著，它是在現存的、現成的對有趣進行的回應方式中，挑選對意義有用的方式，進而追認、誇張和突出這種方式。這和戀愛有些類似。所謂戀愛，就是從眾多的男人或女人中專門誇張某一個而拋棄其他所有人的狹隘舉動──一如張愛玲在某篇小說裏所說。因此，意義總是狹隘的，是排他的，非民主化的，它的選擇和追認意味著有限，而對「必須」和有趣的填充恰恰意味著無窮──如果人間真有無窮這件事情的話。挑選和追認構成了意義的肉身整體。儘管對有趣和唯一「必須」的各種填充方式本身並無高下之分，但在意義眼裏，它們卻有著價值論上的差價。毋庸置疑，這個差價是意義自身運作的結果，和填充本身並無必然關係。

　　魯迅的動作選擇、填充方式，被一個民族的一個時代挑選出來了，並給他（它）賦予了高度的意義。「民族魂」只是「意義」給予魯迅及其動作的眾多名號中的一個。另外的名號還有「戰士」、「中國文化最正確的方向」、「空前的民族英雄」、「偉大的精神導師」、「國民性的解剖者」……至於何時給魯迅追加何種具體的名號，全要看意義彼時彼刻的心情和目的。就意義的老脾氣來說，這沒有什麼奇怪，畢竟每一個人的動作選擇和填充方式都要經過它的過濾，才能進入大寫的史冊。無數人和他們的動作之所以被史冊遺忘，就是因為他（它）們沒有被挑中、無法被追認所致。柯文所謂作為神話的歷史，就是這樣來的，中間環節僅僅是：意義在動用自己動作上的雙重性──挑選與追認──時，不但挑選了一個事件（或一個人），並且給它追加了太多的意義名號，以致於對有趣和「必須」的填充動作被扭曲、被拋棄，直到最後完全被掩蓋。僅就中國的歷史來說，這早就是有來歷的老例了，根本不值得一提。

2、無聊的，太無聊的……

　　魯迅對自己的動作選擇有過相當多的懷疑，從對魯迅生涯有案可查的那一刻起，自我懷疑就是他身上的沉重包袱。他對滿懷熱情前來尋找導師的青年們兜頭潑了一瓢涼水：「自己也未必可靠。」（《華蓋集・導師》）這就要算是夫子自道、現身說法了。魯迅的懷疑的真正涵義是：我的選擇是否會給自己帶來真正的趣味，是否能使自己真正有趣地活下去以填滿空白的歲月呢？按照雅典的蘇格拉底的建議，未經思考的人生，實際上就是不值得過的人生。誰說不是這樣的？魯迅扭頭就問，把眼睛睜得牛大。而他只不過是在問自己罷了。

　　有趣是一個人生概念，不是一個美學概念。我堅信人生中的有趣是我們所有種類的食物中最重要的食物，但我堅決反對美學上的趣味性。人生的有趣概念意味著，只要我有條件，我就想把我的工作與自己對人生的有趣填充完美地結合在一起，就想使自己的人生能從中獲得快感；

美學的趣味性一門心思想的僅僅是：用趣味代替獲得有趣人生的真正技術。借用錫德尼爵士（Pilip Sidney）的話我們可以這樣來表述：美學上的趣味性組成的世界是「銅的」，只有人生的有趣組成的世界才是「金的」。

在《為詩辯護》結末，錫德尼頗為幽默地說：「當你活著的時候，你生活在戀愛中，然而由於缺乏寫情詩的技能，總得不到青睞；而當你死亡的時候，由於缺少一篇墓誌銘，關於你的記憶便從大地上消失。」許多僅僅以時代、民族所框架的意義之馬首是瞻來進行動作選擇的人，活著受到了青睞，死後也被史冊牢牢攥在了手中。但魯迅的被記住與此完全不同，雖然看起來很有些相似：魯迅的動作選擇之所以能被意義看好、挑中，是因為他的假動作有著明顯逼真的性質。他在嚴肅回答第一問題和填充唯一的「必須」時，在動作選擇上本身就有主動送往時代、民族所意欲認可的意義門前的心思——他的改造國民性理想並不是虛偽的。但正是在這裏，產生了魯迅的無聊感：他從事的工作和對空白人生試圖有趣地填充並不總是聯繫在一起。在他那裏，這中間太缺乏致命的關聯了。對於他，這個火氣很大的魯迅，用於填充的材料實在太過無聊、荒唐、低級甚至下流，完全是無趣的：比如說，時間已到 20 世紀，而他魯迅還在為中國是不是需要白話文、女人要不要纏足、丈夫死後可不可以再嫁……之類的問題與人勇猛絕倫地爭鬥。讓魯迅為之戰鬥的對象是否配得上魯迅巨大、激烈的動作，的確是很可疑的事情。這種在有趣的填充方式和無趣的填充材料之間的來回奔波，魯迅認為是徹底無聊的。它使他分明有一種無奈的腔調了。

魯迅所說的「自己也未必可靠」，自己也不知道要走向何處，其中的原因之一正不妨到這裏去尋找。寫作、改造國民性（即魯迅式革命），在它們結合的開端的確既出於魯迅的興趣，又基於他的志向（即主動獻身於意義），但無聊感的到來又使他明確覺察到：改變國民性，甚至連寫作也僅僅是或越來越傾向於是一個巨大的、堂皇的假動作。該假動作的真實含義是：我的目的只剩下自救，是為了盡可能使自己的空白歲月有趣些；國民性既然難以改變，在中國既然連搬動一張桌子都需要流血，那我就做出一副要改變的樣子好了，以便引導我繼續動作下去——

這就愈來愈接近假戲真做的原初涵義。越臨近暮年，魯迅的吶喊、激憤、偏執、不妥協的戰鬥精神……也就越帶有即興色彩，無論是在生活中還是在寫作中。即興意味著喪失了方向感，但喪失方向感恰恰意味著處處都有可能是方向。正是即興具備了這種互相矛盾的內在腔調，使魯迅漫無目的地發火、罵人、叫喊、暴跳如雷，儘管他在做出這一切中的每一個具體動作時，依然是清醒的和充滿理性的。上述種種已經成為魯迅在動作選擇上的慣性行為，就如同朝著虛空狠命打出一拳根本就無力收回，連自己也只能跟著施力方向「前進」一樣。越到晚年，魯迅越能體會到一種激憤的、毫無方向感的快感，他用這種快感充當了對空白人生進行有趣填充的替代品。究竟是對有趣的填充才使他產生了假動作，還是假動作修改了有趣填充的內涵、方向，這就會有多種多樣的看法了。這裏不妨對此保持沉默。

魯迅多次說到的不大看重時光，工作只是為了玩玩，都表明他早已參透了人生的無趣和無聊。無論怎麼說，人生第一問題和唯一「必須」都是人生的強制性問題，就如同一個罪犯被帶往法庭必須開口說話，這裏邊從來沒什麼價錢好講。生活的實質就是強迫你對它的接納和忍受，人在生活面前，就如同革命戰士到了中美合作所的 48 種刑具面前。它是個「不得不」和「非如此不可」的問題。因此，有趣和第一問題、唯一「必須」相比，始終是第二性的、後置性的，頂多只能算是對它們最不壞的回答。所以，有趣也是人生天然帶出來的強制性選擇，如果你有意識地進行這樣的選擇，你的人生還可能有趣；如果你根本不願做這樣的動作，你將註定只有一個「銅的世界」。魯迅之所以寧願把假動作弄到逼真的地步，搞到只剩下慣性的程度，不過是因為他越到暮年越想活下去，並且是希望能越有趣地活下去。在他的第一本書《墳》出版時，魯迅除了說到寫作的無聊（其實是用於寫作的材料的無聊），也以沉重的心情道出了寫作的一點小有趣，儘管他也使用了「意義」一詞：「在我自己，（《墳》）還有一點小意義，就是這總算是生活的一部分痕跡。」這肯定就是姑妄「做」之的無奈涵義了。值得注意的是，魯迅在這裏的意義從骨子裏透露出的恰恰是有趣的含義。

　　魯迅刪除過去，刪去所謂的將來和希望，只注重當下，就不是什麼
不可理解的問題。對於一個真誠回答第一問題和唯一「必須」並且十分
愛重自己人生的人，魯迅走到這一步，的確值得同情。在許多地方，他
都表達了要重視當下的意思，但他的真正目的其實「只」在當下，因為
過去的無疑只是時光的屍首，將來的東西也命定要變為屍首──在一個
像魯迅那樣不會做夢的人眼裏，這都是無可置疑的事情。所以，唯一現
實的、比較可靠的事情，就是力爭使當下有趣些：魯迅始終是個「現時
主義」者，他吉拉爾式的、流水帳般的日記早已向我們暗示了這一點。
而且他的身體狀況也阻礙他潛渡回過去以及提前趕往將來。它不允許他
這樣做，它不具備那樣的能力。就是在當下，在今天，在此時此刻，在
離眼睛五米遠的時光那裏，魯迅懷著得過且過的心情，走進了空白的歲
月；也懷著趁機有趣一點的微末希望，發火、罵人、詛咒、戰鬥。這種
種動作被後來的許多人，也被歷史誤認為魯迅是為了改造國民性恨鐵不
成鋼的過激行為，他們哪裡知道，魯迅也許越到後來，也便越沒有了那
份好心情。這正如羅伯特・布萊（Robert Bly）所詠誦的：

> 一些友誼，幾個黎明，幾瞥綠草
> 幾隻槳，飽經寒雪和暑熱
> 我們就這樣漂向岸邊，穿過寒冷的水域
> 不再在乎我們是隨波逐流，還是筆直的航行。

3、記錄……

　　人生就是一個動作的大本營，任何人都有權從中挑選讓自己用起來
順手的東西。隱士孫登對來學習長嘯、並跟隨了他三年的嵇康說：「火
生而有光，而不用其光，果在於用光；人生而有才，而不用其才，果在
於用才。故用光在乎得薪，所以保其耀；用才在乎識真。」（《晉書・隱
逸傳》）如我們所知，嵇康並沒有學會孫登的長嘯，也沒有記住孫登的
臨別贈言，而是用他的激烈行動（即動作）把自己送上了司馬氏早已為

他準備好的刑場。他是否也選用了一件用起來順手的東西呢？這就很難判斷了。魯迅在回答了人生第一問題和唯一「必須」後，並沒有走向有趣的人生，也如我們所知，他最終走向了無聊，和那個悲慘的嵇康一樣，也有可能遇到同樣性質的問題：不是戰勝無聊，就是被無聊所戰勝，直到最後被覆滅。正如精通上戰場之於做軍醫、殺人之於做劊子手、革命之於走後方，一句話，英雄之於穩當的隱祕關係，這個既善於做犬儒、又願意鼓勵別人當蜜蜂的魯迅，在對付無聊時也有自己的「且介亭」──他有的是對付無聊的高明伎倆。和嵇康不一樣，他不需要孫登的教誨。我們根本就不需要為他擔心。

「托（爾斯泰）尼（采）思想，魏晉文章，」對魯迅的如此描述是魯迅自己都認可的。魯迅對嵇康有很深的認識，這自不待言；我感興趣的是：對一個像魯迅那樣從有趣出發最後出他本人意料走向無趣的人，要最終戰勝無聊該多麼困難。在魯迅的生命中，有很長一段時間就是在和無聊征戰。這是一場暗無天日的、犬牙交錯的人生航行，猶如癮君子芝諾一生都陷身於「戒不戒煙」的險峻戰場。那也是一個巨大的戰場。魯迅也終於開始了自己和自己戰鬥的痛苦歷程，這中間的橋樑和過渡就是記錄。魯迅顯然在想方設法避免有可能到來的失敗。

法國色情作家皮埃爾‧路易士（Pierre Louys）曾經非常有趣地說過：香煙是 18 世紀的現代人發明的唯一新快樂，相對於古人，它可能不僅是現代人唯一快樂的創意，而且是唯一智慧的發明（路易士：Une Volupte Nouelle）。不必仔細考量這個癮君子口吻中間的調笑語氣，事實上，路易士最終是正確的：和古人比起來，我們的痛苦增加了，卻並沒有因此相應的、足夠多地發明能讓我們感到有趣的東西，來抵抗日益增多的、能足以引發我們痛苦的事物。魯迅比他的先祖們體會到了更多的無聊感、荒誕感和絕望感，時代與社會卻並沒有給他提供更多有利於對抗這些玩意的有效武器，而且，他對隨時飄到身邊的眾多信仰、理想、主義、真理……抱嗤之以鼻的態度；因此，剩下的緊迫任務就只能是：那些無聊感、荒誕感、絕望感需要他自己想辦法來解決。對此，魯迅的自我發明僅僅是：記錄下它們。

　　魯迅的記錄意味著，在記錄自己的無聊感的過程中試圖體會到一點小有趣，並藉以填充空白的歲月。這同時也構成了魯迅明知寫作沒有多少意義，也要不斷寫下去的更為原始的理由。很顯然，這裏邊的有趣只是對有趣本身的模仿，好在有趣總是習慣於降格以求的。「有趣」是一根彈簧，它懂得什麼叫做因地制宜，因陋就簡。許多人（比如李澤厚）都指出過，魯迅的人生動作和卡繆筆下薛西弗斯推石頭的動作有著驚人的內在一致性。但那些論者幾乎都沒有把這一精彩結論落實在魯迅的具體動作上。實際上，魯迅的絕大部分寫作都是對無聊的記錄，而且記錄本身多於批判、謾罵和諷刺。極端地說，後三者還是記錄捎帶出來的：批判、謾罵、諷刺首先要針對無聊才會有效。很久以來，我們都把魯迅的記錄誤認為一種普適性公式，以為它是加諸魯迅身上一切意義名號的偉大來源，這就是柯文所說的神話性歷史在從中作梗了。

　　卡夫卡回答人生的第一問題得到的是恐懼，他最順手的動作是上床、鑽地洞和虛構。老卡說，一切對我而言都是虛構，我追逐著虛構，我來到一間房子裏，發現它在一個角落閃著白光而縱橫交錯地走動著。虛構既是卡夫卡抵抗恐懼的方法，也是他待在床板上、地洞中唯一有趣的工作，最終還是他得以稍稍有趣一點地活下去的法寶。他的虛構和魯迅的記錄在用於打發時光方面有異曲同工之妙。當然，相同的也差不多僅在這一點上。魯迅的記錄卻有著雙重性：既排斥虛構，也必須有限地仰仗虛構。

　　魯迅排斥任何卡夫卡意義上更高的法庭——卡夫卡的虛構無非意味著，有一個可以收受他自辯狀的更高機構：卡夫卡的虛構始終是為了欺騙那個法庭，並從中獲得一些充滿矛盾的快感；魯迅排斥任何虛構而來的意義、本質、靈魂、主義、真理、信仰……因為它們都太過無聊了，是欺騙性的無聊，在它們美麗的服飾下，掩藏著的不僅是男盜女娼，還很可能是空無一物。

　　魯迅的記錄也需要虛構（這和辯證法無關），因為魯迅的記錄隨時都有憤怒地叫起來的秉性，這需要有一個個可以讓記錄吼叫的對象。偉大的美國詩人威廉・卡洛斯・威廉斯（W.C.Williams）經常講：除了物，

沒有意念（No idea but in things）。按照威廉斯的觀念，無聊只能寄存在無聊的事情之中。這無疑是正確的。魯迅憤怒的記錄方式必須要找到那些無聊的事物──他的記錄也就是尋找無聊之物的艱辛過程。也許魯迅的記錄方式找對了，因為那些東西的確很無聊；也許它並沒有找對，因為被它挑中的、供它憤怒的東西，只是在記錄者和記錄方式看來好像是無聊的而已。自從魯迅在萬般無奈之下發明了憤怒到讓記錄者嘔吐的記錄，一件事（更多的時候是某一個人，比如魯迅眼裏的梁實秋之流）是否無聊最終得由記錄的內在腔調說了算，它的一票否決權正是一種強行的虛構（但不是意義的虛構）。是記錄出於自己的心理目的，出於人生對有趣的需要而不是別的什麼東西，虛構了事物、事件和人物中的無聊屬性。

　　當然可以把這看作是魯迅的深刻、敏銳、目光犀利，但在這種形式的虛構中，事物、事件和人物有沒有無辜的成分呢？卡夫卡痛哭流涕地籲請我們：在你和世界的交戰中，你更應該幫助和同情世界。魯迅牌憤怒到嘔吐的記錄方法對此興趣不大。因為這種記錄、這種記錄中包含的虛構屬性，對於魯迅歸根到底是一個假動作，儘管它正好可供意義對之進行挑選和追認：正是這種虛構出來的無聊屬性，使魯迅可以憤怒起來，也使記錄能作為他在填充空白歲月的艱難歷程裏，體會到被複製出的一丁點有趣。很顯然，這一方面是出於「有趣」習慣於降格以求，另一方面也出於魯迅的個人宿命。降格以求說的是有趣畢竟包含著巨大的善意；而宿命，我多次說過，它不是我能解釋的東西。

4、挑選，追認……

　　儘管寫作對魯迅是一個太過真實的動作選擇，對於意義，卻又是一個非常明顯的假動作。但真實的選擇被轉渡為假動作的責任不在魯迅，而在意義的古怪脾氣，在意義的雙重複合性動作──即挑選與追認──之間的上下其手。假動作的生成，從來都有著古老的、傳統的來歷。當孔子為了恢復周禮，並把它當作自己一生中最有趣的事情來做，即使做

不成也並無所謂時（即「知其不可而為之」），經過焚書坑儒，經過董仲舒，經過韓愈、周敦頤，經過宋明理學的反覆挑選和再三追認，終於成為一種越來越偏離孔子原意的學說，而這個學說的意義對於孔子本人，就是一個假動作。在許多人眼裏，孔子也就僅僅成了「當天下紛崩，人心晦否之日，」「獨握天樞，以爭剝復」並「拯天之衰」的人（王船山《讀通鑑論》卷九）。孔子的個人志趣呢，填充空白歲月的個人動作呢？則毫不猶豫地被棄之不顧了。魯迅遇到的情況，正是這一古老傳統的老兵新傳。

病夫魯迅很沉痛地說過：「我的應時的淺薄文字，也應該棄之不顧，一任其消滅的。」（《熱風‧題記》）他接著解釋說，「時候已經是 20 世紀了，人類眼前，早已閃出曙光。假如《新青年》裏，有一篇和別人爭辯地球方圓的文字，讀者見了，怕一定要發怔。然而現今所辯，正如說地球不方相差無幾。將時代和事實，對照起來，怎能不教人不寒心而且害怕？」（《墳‧我之節烈觀》）這種沉重、悲涼的語調，除了無聊的意味外，明顯有著巨大的憤怒、蔑視和「無可如何」的承受。當魯迅選擇改造國民性、批判國民劣根性、試圖以之來有趣填充空白人生歲月時，遇上的卻是這些令人寒心的事情，從這裏，我們是否也可以看出魯迅的可憐呢？當我們說，用能開山裂河的大炮轟向巨大的敵人時，才發現想像中的敵人僅僅是無聊的蚊子，大炮產生的情緒除了無聊肯定就是失敗感了。魯迅也就是這樣獲得他的失敗體驗的。

正是這一點，使魯迅始終在有趣和沒趣（無聊）之間掙扎與搖擺不定。他本來是想有趣地填充空白歲月，可是用於填充時月的材料卻無聊透頂，剩下的唯一安慰只是這個填充動作本身。——魯迅明顯想用只剩下純粹形式的填充行為來充當避免失敗的工具。魯迅的激憤、辛辣、刻薄以及相當省力的幽默，幾乎都是有趣和沒趣之間的張力引發的，它們構成了魯迅之所以偏執的心理基礎，也構成了他性格上的分裂。魯迅一生都在試圖尋找某種平衡，以使它們無力傷害自己。很遺憾，他曾經找到過這種性質的平衡點，但又很快丟失了。李澤厚先生曾經指出，魯迅的思想並未超過他的同輩人或同時代人，但他之所以直到今天還吸引我

們，是因為他身上寄存的對生命蒼涼感和無聊感的現代性體驗（李澤厚《中國現代思想史論‧胡適陳獨秀魯迅》）。這的確是一針見血的議論。問題是，蒼涼感和無聊感，必須要放到有趣和沒趣的衝突這個巨大心理坐標系上，才能得到準確的、具體的觀察。因為只有這樣我們才能清楚地看到，魯迅是如何在不知道自己究竟要幹什麼、究竟想去何方時，才最終走向失敗者身份的。

　　在有趣和沒趣之間的徒勞奔波，既組成了魯迅對人生第一問題和唯一「必須」有別於他人的回答，也為假動作的到來開啟了後門。意義有著無孔不入的穿透能力，如果它需要，只要它願意，就沒有什麼是它不能挑選和追認的。而需要，永遠是意義的首要前提。每一個思考過生活的人始終明白意義的選擇和追認癖好，至少對它的選擇行為有著清醒的認識，這一點，不僅導出了人與時代始終有著主動合一的一面，也暴露了意義在力量上的過於強大。連過分追求有趣、在青樓夢好中長久體驗過以有趣填充人生空白帶來廣泛快感的唐寅，也有偶爾的大徹大悟：當這位風流才子不堪時代意義的強大力量下定決心參加科考時，便開始「取前所治毛氏詩，與所謂四書者，幡討擬議，只求合時議。」（祝允明〈唐伯虎墓誌銘〉）一位唐朝的小詩人也有過大徹大悟：「讀書三十載，馳騖周六經；儒衣干時主，忠策獻闕庭。」（徐彥伯〈擬古詩〉）魯迅填充空白的動作選擇有著非常明顯的特殊性：既要有趣地打發歲月，又要力爭有意義地消耗它。前者只對本人，後者則對應時代的呼應；前者有趣，後者帶出來的卻是欲罷不能的無聊。正是這個時而前者占上風、時而後者占上風的廣泛衝突，使意義在最終的選擇和追認上只記住了後者，有意忽略了前者，致使長期以來人們對痛苦的魯迅視而不見，只一門心思為他製造傳說，也使魯迅的假動作代替了或者掩蓋了對歲月填充的真相。這種真相中包孕著的失敗者身份，當然也給一併掩蓋了。剩下的只是他的成功、偉大、戰士、「民族魂」和未來中國文化的方向。這些都是意義為魯迅虛構出來的。

　　卡夫卡在1910年的一則日記裏寫道：「舞蹈家埃德華多是個音樂愛好者，她到哪裡都由兩個小提琴手陪同，就是乘電車也是這樣，她讓他

們演奏好多曲子……當然開始的時候，人們有點兒驚奇，過不了一會兒，誰都覺得那是不合適的。可是在整個旅途中，在吹過的強勁的風裏，在狹窄的甬道上，音樂卻是那麼悅耳。」人生就是一個漫長的、對空白歲月不斷填充的無趣旅行；有趣地打發歲月的有趣動作在終極意義上，只對黑格爾所謂的「這一個」有效，對別人並不合適，如同埃德華多最初受到的待遇一樣；但意義在實施選擇和追認時，有可能把這些在大多數人看來「不合適」的動作，最終強行轉換為對大多數人「悅耳」的事情。意義的龐大功能就是這樣：通過選擇和追認，把無意義但有趣的手勢、腔調轉換為有意義的，並且直接命名為意義（當然另外準備了一個更為悅耳的名字）。卡夫卡緊接著在另一處還說到了自己，徹底暴露了個人的選擇和意義對個人的選擇之間的巨大矛盾：「我不會讓自己累著，我要跳進我的小說裏，即使這會劃破我的臉。」誰也不想破相，可假如有趣人生的代價之一就是破相，如同性喜海洛因的代價就是短壽呢？對此，卡夫卡和魯迅該怎樣回答是不必詢問的。

對於病夫魯迅，情形依然如此：在有趣和沒趣之間的無謂奔波，儘管使他疲憊不堪、痛苦異常，但這種沒有平衡點的衝突所導出的整體情緒，始終構成了能讓他得以活下去並有效打發空白歲月的動作首選。他把這種種「不合適」的填充方式，最終弄成了對他個人「悅耳」的音樂：他對自己有趣方式的承認，比意義對他的選擇和追認來得更早——儘管他對自己的承認含有明顯破罐破摔、自暴自棄的意思。

魯迅對一個叫做有恆的人說：我對時光並不看重，有時還把它當作兒戲（《而已集・答有恆先生》）；魯迅接著又對許廣平說：我所做的事情大大半只是為了自己玩玩（《兩地書》之四）。魯迅最終是不怕別人聽見這些言論的，倒是怕別人聽不見而賦予它過多的意義。這些真實的言論對於意義古老、古怪的癖好，對於神話性的歷史，既是通過選擇被追認的事件，又是通過追認被拋棄、被掩藏的事件。儒教叛徒李卓吾在致友人書裏，把自己消磨時光的複雜性和無奈心理給說了出來：「今年不死，明年不死，年年等死，等不出死，反等出禍。然禍來又不即來，等死又不即死，真令人歡塵世苦海之難逃也，可如何！……若等禍者，志

慮益精，德行益峻；」等死就不同了，「等死之人身心俱滅，筋骨已冷，雖未死，即同死人矣。」（李贄《續焚書》卷一「與周有山」）魯迅越到後來遇到的問題越與此相類似，他的激憤、偏執，從激憤、偏執中尋找到的惡意快感，都能讓他得以對時光進行對自己而言的有效填充。但在有趣的填充動作和沒趣的、無聊的填充材料之間奔波得過於久遠的魯迅，已經不管什麼選擇和追認，他有意識的意義追求在很大程度上，明顯讓位給了有趣的填充本身──這是魯迅親手為意義的選擇和追認臉上抹的鍋灰，也是他的行為本身把有關魯迅的神話性歷史那顆腦袋上的毛給拔光了。他是它們的反諷，是它們理論上的漏洞和後門，也是它們身上的缺陷。魯迅用自己的不知道究竟要幹什麼、究竟要去何方，也用自己的失敗感，嘲笑了表揚他的眾多小魯迅們。

　　假動作到如今早已經變成了真動作。相對於意義的古老脾氣，相對於用言語織體為魯迅編織傳說並最終把他處理為偶像的人，按照更古久的蘇美爾人的話說，這是一個「純淨的口諭」；按照《聖經》的口氣說，「事情就這樣成了。」

有這樣一個戰士

1、撲空……

　　被人視為庸俗武俠小說家的古龍在江湖傳奇《絕代雙驕》裏，塑造了一個叫做李大嘴的混帳東西。住在惡人谷內的李大嘴名列七大惡人之中。在他岳父的追悼會上，李大嘴送了一副似通不通的輓聯：「你活著，我難受；你死了，我傷心。」因為岳父大人一貫討厭有惡人之稱的李大嘴。有趣的是，在為《墳》寫的「題記」裏，病夫魯迅也表達了同樣尷尬的情景：雖然自己體弱多病，但仍然要靠吃魚肝油等丸劑苟延殘喘，目的不是為了愛人和愛他的人，大大半倒是為了自己的敵人，就是爭取「要在他（即魯迅語境中的正人君子之流——引者）的好世界上多留一點缺陷」。這種口氣和魯迅的殘軀病體有著相當的一致性，卻一洗李大嘴的滑稽而代之以沉重。在這口吻之中，除了李大嘴惡意的滑稽外，又宛若晉人孫楚（子荊）當年所說的「漱石枕流」。孫子荊對大惑不解的好友王武子（濟）說出了他之所以要這樣做的真實意思：「頭枕流水，是想洗去耳中的貪言、屁話；以石漱口，只是想磨礪牙齒，好讓它儘量鋒利些，讓某些東西們感到不能太過囂張。」（《世說新語·排調》）魯迅的巨大抱負正在這裏：只要他還有一口氣，就像那個討厭自己女婿的不幸岳父之於李大嘴一樣，那些號稱正人君子的東西們就會感到不舒服；他們所歌頌的好世界、眾多好的故事以及黃金世界，就多了一道張牙舞爪的醜陋風景——魯迅就是要在正人君子者流生造的好世界上，作為病態的、不及格的劣等事物出現。

　　但魯迅並沒有把自己的雙耳捂住，更沒有如孫楚那樣像個隱士一般頭枕流水，而是把耳朵盡可能地開放搞活。為了聽得更清楚，他甚至不斷地挖耳朵，試圖將耳道清理得一塵不染、暢通無阻。「為問華清日影

斜，夢裏曾飛何處雨？」（徐渭〈楊妃春眠圖〉）這一個個看起來生活極了、庸俗渺小極了的動作，儘管已被魯迅寫進了日記（即流水帳），卻遭到了號稱關心魯迅、研究魯迅的遠視的人們一致的忽略。其實，小魯迅們又怎麼知道魯迅挖耳朵的隱蔽含義呢？實際上，魯迅經過清理後的耳朵首先是一個客棧。假如魯迅願意，各種社會聲音都會相繼來到這裏，構成了米哈伊爾・巴赫金（Mikhail Bakhtin）所謂「對話的稠密地帶」：它們互相謾罵、詆毀、嘲諷、恭維、吹捧複兼唇槍舌戰。魯迅挖耳朵，就是為了給「對話的稠密地帶」提供一個練兵場、一個表演的舞臺和機會。有很長一段時間，魯迅對各種社會聲音保持了沉默；在北京黑洞洞的紹興會館，他甚至還試圖關閉自己的耳朵。但他終於還是把手放下來了。究竟是他自己的命令，還是所謂時代的旨意讓他這麼做的？這個問題還是讓給那些自稱是魯迅肚皮裏的蛔蟲們吧。

魯迅的耳朵由此更是篩檢程式和勘探儀，卻是無可置疑的。它把那些在小校場上摸爬滾打的各種言辭收集攏來，並隨時凍結了它們的帳戶，這些社會聲音陡然之間就被迫現出了原形。魯迅的耳朵卡住那些意欲在言辭中生造好世界的聲音的脖子，騰出手來，伸出食指點中了它的要穴，然後將這些聲音活生生拖出，並用自己獨有的音量去喝斥、教訓或者僅僅是施以斜眼。魯迅有沒有阮籍那種給他討厭的人物一個白眼，各嗇得連眸子也捨不得讓人全部看見的能力，我們無法斷言。魯迅自己倒是說過他沒有這種本事（《而已集・魏晉風度及文章與藥及酒之關係》），可誰知道呢？又有誰會真的相信呢？一如我們看到的，魯迅的耳朵正是為了發現敵人才應運而生的；如果沒有了敵人，他的耳朵還會那麼有名麼？魯迅的耳朵分明已經具備了高度的解析度，在風和日麗的理想狀態下，任何形狀、顏色與任何嘴臉的聲音，都休想逃過它的分揀和指控……

讓激憤的魯迅哭笑不得的是，在「對話的稠密地帶」，在那雙闊大的耳朵裏，幾乎所有的聲音都戴著濃厚的無聊面具。魯迅說，時候已是20世紀了，各種社會聲音所爭辯的，居然和人們爭辯地球是方是圓相似，而且還有那麼多聲音在嘈嘈雜雜地說著地球果然是方的，而這樣的世界

無疑就是《三墳》、《五典》上所謂「好的世界」了（《墳・我之節烈觀》）。一方面為了解決自己的寂寞，一方面也是為了填充自己的空白歲月，魯迅在無奈之下，也只好像個戰士一樣挺槍面對那些無聊的聲音——雖然這樣的戰士形象未免讓人感到有一點小滑稽，也有一點小辛酸。

幾乎人人都說魯迅是戰士，很令他們失望，魯迅本人對此是不予承認的。到底誰更正確？我們不妨這樣看：說魯迅是戰士，無異於把無聊的戰鬥對象無限拔高了；它也誇大了戰鬥過程和戰士本人的形象。這中間除了讚美魯迅，到底有沒有貶低魯迅的潛在涵義？魯迅的清醒正在於：那些聲音無疑是無聊的，可是他的喝斥、教訓和對那些聲音的分揀不也同樣無聊麼？給無聊的好世界留下一點缺陷，儘管已經是很低的姿態了，但也到底改變不了戰士本人的無聊形象——你見過哪一位被稱作戰士者，不是慷慨激昂的高、大、全模樣？又有哪一位戰士不像「樣板戲」裏的英雄向群眾講話，肯定要跑步站在一塊大石頭或一個臺子上，然後才舉起手臂，彷彿不這樣做就不能講話，就不是個戰士似的？對此，魯迅比所有闡釋他的人都要清楚得多。在給一個叫做有恆的人的信中，他早已經表明了這層意思，只不過我們長期以來拒絕理睬罷了。

和孫楚一樣，魯迅也有一副鋒利的牙齒，儘管他的牙也時而疼痛——據魯迅自己講，這是別人說他長期「陰損」的結果（《墳・從鬍鬚說到牙齒》）——卻仍然能啃動所有堅硬的社會聲音和社會黑暗；甚至這些東西和魯迅的牙齒比起來還顯得太軟，以致於不配他下口。魯迅支起耳朵四處傾聽，試圖找到可以下酒的好佐料，卻無一例外只找到了淡而無味的豆腐。這就是戰士——無論哪種意義上的——魯迅和他的對手之間的相互撲空。

王充曾經以調笑的口氣講述了一個撲空者的故事：那個想當官的倒楣蛋在少年時，雖然苦練苦讀之下也算得上文才俱佳，可人君喜好老人；老主死後，新君又好武。等他剛剛練就可以開山裂河、可以為王權充當刺客的武藝時，武王又死了，新即位的「朕」故意和他作對似的偏偏喜歡少年，而那個倒楣蛋其時已經鬚髮飄飄，連聊發一下少年狂的力氣也沒有了（《論衡・逢遇》）。魯迅的撲空也有這樣的喜劇性質。他多

次說，自己想找到強大的對手，如果一定要被吃掉，也最好是獅子一類的猛獸，並且還要躲在草叢中，「自己舔盡了傷口的血痕，決不煩別人敷藥。」(《南腔北調集・答楊邨人先生公開信的公開信》)。可是，出乎他的意料，終魯迅一生，每每到來的都只不過是蚊子、臭蟲和蒼蠅，它們的嗡嗡聲儘管可以笑裏藏刀，也能軟刀子殺人，但到底不是可以和獅吼相類比的，也不足以讓魯迅真正受傷。

撲空是魯迅和他的敵手之間的一般關係。撲空徹底表明，魯迅完全沒有必要像孫楚那樣預先去漱石枕流，也提前預告了他的失敗者身份：高射炮打蚊子，即使打著了，你能說那就是勝利嗎？索然寡味的勝利在骨子裏就是失敗的別名。魯迅打開的耳朵、鋒利的牙齒，突然之間具有了虛擬的面孔——他如此煞有介事，又有什麼必要呢？魯迅後來對此曾經做過無數次自嘲，有時是以激憤的語氣，有時又分明是以沉重的腔調。他一遍又一遍地說，大聲地說，痛苦地說：我的生命就浪費在這些無聊的過程中了。這裏邊的辛酸、和那個想當官卻又屢屢撲空的倒楣蛋相類似的惆悵，究竟有多少人深入體察過？那些把魯迅塑造為勇敢者、「韌的戰鬥」的標本的人，是不是太過殘忍了一些？因為在這些極盡讚美的腔調掩蓋之下的，正有魯迅之所以有如此結局「完全是合該」的潛臺詞在。

戰鼓齊鳴之後，諸葛亮從山谷頂端探出頭來，指著領兵前來受死的魏將張郃沮喪地說：我本來想射死一匹「馬」(司馬懿)，沒想到到頭來卻打著了一隻「獐」(張郃)。撲空就是意味著無聊和徒勞無功，或者對到手的勝利的索然寡味。這種性質的撲空為魯迅的失敗者形象隆重地剪了彩。儘管在魯迅有生之年，作為他巨大抱負的補償，也時時打著了一些兔子、麻雀一類的小生猛(比如魯迅對幾個無聊文人的「五講三噓」)，如同諸葛亮在無奈之餘只好打著了一隻「獐」。但這顯然不能讓獵手和戰士的牙口滿意，也辜負了耳朵辛勤的勞作。這是一個喜劇，一個具有不帶笑意的黑色幽默性質的笑話。自 1918 年寫出〈狂人日記〉以來，終其後半生，魯迅都在這個喜劇和笑話之中艱難跋涉。有人據此認為魯迅具有了濃厚卡繆式存在主義的色彩，倒不妨先考察一下他的撲空再來說話。

2、無物之陣……

在一首堪稱驚心動魄的傑出散文詩裏，魯迅描寫了自己來到一座枯墓面前，看見墓中坐著一具屍體，身體裏已經沒有了心肝，因為心肝已經被死者自己在扒開胸膛後徐徐吃掉了。那具「胸腹俱破，中無心肝，臉上卻決不顯哀樂之狀，但濛濛如煙然」的屍體，想知道自己的心肝究竟是什麼味道——苦？甜？還是酸（《野草・墓謁文》）？文章中的「我」（「我」完全可以被看作是魯迅自己）看到這一幕後，在屍體「回答我，否則離開」的發問中，最後選擇了後者：「我」飛也似地逃離了……

沒有任何理由可以懷疑好鬥的魯迅不明白自己撲空的後果將會是什麼。和許多別的人不一樣，魯迅最終勇敢地承認和承擔了這一後果。他從墓邊逃離，既是他勇敢的表現，但首先是怯弱的象徵：他看見了一個真實的自己，可是這個真實的自己卻不是他願意看到的——儘管魯迅也有一副好牙口，可以細細嚼爛自己的硬心腸。他能勇敢承擔的唯一後果是：他來到了一個無物之陣上，攻擊那些無聊的言辭、乏味的人物、空洞的事件和披著屎殼郎一般耀眼外套的「好的故事」……儘管他一開始也許就知道，這中間決不會產生獅子一類的猛獸。可是對於一個獵手，沒有獅子，有野兔和狐狸也還算是差強人意的吧？

魯迅描寫的「這樣一個戰士」的形象（《野草・這樣的戰士……》），無疑可以算作對他本人的自況，也是對那具墓中屍首的發問的應答。那個身材碩健、高舉投槍的野蠻人，穿行在各種各樣美好的言辭和名目中，看見它（他）們一式地向他點頭，但這個戰士依然狠命地向他們舉起了自己的投槍。投槍在這裏，毫無疑問，幾乎等同於魯迅兇狠、堅硬的牙齒。我們早已被告知，魯迅的牙齒不用如孫楚那般去磨礪就已經足夠使用了；所以他在描寫到「這個戰士」時，特意寫到了那桿投槍天然就具備的原始性。原始性正好是與撲空一起來到魯迅身上的。——武器的原始性必須要和撲空的動作聯繫在一塊，才具有在魯迅那裏的獨特涵義：因為原始性的武器象徵著粗糙、野蠻的力量和倔強的戰鬥精神，它

在尋找和自己相匹配的對手。只有這樣理解，才能明白撲空中所蘊藏的最根本的命意，當然也是最悲慘的命意。

在另一處，魯迅以複雜的語氣說，我們中國最偉大、最古老的傳統，是男人扮女人的傳統（《墳‧論照相之類》）。朱大可先生更是皮裏陽秋地以為，這一傳統的絕好體現——京劇，正是南方陰柔的青樓文化北伐成功之後，和宮廷被閹的太監文化上下其手、互為體用的輝煌物證。有意思的是，魯迅也恰好是從梅蘭芳的京劇來展開自己的議論的。不能指望魯迅的如此斷言會道出中國文化、中國歷史的全部真相，但它無疑說出了最根本的真實。自從「儒者，柔也」取得了統治地位以來，在「克己復禮」之「禮」、「非禮勿視」之「禮」……的要求下，「柔術」成了中國文化中至關重要的體操訓練的必修功課，人人練就了一副柔軟的好身段。尤其是頸部、腰部、膝部，它們在柔術的指引下，變得空前的靈活，異常的柔軟。這致使連康有為那樣的大賢也說出如下該打屁股的話來：頸部柔軟，正是砍頭的好部位；腰部靈活，正是面對「大人者」躬腰趴背的上好理由；膝蓋精巧，正是向任何在頭銜上、身份上高於自己的人下跪的好材料。康有為說，如果沒了擁有權利者所定義的大劈和小百姓必須具備著的鞠躬、下跪的義務，那些部位對我們中國人究竟還有什麼用呢？老康的意思至此已經非常顯豁了，而這恰恰是柔術訓練的根本目的之所在；不用說，也正是「儒者，柔也」的本來涵義，是魯迅所謂「男人扮女人」的偉大傳統——因為女人柔軟的腰肢、靈活的膝蓋和光潔敏感的脖子，為粗笨的男人樹立了光輝的榜樣。就是這種玩意，竟然惹得魯迅在 1918 年 5 月寫給錢玄同的信裏，說出「中國國粹……等於放屁……」這樣非常不潔的句子來。很顯然，魯迅的語氣中，正包含著「這樣一個戰士」的投槍上的原始性。因為魯迅明確讚揚豪豬一樣的野蠻人（《而已集‧略論中國人的臉》：人＋獸性＝西洋人；人＋家畜性＝某一種人），因為那些豪豬般的野蠻人總是男人，是漢子。他們沒聽說過男人扮女人，既不懂它的好處，也做不出那樣的醜態。

凡斯種種，在魯迅那裏意味著，我們古老民族的原始性在柔術的偉大撫育下，幾乎已被徹底刪刈。在此處的語境裏，我們還可以斗膽進一步說，

漱石枕流已經不可能了：在柔術的操策下，不僅到處都是軟綿綿的「陰」語，到處都是鬆動的牙齒，連用來洗去貪言、屁話的流水和磨礪牙齒的石頭也早已蕩然無存。因為柔術在它能力所及之處早已抹去了乾淨的流水和粗礪的石頭。它早已打掃了週邊工作（比如秦始皇的「收天下之兵鑄以金人十二」）。偶爾有幾個耳道清潔、牙齒鋒利的傢伙──也就是握有原始性投槍的戰士──，必定是柔術的叛徒，男人扮女人傳統的反革命，也必定是柔術的大敵。詩人鍾鳴說得好：正是代表柔術、握有柔術闡釋權和呼喚柔術的「椅子」（它象徵權力和權力話語），而不是其他什麼──

> 使我們的面子像拼湊椅子的薄木版
> 因為沒有表情能被瓦解，讓鐵人和骨頭
> 從雜耍裏走出來，而人間私事則成了醜聞？
>
> （鍾鳴《中國雜技：硬椅子》之三）

> 她們的柔和使椅子像耍雜耍或一個軟枕頭
> 似的要她們，要她們燈火裏的技藝，
> 要她們柔軟胸部豪華的空虛。
>
> （鍾鳴《中國雜技：硬椅子》之四）

　　一方面是在椅子的威逼下應運而生的柔軟的膏腴，另一方面卻是梆「硬」的椅子──可以想見，這正是柔術的真正作用和命脈之所在。在中國，柔術毋庸置疑地贏得了一片喝彩聲，因為它最安全、最經濟，也最實用，很有一些德里達（Jacques Derrida）所謂「快感的經濟學」（economy of pleasure）的味道，這當然是對根本就不想花力氣的「柔術」來說的──康有為對我們的教誨早已表明了這一點。當那位提著原始性投槍的、有如非洲土人一般的戰士走上戰場後，迎面而來的各種型號的點頭、微笑，正是柔術要施展的功能之一：它十分自信地希望在自己的感召下，戰士能放下死命抓在手中的投槍。但首先是要柔化投槍上的原始性。畢竟在此之前柔術有過太多成功的戰例。好在戰士在被柔化之前，已經向他們擲出了武器。而那些好的名目、好的言辭、好的世界，在投槍的原始性倔強精神的逼迫下倏然逃竄了，只餘下獐頭鼠目般耀眼的空

殼。和魯迅描寫到的那個墓中人一樣，他們也是中無心肝；但他們和墓中人又是如此不同：前者是本來就沒有心肝，後者卻是想知道心肝的味道從而狠命吃掉了自己的心肝；前者是色屬內荏，後者明顯是失敗者痛苦的自虐。為了你還不至於把這兩者搞混，謹向你表示最衷心的祝賀。

魯迅在這裏暗示了一個非常有趣的東西：柔術在「這樣的戰士」面前，具有了某種奇門遁甲術的功能。奇門遁甲術就是為了保護柔術的生存才出現的——如果以柔術的綿長「柔力」尚不能感化戰士和他的投槍上所暗含的原始性，奇門遁甲術就派得上大用場了。因此，是奇門遁甲術最終使柔術在投槍的原始性面前，擺出了一個無物之陣———一個徹底無人的陣地。這個戰場和艾略特所說的「空心人」有極大的相似性：他們都沒有心肝，填充其間的只是爛草。

撲空的涵義到現在就更加顯豁：原始性的投槍、堅硬的牙齒，在暢通無阻的耳道裏形成的「對話的稠密地帶」，在逮捕了其中諸多的社會聲音後，才發現自己分明有些小題大做的嫌疑，有拿高射炮打麻雀的滑稽意味。投槍和牙齒完全失卻了用場。「這樣一個戰士」就這樣成了一個失敗者。在一個無物之陣上，戰士的形象儘管堪稱悲壯、孤獨，但他無疑是一個滑稽者的形象，是喜劇中的小丑。這個形象其實正是被絕大多數人稱作戰士的魯迅本人的形象：撲空帶來的註定只是小丑，根本就不是原初目的中所期望的戰士和英雄。這既是魯迅的悲哀，更是他的「荒唐」之處和值得同情的地方。

王充在說到那位一生未遇的倒楣蛋時，有一個會心的杜撰：「昔周人有仕數不遇，年老白首，泣涕於塗者。」（《論衡‧逢遇》）撲空在魯迅那裏也正好還有另一層意思。和那個倒楣蛋在經過了一生的系列撲空後帶出來的哭泣動作相反，魯迅的撲空意味著：撲空無論如何需要一個無物之陣。喜好戰鬥、喜好發洩怒火（不論這種邪火是不是從殘軀病體那裏來的）的魯迅的許多激烈的動作（比如踹擊），早已向我們表明了，他是必須要戰鬥的；離開了戰鬥，他將無法有趣地、有快意地填充他的空白人生。無物之陣也是魯迅在鼓勵別人當蜜蜂，自己為了又安全又勇敢的犬儒式戰鬥，在迫不得已中才找到的戰場。正是這種種激烈的戰鬥

動作最後帶出來的慣性，使得無物之陣成為魯迅的必需品，有如糧食之於人，革命之於領袖，女人之於男人，「泣涕於塗」之於系列撲空後的倒楣鬼。何況時代與中國的現實語境，尤其是魯迅的個人現實境況（比如魯迅本人的懷疑主義、虛無主義等等），使得他不可能擁有一個真正「有物」的、「及物」的戰場。可是不管怎樣，無物之陣也還算是一個陣地，或者按照一位蹩腳小說家的看法，悲劇總歸還是比沒有劇好。這已經完全是另一個有關宿命的故事了。

　　對此，聖奧古斯丁有如現身說法似地寫出了宿命性的幾乎全部內涵：「在我考慮是否就獻身於我的主、天主時，我本已有此計畫，願的是我，不願的也是我，都是我自己。我既不是完全願意，也不是完全不願意。我和我自己鬥爭，造成了內部的分裂，這分裂的形成，我並不情願；這並不證明另一個靈魂存在，只說明我所受的懲罰。造成這懲罰的不是我自己，而是盤踞在我身內的罪……」（聖奧古斯丁《懺悔錄》）幾乎是出於同樣的思路，我們完全可以想像得到，魯迅也經歷了同樣的自我駁詰，和聖奧古斯丁的自責相仿，魯迅也屬於有罪的「亞當的子孫」那個家族。在魯迅對自己的自虐特性有著絕好描寫的〈墓碣文〉裏，早已向我們暗示了這層意思。和聖奧古斯丁不願意自我分裂一樣，魯迅也不願意遇上一個無物之陣，但無物之陣無疑來源於魯迅骨殖深處的、對於他本人來說堪稱最嚴厲的懲罰，也是讓他最終走向失敗和失敗體驗的根源之一。在這種情況下，由於柔術有了吶喊助陣的奇門遁甲術，戰士魯迅就只好和無物之陣玩起了老鷹鬥小雞式的捉迷藏遊戲。多虧了柔術的巋然長存，才使魯迅的耳道中形成的「對話的稠密地帶」有了用場，也使他的戰鬥動作有了對象——在已經撲空的意義上，魯迅和他的無物之陣終於挽起手來，彼此成為對方的糧食和食鹽。正如革命需要敵人和無數烏合之眾充當炮灰，如果我們一定要說魯迅有什麼朋友，無物之陣以及這個陣地上蟑螂一樣的「敵人」，才是魯迅愛人和朋友的首選。儘管在午夜夢回，「敵人」們又擺好了陣勢，魯迅卻在夜的掩護下，偷偷地「抉心自食，欲知本味」（《野草·墓碣文》），想知道自己的撲空到底意味著什麼，到底是些什麼味道，究竟有沒有意義……

3、無事的悲劇……

「在彼岸的不幸也許是同樣巨大的，可能還要更加巨大（由於我的虛弱），我的確有過這種不幸的經驗，當我將操縱桿重新挪動位置的時候，這操縱桿便在某種程度上隨時辰而顫抖，」一忽兒躲在地洞，一忽兒又化作一隻甲殼蟲龜縮在床上的卡夫卡，驚恐地、一遍又一遍地問自己，「但我為什麼後來通過對彼岸的渴求來增加這種待在彼岸的不幸呢？」卡夫卡的操縱桿是游弋的。他的恐懼、疑問，全體現在「隨時辰而顫抖」的操縱桿上。這根操縱桿僅僅是希求被拯救、被救助和對彼岸的渴望的拐杖，而不是戰鬥的武器。由此，卡夫卡開始了他仇恨群眾和暴力的心理運動。「看啦！那些愛國遊行……」卡夫卡指著群眾驚恐地叫道。而遊行的群眾通常總是暴力的最佳培養基，不管是帶來光明還是捎來黑暗的暴力。從根本上說，軟弱的卡夫卡沒有任何力量動用那根操縱桿、那根拐杖。那是一根經過工業革命反覆打磨過的、精緻的手杖，原始性正是它所缺失的部分。而這，正好構成了卡夫卡巨大恐懼的直接來源。卡夫卡的操縱桿雖然是為當下準備的，卻天然沾染了聖奧古斯丁所謂「上帝之城」的深遠目光。因此，卡夫卡牌拐杖的語義學涵義，恰好和魯迅的投槍的語義學涵義形成了鮮明對比。魯迅說了，我看一切思想家，不是懷念過去，就是希望將來，而對於現在這個題目，都繳了白卷，因為誰也開不出藥方。魯迅接著嘲笑說，所謂最好的藥方，即所謂「希望將來」的就是（《兩地書》之四）。在魯迅的一貫語境中，將來就等同於彼岸。而這，正是魯迅牌投槍不同於卡氏手杖的語義學含義之一：魯迅就是要在一個「現世」的場景中，即使是面對只有眾多空心人組成的無物之陣，也總比拿著拐杖渴望彼岸好得多。這裏沒有什麼爭論的餘地，如何選擇全要看選擇者的個人性情，而個人性情是難以被分析、被考量的。

中國的 20 世紀是一個鬥爭的世紀。許多西方的哲學、社會學理論一經引進中國，我們的興奮點往往只集中在「鬥爭」的主核上。在饑不擇食之際連無物之陣都要踏入的魯迅更是如此。很有一些好人兒將魯迅

的「哲學」命名為反抗哲學，就不能說是沒有道理的了。但是，魯迅的反抗哲學建立在沒有真正對手（或稱虛無）的基石之上，就不是每一個跪在他面前或者唾棄他的人都知道的。魯迅說，死於敵手的鋒刃，不足悲苦；死於不知何來的暗器，卻是悲苦。但最悲苦的卻是死於慈母或愛人誤進的毒藥，戰友亂發的流彈，病菌的並無惡意的侵入，不是我自己制定的死刑（《華蓋集・雜感》）。這突如其來的、略帶幾分氣勢洶洶的語勢究竟意指什麼？正是這種撲空和廣泛的懷疑主義腔調，構成了戰士魯迅的幾乎全部特質，也形成了他重視現世的投槍的語義學含義。

狷狂的唐寅有一首詩，其中有如下活蹦亂跳的句子：「人言死後還三跳，我要生前做一場。」（唐寅〈夜讀〉）和拿著手杖的卡夫卡相反，魯迅的投槍肯定會同意唐寅的看法。問題是，撲空已經意味著無物之陣，無物之陣只意味著無事的悲劇，魯迅的投槍即使準備在生前大做一場，又有什麼實際意義呢？我們早就聽說過了，無事的悲劇恰好是魯迅的重要命題之一。它真正的起根發苗，全在於它的主人事先清理了耳道，用牙齒、用原始性的投槍撕咬無物之陣引發出來的。無事的悲劇合乎邏輯地、水到渠成地出生下來就已經向我們證明：魯迅的上述種種動作——清理、撕咬也好，投擲也罷——都是沒有實際意義的。它們只是魯迅失敗的前奏，是失敗的準備和過門。魯迅一貫悲哀的腔調早已向我們暗示了這一點。

在一則札記中我曾經寫道：「悲劇、英雄和真理是人類有史以來最他媽矯情的玩意。我們製造許多真理，被所有神聖的尺度嚴格地丈量過，信以為真的蠢豬們懷抱著它們衝鋒，最後把自己弄成了英雄，而把阻礙他們的另一面命名為悲劇或絆腳石。悲劇、真理和英雄陪伴我們走過了有史以來的歲月，卻沒有想到，這些東西的始作俑者不過是在暗中冷笑而已。坦率地說，我對所有推薦而來的真理持謹慎的態度，對所有披著英雄之皮的人敬而遠之，對號稱悲劇的東西，除了不理睬之外，只有嘲笑。」（敬文東〈和歷史有關的幾條札記〉）毫不客氣地說，這段話正好可以算作無事的悲劇的上佳注釋和對待無事的悲劇的最佳態度。我們的所有悲劇，都是在虛構的真理的指引下引發出來的真實的事件；魯迅將這

指斥為無事的悲劇，的確來得意味深長和目光獨到。如果這個世上還存在著一種叫做悲劇的東西，那它也只能是內在於人、並和人一起來到世上的。它是命運的悲劇，它判定我們的生命將是悲壯的，是無意義的，但最終卻又要求我們對無意義的生命進行悲壯的擔待。究竟有誰能夠說清楚，在這種悲壯中隱含的不正是一個巨大的笑話，一個含淚的、極度誇張的動作，不是預先就宣告了我們的失敗？這個悲劇對魯迅來說，他必須要把自己的日子在毫無實際意義的情況下給打發下去，他只得由他自己一人來完成他的空白人生。這就是由動作來承擔的永無休止的填充行為。

差不多就是在這樣的前提下，好鬥、激憤的魯迅終於找到了自己要做的事情，他的種種動作也終於有了對於他本人而言的意義。因此，他的撲空、他在無物之陣上的投擲動作、對耳道的清理、對各種聲音的挑選、過濾以及呵斥，必須要包裹在無事的悲劇之中。這毋寧是說，無事的悲劇也包括了魯迅本人的所有動作和合而成的悲劇。只不過，魯迅本人的無事的悲劇，是建立在沒有任何意義的動作之上的。他始終在用高射炮打蚊子。

魯迅比幾乎所有同時代人都要明白這一點。他唯一的真理僅僅是：要打發日子就需要各種動作，並且只需要動作。這宛如薩特在《噁心》裏說過的，要使最乏味、最無聊的生活成為奇跡，只需要敘述就足夠了。但薩特顯然搞忘記了，我們的人生與生活恰好是由一系列動作組成的肉體版本的敘述。這種敘述在本質上是決不允許虛構的。相對於一貫擅長虛構的意義（在此處的語境裏，意義基本相當於薩特的奇遇），敘述不過是一個假動作。因此，我們完全可以得出結論說，清理耳道、過濾聲音、投擲長槍、撕咬社會……直到最後把自己也捲入到無事的悲劇中去，都不過是魯迅遊戲人生的道具──但這種遊戲已經不是老鷹捉小雞式的小小迷藏。這場遊戲在人類歷史上開始得很早，魯迅不過是這場遊戲史上的一口長氣和一次深呼吸，因而顯得有些打眼罷了。

遊戲的真正涵義之一就是它的當下性，它是一種真資格的行為藝術。我們的每一個人生動作、每一項自編自演的人生敘述都不過是修辭，距離所有真資格的哲學家、導師、牧師所謂的人生本質相差太遠。

但這些東西和這些東西們所標榜的一切，可不可以說更是修辭呢？那就要看你的眼力和他們是否願意誠實了。就是在當下性而非修辭性的大舞臺上，人人都可以挑選道具；至於挑選的標準，僅僅在於挑選者用起道具來是否順手。我們據此能不能說魯迅的道具最終還算得上順手呢？

　　遊戲的悲劇性正在這裏。誠如米蘭·昆德拉在他的長篇小說《本性》裏說的：「無論這個世界是多麼地令人不齒，它仍然是我們話題的中心。」魯迅的反抗、鬥爭，他的無事的悲劇，最終都是遊戲人生的游標卡尺之一。魯迅的深刻，首先正在於他完全弄清楚了遊戲的悲劇實質。魯迅式遊戲對無物之陣和無事的悲劇的天然渴望，也使他的撲空恰恰是一次堪稱完美的相遇。和卡夫卡的拐杖渴望彼岸的語義學含義相反，魯迅的投槍的原始性最終使他在此岸遇見了自己的彼岸。此岸和彼岸對於魯迅來說完全重合了。這也就是蜜雪兒·福科反覆勸告我們的：不要去冒犯界限。是撲空而不是別的什麼，使魯迅遇上了自己飄忽的命運並牢牢將它攥在了手中，儘管這次相遇依然裹著一個無事的悲劇的致命內核。

4、挪用……

　　在臨死前不久的一篇文章裏，大病的魯迅用沉重的語氣提到了動作或遊戲之於人生的重要性：「外面的進行著的夜，無窮的遠方，無數的人們，都和我有關。我存在著，我在生活，我將生活下去，我開始覺得自己更切實了，我有動作的慾望──但不久我又墜入了睡眠。」（《且介亭雜文末編·「這也是生活……」》）這是不是意味著魯迅對無窮的遠方、無數的人們（那曾經給他帶來無物之陣、無事的悲劇的東西們）的原諒？這裏邊顯然存在著相當的含混性：一方面他並不想擁有這樣的陣地和悲劇；可是另一方面，當他經過長期的磨礪卻只能遇上它們時，當真是一部二十四史，不知從何說起了。

　　所謂「遠方」、「人們」，在魯迅那裏，基本上只是在遊戲的意義上才和他相關。因為遊戲命定了要有其他參與者才能進行。從終極的意義上說，獨自一人的遊戲根本就不存在。即使孤身一人在茫茫大海和鯊魚

搏鬥的桑提亞哥，也在臆想中虛構了一個對話者，他大聲地說，不停地說，和魚說，和水說，和自己的小帆船說，直到回到岸上卻一句也不準備說（海明威《老人與海》）。這意味著他準備重新陷入某些哲學家屢屢稱道的孤獨境地。頗有些滑稽意味的倒恰恰是，哲學家所謂最有力量的人只能是最孤獨的人，也僅僅是因為這個「最孤獨的人」還生活在茫茫人海中，是「垂立在人海」（昌耀語）而不是在荒島。很顯然，魯迅在臨死之前對陪伴了他一生的敵人、敵意——那無窮的遠方和無數的人們——，在作為他的遊戲夥伴這一點上保持了相當濃厚的感激之情。即使他在說出對於他的論敵「一個也不寬恕」時，也在絕對的冷漠口吻裏透露了感激的消息：謝天謝地，正是有了可以不被饒恕的敵人，他的遊戲才可能進行到生命的最後一刻。

　　我們實在是過高估計了魯迅的寂寞和孤獨的程度。對此，孤獨者本人也有一副自題的小像：「兩間餘一卒，荷戟獨彷徨。」但無論如何，這僅僅是一種修辭，決不是真相。費希特說過，人只有存在於人群之中才能成為人。正因為從來都有無窮的遠方、無數的人們，而且一個戰士（比如魯迅）也始終能在遠方和人們中找到他要喝斥的聲音，所以這種相關性，也始終讓戰士魯迅處在一張巨大的關係網絡之中。他並不孤獨。他的耳朵也只有在這種情形下才會有大的用場；而為了保證自己的牙齒不至於生銹，他也會故意為了一點雞毛蒜皮之事找別人的茬子，心造一些敵人，哪怕這些人曾經是他很好的朋友——對林語堂是這樣，對錢玄同又何嘗不是如此（參見房向東《魯迅與他罵過的人》）。他各種激烈的動作、反應，也正好能解救他的寂寞與孤獨。歸根到底魯迅是並不孤獨的，他僅僅是為了解決自己的寂寞有意樹敵太多，因而顯得有些孤單。他被某些理論家塑造為唐吉訶德獨鬥風車的形象，也是他為了解決寂寞自己為自己加冕所致。

　　這就是魯迅對「遠方」和「人們」進行的挪用。他躲在暗處，支起耳朵，四處尋找著敵人。他關於敵人的夢想走遍天下，隱姓埋名，終於把遠方和人們拖到了他早已準備好的戰場上。魯迅的挪用功夫有這樣的力量。但敵人在奇門遁甲術的保護下，並沒有被魯迅徹底放倒、敲定、

搞顛。——畢竟那些在魯迅眼裏堪稱狗東西的傢伙們也不是浪得虛名的。就是在這裏，隱隱約約透露了魯迅即將失敗的幽微消息。

魯迅擁有一個很大的帳薄，記載了所有與他有關的遠方和人們，他（它）們的善、惡，美、醜全都在他的帳本上。魯迅的全部書寫，就是為記錄「遠方」和「人們」準備的，也是魯迅隨時都可以挪用他（它）們的一個物化象徵。魯迅大半生都在消費敵人。和凡斯‧佩卡（Vance Packard）在《追求地位的人》（The Status Seekers）裏說過的那種西方的消費情形有些類似，魯迅也為自己的消費行為制定了商品策略。即使偶爾不至於造成浪費，他也會找到其他策略以誘使自己從事更高的消費去消費自己的敵人。直到最後，當魯迅作為「民族魂」出現在我們的時代語境中時，憤世嫉俗、四處尋找敵人的風氣得到了長期蔓延……

像那個李大嘴一樣，當魯迅挪用了「遠方」和「人們」，並強迫他（它）們加入到自己的遊戲中來的時候，魯迅也成了一個好世界上的「惡之花」：因為「遠方」、「人們」和他之間的確有著太過久遠的航程。魯迅的遊戲對於他眼中的「正人君子」、遠方和人們來說是充滿惡意的。「你活著，我難受；你死了，我傷心。」——這幾乎稱得上魯迅的挪用最重要的涵義了。

鐵屋子

1、沉睡，掙扎……

　　從前，有一座密不透風的鐵屋子，裏邊躺滿了熟睡的人群。偶爾有一個身材短小的人，因為鐵屋內的窒息打斷了他漫長的、跟「好」有關的美夢，就從深寐中醒過來了，並且發現了窒息的由來。如同《神曲》一開篇所說：在人生的中途，我不幸迷了路。沒有再繼續沉睡下去，依照鐵屋子的內在律令，不叫迷路還能叫什麼呢？因為鐵屋子的基本口吻，就是讓你在睡眠中不知不覺地走入死地。它是安樂死在中國的古老形式。於是這位個子矮小的人便陷入了深深的絕望：自己是萬難衝出鐵屋子的，如同但丁（Alighieri Dante）走在人生的中途時卻前邊是老虎，後邊是豹子，死路一條是沒得說了；接下來，他又弄不清，要不要叫醒其他人呢？叫醒他們究竟算是愛他們還是害他們呢？——在熟睡中同上奈何橋，總比醒來後的絕望和在絕望中的掙扎、相互傾軋以及恐怖好得多……這個意念動盪、搖擺不定的人，因此長期以來就呆在北京的 S 會館抄古碑、喝黃酒，試圖沖淡自己的設疑：畢竟古碑中沒有「要不要叫醒」這樣嚴重的「問題和主義」，黃酒的輕微濃度也可以漸漸腐蝕那個越來越細的問號……

　　那個被喚作「如來」而非「如來」的人在臨死之前，設座告訴追隨自己的眾多比丘們說：「我今雖是金剛之體，亦復不免無常，所遭生死之中，極為可畏。汝等宜應勤行精進，速求離此生死火坑，此則是我最後教也。」（《涅槃經》）坐在 S 會館的人也試圖這樣來說服自己：在深寐中進駐奈何橋，安知不是對速離「生死火坑」的別樣理解？儘管這中間有著太多的概念偷換，但它又是不得已的。現在我們聽說了，那個身材短小的人叫做魯迅。終於有一天，他像從山上下來的查拉圖斯特拉，

一個得到超人啟示的角色，開始在鐵屋子中大吼大叫，希圖喚醒沉睡的人們。可接下來又發生了一個更讓他痛苦的事實：這些熟睡的傢伙顯然已經愛上了自己的睡眠；某一個人不知趣的、不自量力的吶喊，直如同他們夢中的跳樑小丑，除了能引來讓他們驚訝的西洋景還能有別的什麼呢？魯迅於是大發感歎說：我終於明白了，原來我並不是一個振臂一呼就應者雲集的英雄，而我從前以為自己是的（《吶喊·自序》）。

魯迅在這裏犯了一個不該犯的錯誤，卻不可不察：當不了英雄的錯不在他，而在鐵屋子。後者的唯一責任就是讓人沉睡——沉睡是鐵屋子的指定動作、唯一功課。在這間房子裏邊，一切邏輯、一切乾坤都被倒置了：沉睡不僅僅發生在白天和夜晚，從根本上說，白天與夜晚就是沉睡派生出來的。而這，正是鐵屋子的語用學涵義之一。矮個子拿破崙（Napoleon Bonaparte）從動物形態學上驚恐地稱中國為「睡獅」（其實他的驚恐是無來由的），魯迅則從動物行為學上稱它為「無聲的中國」——這當然都是些醒來的人和有聲者的意見。為了吵醒眾多的鼾聲，魯迅踹擊他們、大聲吶喊他們，但都無濟於事。得到的回答是更加酣暢淋漓的鼾聲：大夢誰先覺？平生我不知，而且也不須知了⋯⋯

沉睡的過於強大，導致了一個非常有趣的現象：沉睡居然也能使沉睡者動起來——當然，這就是不一般的、只在鐵屋內有效的夢遊了。夢遊是鐵屋子指定動作（即沉睡）的派生產物之一。夢遊並不會妨礙夢遊者的交媾、生殖、吃喝、起義、打扳子、大辟、下跪、用言語織體編造傳說和尋歡作樂，所缺少的僅僅是走出鐵屋子的任何自覺念頭。相對於鐵屋外的世界，鐵屋內的夢遊無疑是可笑的、可悲的，還隨身帶有幾分瘋癲。根據蜜雪兒·福科的描述，如果按照布蘭特（Sebastian Brant）的想法，鐵屋內的夢遊者是應該被送上「愚人船」的。而在鐵屋子以內，夢遊卻是唯一標準的動作——假如沉睡只能算靜止的話。醒來者，任何反對夢遊、把夢遊當作笑話者，都是鐵屋子的頭號敵人。翻譯成鐵屋內固有的話說，就是不肖子孫，其罪過都快要比得上「無後為大」了。在夢遊中，偶爾也會產生個把自覺維護沉睡尊嚴的理論家，他們的口號被醒過來的魯迅描敘為「《三墳》、《五典》，百宋千元，天球河圖，金人玉

佛，祖傳丸散，秘製膏丹……」魯迅說，要想讓沉睡者和夢遊者醒來，必須把這些玩意打翻在地（《華蓋集‧忽然想到》第六），是不是還要再踏上一隻腳，魯迅並沒有說明白。可他還沒有、還需要說明白麼？

事實很快就證明，魯迅完全不具備把那些玩意打翻在地的能力；鐵屋子的過於強大，也不會坐視、容忍這種能力。鐵屋子在白天、夜晚，從自己的每一個角落，都把冷笑奉獻給了憤怒的魯迅。關於這一點，魯迅又有什麼不清楚的呢？他說，「哇」的一聲，夜遊的惡鳥飛過了（《野草‧秋夜》）。這說明他早就聽見了鐵屋子發出的警鈴聲，儘管他並不能精確地知道警鈴聲來自於鐵屋子的哪一個角落。這無疑就是漫長的佳話對短暫的醜聞的警告。凡斯等等，使得魯迅無法再把整個精力放在吶喊上；在停止吶喊不久，他很快就對自己早年的吶喊有過相當有力的嘲諷：如果現在再來發出「救救孩子」的呼聲，連我自己都會感到寒磣的。魯迅就這樣邊掙扎邊說。這情形的到來基於一個更加迫切的、來自於肉身的事實：魯迅的肉體也是需要呼吸的，尤其是像他那樣隨身攜帶了一整部個人疾病史的人。鐵屋子首先是對他本人，特別是對他的心、肺產生了嚴重的威脅和藐視。他不再吶喊，不僅僅是鼾聲們不需要，也是因為他得專心解決自己的窒息，以致於有些顧不上吶喊了──雖然這一點魯迅是很晚才明白過來的。

卡夫卡形容過的那隻松鼠，可以用來比喻身處鐵屋子並成為鐵屋子的敵人的魯迅：「就像是籠子裏的一隻松鼠，對活動的幸福感，對空間狹窄的絕望，持續不斷之令人發狂，外界的寧靜之災難，同時這一切又是不斷地更替著，始終在悲慘結局的污穢之中掙扎，」卡夫卡在另一處不知是接著說呢還是預先說的：因此，「沒有擁有，只有存在，只有一種追求最後的呼吸，追求窒息的存在。」毫無疑問，窒息正是魯迅在鐵屋子中的肉體感覺，他的吶喊，就是想尋找一些也能明確感到窒息的人來充當同志，以減少自己的孤單和驚恐。他以個人的姿勢向沉睡、夢遊開戰（魯迅〈摩羅詩力說〉：掊物質而張靈明，任個人而排眾數），頂多只能算是掙扎或者首先是掙扎，卻被許多人一開始就不分青紅皂白地有意美化為戰鬥、反抗和復仇。這是魯迅都不能同意的。

　　掙扎是窒息的產物，但歸根結底是鐵屋子的嫡出子孫。沒有理由反對和低估掙扎的作用，它畢竟是任何一個瀕臨絕境者的習慣性動作，也是瀕臨絕境者唯一有望走向生路的本能性選擇；但也不能過度美化掙扎，把它提到「民族魂」的嚇人高度。掙扎一般會產生兩種非此即彼的結果：要麼打翻了鐵屋子，如魯迅說過的那種渺茫的希望一樣；要麼是在掙扎中徹底完蛋。魯迅把上述兩種情況都考慮進去了，這就是他曾經說過的：不在沉默中爆發，就在沉默中滅亡。

　　魯迅的掙扎帶有令人傷心的悲劇色彩和悖論臉色：既預支了結局，又要不斷地「上下而求索」——在《彷徨》扉頁上他就明明白白地寫著《離騷》中的名句：「路漫漫其修遠兮，吾將上下而求索」。在此，他把非此即彼的不同結局給一鍋端了。越到後來，掙扎也就越有了虛無主義的色彩；到得最後，掙扎指向的對象早已顯得曖昧不清（比如魯迅晚年漫無方向感地向許多人發洩邪火），掙扎本身卻又是相當明晰的、顯豁的。掙扎於是成了某種純粹只剩下表意軀殼的習慣性動作。這是魯迅在萬般無奈之際才找到的應答時光的法寶之一。而對時光的應答——我們知道——始終是魯迅的一大人生主題。

　　1884 年，法國老娘們吉拉丁夫人（Mme de Girardin）在寫給一位叫做拉納依子爵（Visconte de Launay）的信中說：如果普羅米修士從天庭盜火只是為了點燃他下流的香煙，天神們在無奈之餘也只有絕望地聽之任之了。據儒家的小矮人們講，「天地之大德曰生」哩；而人「曰生」後又是幹什麼的呢？另一些小矮人接著發話了：「大丈夫處世兮立功名」啦！可是，幾乎所有小矮人都沒有想到，人生來竟然是接受窒息和透支掙扎的。對此，那些巧舌如簧、長有三「丈」不爛之舌的小矮人，會像天神們對普羅米修士那樣聽之任之嗎？對此，他們也是沒有辦法的。因為他們從天庭盜來的旨在讓人剛健的火種（此所謂天行健，君子當自強不息），卻讓他們自己首先變成了小矮人。魯迅把自己的寶貴生命僅僅用於掙扎、用於填補空白的時日（請參閱《兩地書》等文獻中與此有關的描述），既是對「曰生」的嘲笑，也是給小矮人們製造的反諷，卻對鐵屋子絲毫無損。一部《野草》主要就說了這麼回事：魯迅不是說了麼，

他的所有哲學全包含在《野草》之中。可是，對掙扎本身的攝象在不在這裏邊呢？

掙扎是一種毫無意義的動作。魯迅實驗了一生之後才充滿失敗感地發現，掙扎不能給他帶來任何實際的結果。「我打了一個呵欠，」在深夜的燈光下，魯迅看著一大堆飛蛾的屍首頗為動容地說，我「點起一支紙煙，噴出煙來，對著燈默默敬奠這些蒼翠精緻的英雄們。」（《野草・秋夜》）他為什麼要在夜半從不停地掙扎中騰出手來稍事休息，向撲燈的飛蛾們行注目禮？這裏邊有沒有自我憐惜的意味？撲燈的飛蛾，不管鐵屋子對它持何種貶斥的態度，所謂飛蛾撲火，自取滅亡；還是醒來者對它飽以何種讚揚的老拳，所謂英雄和嚮往光明者，其實都是毫無意義的。因為虛擬的光明追求改變不了肉身損毀的一丁點事實（當然，革命的計算法則對此另有話說）。難道對無知無識的小昆蟲（這只是人類的意見，還未徵得昆蟲的同意），為虛擬的理想拋棄渺小到近乎沒有的肉身就可以大加讚揚嗎？這個例證不過是想引出：人更應該這樣。魯迅自然也有這個意思。

躺在水缸裏的犬儒主義者對前來討教的某大帝說：你問我需要你為我做什麼？我唯一想企求你做的就是請你讓一讓，好使陽光照到我缸裏。有人立馬解釋說，這是指精神對於權力的獨立。我當然不反對這個看法；但是，可不可以理解為身體的舒適，也想對冠冕堂皇的權力和蔑視肉身的高大理想保持獨立呢？——關於這一點，我敢說「你」的身體肯定是知道的。在這個世上，真有比肉軀更重要的東西？或者，真有那樣值得追求的光明和前途？魯迅不斷在蜜蜂和犬儒的身份之間來回穿梭，早已對此做出了明確的回答。啊，撲燈的飛蛾：一夥上了前途光明大當的喜劇演員，一夥掙扎致死的悲劇性英雄。但它帶來的結果是巨大的虛無（在神學和革命的計算法則眼裏卻被認為是進入了永恆），卻是再怎麼說都沒有疑義的了。有鑒於此，曾有人提出，掙扎是否帶來相配的結果並不重要，重要的是掙扎過程本身。這就明顯擺出一副薛西弗斯的無奈嘴臉了。而這種沉痛的說法我又有什麼不理解的呢？目標是虛擬的，過程總是清晰的嘛，而且過程還「無可如何」地充當著死馬當作活

馬醫似的意義──對於鐵屋子和類似於鐵屋子的東西，也就只好這樣了。出於同樣的原因，魯迅的掙扎也明顯具有了這樣的喜劇性和悲劇性：掙扎是鐵屋子的不法之徒，也就是那些從沉睡和夢遊邊緣逃逸出來的傢伙，天然就帶出來的英雄姿勢。儘管它是一個迫不得已的事實，但還是讓鐵東西在暗中大吃了一驚。

2、看見，看見……

詩人歐陽江河在著名的《玻璃工廠》中說：「從看見到看見，中間只有玻璃。」這指的是，對光線和視力來說，玻璃近乎是不存在的；光學上談到的光線穿越玻璃產生的細微折射，對視力構成的影響完全可以忽略不計。多虧了人眼的不夠精確，才讓我們能夠容忍玻璃：玻璃就是透明地「看」。這當然只是一種理想狀態；我要指出的是，理想狀態一旦太過也就是糟糕狀態，這點辯證法在今天來得正確無比：《美妙新世界》、《我們》、《一九八四》裏描述的那些人不都生活在玻璃罩中麼？他們的個人隱私也是「從看見到看見，中間只有玻璃」。與此相反的糟糕狀態卻被魯迅遇上了；魯迅把中國和中國的時代僅僅縮小為鐵屋子，這也是從一種理想狀態的無限囂張、膨脹中推演出來的：對魯迅來說，從看見到看「不」見，中間只有「黑鐵」……

魯迅的「看見」，首先也得遵從光學的一般規律。他最先看到的是中國現實的整體，與此相應的動作選擇就是改變這個整體。這顯然是一種青春思維、青春式的「看見」。它透支了包含在「看見」中一網打盡的那部分能力。這種「看見」和它帶出來的動作，我們從〈摩羅詩力說〉、〈文化偏至論〉中早已看見了。磅礴的氣勢，一網打盡的決心，卻換來了孤零零的搖擺的意念：這就是夢醒時分的魯迅已經遇到過的尷尬情景。儘管此刻他是從完全不同於鐵屋內的沉睡中醒來的。他是從自己所做的「改變夢」中醒過來的──魯迅是先從鐵屋子裏醒過來後，再一頭栽進「改變夢」中去的。

　　可以想見，佛洛伊德所說的那種「肛門期」（即魯迅那整體式的「改變夢」），在一貫清醒的魯迅那裏相當短暫。作為一個過早「看見」的人，他把「看見」的方向很快就從整體轉到了細部。細部不是對整體的否定，正好是對它的放大。因為在上帝眼中，再大的東西也大不過一個細節，再小的東西也要受到他老人家某種意願的支配。還是那位「狡詐」的歐陽江河，說出了一句「狡詐」到揭出真相的詩句：「部分是最多的，比全體還多出一個。」顯然，這不能算悖論。鐵屋子正是魯迅特殊的「看見」動作產生的結果之一。他以減縮的辦法，把整體大大縮小，以利於自己更加清晰地「看見」細部和整體本身，並且看到了比整體更多的東西──這就是人的視力對一個誠實的人、一個有才華的人才有效的規定性。魯迅的看見產生的透視能力是足以讓人驚詫的。和莊子的「大年、小年」比喻相較，魯迅的鐵屋子顯然要具體、實在得多：魯迅的看見是「及物」的，莊子的看見卻是臆想的、過於詩情畫意的。我們都聽說了，正是莊子開創了中國土著版浪漫主義的最大源頭，他分明已經擺出一副一網打盡的架勢；在此，我們也正可以說，魯迅的「肛門期」（即整體式的「改變夢」）就是莊子「大年、小年」的個人化變種。

　　「看見」催生了鐵屋子的最後成型，也產生了魯迅的準確。但他首先是看見了鐵屋子的來源。鐵屋子的起根發苗在魯迅的「看見」中也因此顯得實在是太過清晰了：儒家乾癟的小矮人（儘管他們也自稱從天庭盜來過火種，這就是所謂的「天道」），道家貌似飄逸的空心人，楊子純粹自私自利的肉體之人，史傳中的帝王家譜，佛禪中的死人……這些散發著肛門氣味的東西，都是產生鐵屋子的理論催化劑──從來都不是一人、一家學說，造成了鐵屋子中普遍的窒息、廣泛的沉睡和久遠的夢遊，而是它們全體。就這樣，中國博大精深的文化，它自命的禮儀之邦，在魯迅的「看見」中露出了未曾著衣的光溜溜的軀體。

　　鐵屋子的到來，並不是從魯迅的時代才開始的；我們的祖先（甚至包括我們自己）被鐵屋子偷窺和明目張膽的直視、教誨，是由來已久卻被暗中處理為熟視無睹的事件。到底誰能說清，究竟有過多少人在這座

碩大的黑房間裏安然就死？魯迅是知道的，他也通過自己的「看見」並用自己特殊的、能夠嘔吐的記錄法記錄在他的流水帳單上了。

　　卡夫卡把他的時代僅僅縮小為一張床，的確是讓人更為寒心的事件。卡夫卡說，因為每一束射向我的光，每一幅櫥窗裏的照片都比我重要，所以我要躺在床上；因為有一個聲音說「等著，我來領你」，可發出聲音的人老是不來，這種難以忍受的等待讓我只好躺在床上；因為我的虛弱使我根本就到達不了彼岸，因此「今天下午我可以以夢的諒解在床上舒展了三小時」……在此過程中，卡夫卡也有趣地提到了房子，因為床總在房間之內，特別是對一個膽小鬼來說，他敢把床扛到野外去露宿嗎？那個「等著，我來領你」的聲音就是從房間發出來的。但卡夫卡，這個著名的膽小鬼，卻既不敢走進去，也不敢走出來。卡夫卡的房間也為膽小鬼鋪設了一張床，「躺上去」是一個經過了主動性過濾後的動作選擇。與此相反，鐵屋子中的沉睡、夢遊（那當然也需要一張床），卻是在有意無意之間抽了麻醉劑所致。鐵屋內的沉睡、夢遊是一個被動的行為；而不斷免費發放麻醉劑，則是鐵屋中不朽的福利事業。這就是卡夫卡的「躺上去」和魯迅的沉睡、夢遊的語義學區別。很明顯，卡夫卡的「躺上去」天然丟棄了反抗甚至掙扎。因為在他的「看見」中，反抗和掙扎是毫無用處的，也是令人恐怖的。1911 年 11 月 15 日，膽小鬼在日記裏寫道：「我渴望起義！儘管我很渴求，但更多的是害怕……」其語氣聽上去的由高到低，正好把他的恐懼嘴臉給全部「點水」了。而這，恰好是魯迅不能同意的。

　　考慮到魯迅「看見」的「吃人」事實（《吶喊・狂人日記》），我們再來說鐵屋子的最大功能之一，就是讓人在沉睡中、在夢遊中安樂受死以利於被他人吃掉，就不會有什麼大錯。魯迅的掙扎，不光是想打翻鐵屋子，更有著不願意被人吃的意思在內。儘管他曾多次談到食物、胃口，並把它們當作一個足夠健康之人最重要的根基（比如《墳・看鏡有感》、《南腔北調集・聽說夢》、《且介亭雜文・拿來主義》等），但人肉顯然不能作為人的食物。在某種程度上，魯迅就像 20 世紀初年的土著爪哇人，勇敢、激烈，但有潔癖。後者面對槍林彈雨而渾然不覺，卻在入侵

者荷蘭人的屎尿潑潑下望風逃竄——魯迅肯定會同意，能吃是好的，胃口大開也是好的，但大開的胃口指向從同類小腿上剮下的肉片，這件骯髒的事情是再怎麼說也足以令人噁心到反胃的程度。儘管事實就如魯迅所承認的那樣，他在無意間也曾吃過人肉（甚至是他妹子的肉），但他不想再吃下去了（《吶喊‧狂人日記》）。對於一個早已醒過來的人，反胃決不是鬧著玩的，反胃就是潔癖者眼中荷蘭人潑灑的屎尿。當然，這些都曾被魯迅多次看見。「看見」在這裏有效地構成了魯迅有趣填充空白歲月的又一種重要動作。

　　因此，如果魯迅知道了卡夫卡的床以及「躺上去」的語義學含義，他會堅決不答應。一個人怎麼可以放棄掙扎的權利呢？連狗急了也要跳牆；據目擊者說，兔子被逼瘋了也是要咬人的，儘管它對人肉毫無興趣，儘管它比大多數人更有潔癖……魯迅會認為，「躺上床去」實際上也是一種沉睡，並不見得比鐵屋子裏的相同動作更見高明或更有紳士像。在一篇文章中，魯迅說，麻醉性的作品以及麻醉性的動作，是將與麻醉者和被麻醉者同歸於盡的（《南腔北調集‧小品文的危機》）；在另一處他還說：「人往往憎和尚，憎尼姑，憎回教徒，憎耶教徒，而不憎道士。懂得此理者，懂得中國大半。」（《而已集‧小雜感》）因為在普通中國人眼裏，道士的真理就是無為，就是忍讓，就是讓對方在揀了便宜後對揀便宜上癮成癖，以便誘使他碰上更強的人並最終栽筋斗——我們可以通過別人為我們報仇，希望也總在別人和將來那裏。道士的真理在魯迅看來就是放棄掙扎，並且還不需要像卡夫卡那樣，反覆為自己的床的到來和床上的動作辯護。這該是多麼省力和偷工減料！鐵屋子的由來、中國以及中國的現實，能有資格成為自打三皇五帝到而今的魯迅詬病的對象，不恨道士，甚至是依靠道士、熱愛道士，在魯迅的斜視中就不得不算一個重要原因。

　　從看見到看不見，中間只有黑鐵……魯迅的看見和卡夫卡的看見決不一樣，後者帶出來的相應動作是躺上床去，伴隨著這些動作，並為它找到足夠的理由，就這樣也可以勉強度過一生，而我們都聽說了，卡夫卡也確實是在床上度過終生的；前者帶來的則是掙扎。但鐵屋子是萬難

捅開的，魯迅一試之下就明白了。雖然他也有一陣子很想當勇士，甚至想肩起黑暗的閘門（《墳‧我們現在怎樣做父親》），但他很快就看見，這也不是可以鬧著玩的，搞不好會把自己給搭進去，最直接的後果則是被氣死。這顯然是在說，他並沒有這把力氣，他殘破的身軀也決不允許他這麼幹。因此魯迅最後的選擇僅僅是：「看見」什麼細部就踹擊什麼細部。可踹擊能達到捅翻鐵屋子的理想境地麼？魯迅用悲哀的語氣說，那就不是我能「看見」的了。

3、本地憤怒……

「看見」了沉睡和鐵屋子的真相並處於掙扎之中的魯迅，由此被置入了一種非常不穩定的、開放的漫長旅途。他自己流放了自己。他不知道自己將往何處去，能夠往何處去。魯迅就像是蜜雪兒‧福科在《瘋癲與文明》中，用充沛的體力和飽滿的感情描述的那位被置入「愚人船」並，在大海上飄蕩的瘋癲患者：「他（即瘋癲患者——引者）成了最自由、最開放的地方的囚徒：被牢牢束縛在有無數去向的路口。他是最典型的人生旅客，是旅行的囚徒。他將去的地方是未知的，正如他一旦下了船，人們將不知道他來自何方。只有兩個都不屬於他的世界中的不毛之地裏，才有他的真理和他的故鄉。」在給許廣平的信裏，魯迅沉痛地表達了他對這種毫無方向感的路途的苦悶（參閱《兩地書》四）；而在一首被他自己稱作散文詩的篇章裏，他對這種漫長的、可能是毫無意義的掙扎，也有了一種明顯的無奈感（參閱《野草‧過客》）。鐵屋子和它法定的夢遊者（這是對沉睡的另一種表達）面對這個陌生的客人，也操著某種古老的本體論腔調在問：他是誰？他從哪裡來？他張牙舞爪的究竟想幹什麼？很顯然，掙扎對於鐵屋內的夢遊者，是陌生到了荒唐和瘋狂的動作。

「凡有一人的主張，得了贊和，是促其前進的，得了反對，是促其奮鬥的；」面對鐵屋子和夢遊者的本體論口吻，魯迅自哀自憐地說，「獨

有叫喊於生人中，而生人並無反應，既非贊同，也無反對，如置身毫無邊際的荒原，無可措手的了。」(《吶喊・自序》)在互相視對方為異己的情況下，魯迅的確感到寂寞了。這種寂寞當然是在他以掙扎為方式，試圖求得新鮮呼吸，來滿足自己肺活量的天然要求的當口，才被感覺到的。鐵屋子指著遍地走動的夢遊者對喘息著和踹擊著的魯迅說：你是咋搞的，這裏不是有那麼多的空氣麼？魯迅邊掙扎邊回答：我要的空氣你這裏沒有，我要去尋找別樣的人們和別樣的空氣(參閱《吶喊・自序》)。

　　鐵屋子裏的空氣是污濁的，這種污濁帶有一種瘋癲的味道。魯迅說，它充滿了學究氣(參閱《野草・這樣的戰士》、《墳・燈下漫筆》等文獻)。這就約等於說，鐵屋子裏的污濁空氣在鐵屋子本身看來是最正常的一種空氣，它的每一個分子從內到外都得到了學術的精巧證明——從陰陽五行，從天理循環，從毛筆到鋼筆，從法家到兵家，幾千年的中國學術忙乎的都是這個事情；在魯迅眼裏，中國五千年博大精深的文化都在為「污濁即正常」作證。中國的學術路過自己的黃昏，為夜間的夢遊者的夢遊姿勢立論。福科說，正是由於虛假的學問太多了，學問才變成了瘋癲。順著他的思路，我們也滿可以說，正是由於精緻到虛假的學問太多，才使「污濁即正常」得以成立。魯迅說，我想尋求別樣的人們，也就是指他想換一種空氣。如同孫悟空翻了無數個筋斗，起來後發現自己仍然還在如來佛的手掌上，魯迅尋找了很久，睜開眼來，才「看見」自己依然還在鐵屋子裏邊。魯迅那個有關一位自以為飛了很久、很遠，卻仍然落回原來那只碗邊的蒼蠅先生的比喻，實則是指魯迅自己(參閱《彷徨・孤獨者》、《彷徨・在酒樓上》)。在一間密不透風的鐵屋子以內，這難道還有什麼疑義嗎？

　　鐵屋子裏的學問，一如魯迅認為的，的確是太多了；但它們在魯迅的「看見」中，都有著一種天然的支吾感。面對現實，它們支吾(但它是以假大空性質的口若懸河來掩蓋支吾的)，面對人生，它們也照樣支吾，以致於一個號稱最孝順祖宗的國家，最後連自己的祖宗是誰都搞不清。誰能說以搞「古史辨」聞名的顧頡剛先生不是這種支吾的嚴重後果之一？——「鳥頭先生」(這是魯迅在〈理水〉中為影射顧先生並為顧

先生取的綽號）為了辨明古史真相，不得不毀掉鐵屋子裏大半荒唐的學問，這些破壞性動作全落在了魯迅的「看見」中。魯迅說，「鼻」（魯對顧的貶稱）想把古史「辨」成「沒有」（1934 年 7 月 6 日魯迅致鄭振鐸信）。支吾是鐵屋子裏的學問的首要特徵：凡是在要害的地方，它都處理成曖昧；凡是在需要一目了然的旁邊，立正侍侯的肯定是迷霧……但這並不妨礙它們在促成鐵屋子以及鐵屋裏的沉睡和夢遊時的毫不含糊與堅定。它用一種清晰的方式造成了廣泛的模糊感；但這同樣是支吾的本意。

　　這導致了一個非常有趣的現象：夢遊者在夢遊時，本來是處於污濁的空氣和迷霧之中，卻自以為是在邁向一個空氣清新的、光彩照人的、明明白白的大同世界。醒來者魯迅清晰地「看見」了迷霧中那些支吾到了堅定的動作。魯迅的偉大之處正在於，他是中國讀書人的龐大家族中第一個徹底清晰「看見」這些模糊動作的人。這來源於他那需要不同空氣的肺活量以及對於細部的重視。只可惜他並沒有把自己的清晰保持到底（詳論見下）。

　　魯迅在「看見」後，除了悲哀，最大的情緒特徵是憤怒。「哀其不幸，怒其不爭」，魯迅就是這樣對夢遊者發話的。但這是一種本地憤怒；它基於鐵屋內的夢幻現實、它污濁的空氣以及沉睡和夢遊者的支吾動作，而不是外來的憤怒。魯迅曾經沉痛地說過，如果再這樣下去，中國的人種還能不能得以延續就是一個值得擔心的問題（參閱《熱風‧生命的路》）。因此，本地憤怒並不是意在人類前途的憤怒，它產生於鐵屋子，也只對鐵屋子有效。如同在當時嚴重落後的俄國不可能提出世界性問題的普希金，魯迅頂多只能算一位針對鐵屋子、向鐵屋子泄火的思想家。這和個人才華並沒有必然的直接的關係。至於錢理群先生把魯迅美化為有關人類的思想家，很有可能是誤解。

　　本地憤怒又是一種複合性情緒：它一方面來源於魯迅的肺活量的天然要求，有著肉體上的重要原因（即希望一種新鮮的空氣，而鐵屋子又拒絕提供）；另一方面又來自於自己的寂寞這個龐大事實──畢竟還有絕大多數人仍在夢遊，他們不可能成為醒來者的朋友。因此，憤怒在這

裏具有了明顯的雙重性：既為了自己的肉身不受傷害，又遷怒於夢遊者的不自重。正是這種複雜的心緒幾乎毀掉了魯迅：它把絕望一股腦兒奉送給了他。正是在這樣的情況下，本地憤怒帶出了兩個相關的動作：踹擊和掙扎。踹擊指向夢遊者和鐵屋子，它的用意是促成鐵屋子的坍塌，使夢遊者醒來並走出死地；掙扎則指向自己，它的目的是讓掙扎者走入生地，至少是讓掙扎者在無聊、乏味的空間裏，有一點可以打發時日的事情做──既然自己既睡不著又沖不出去。我們也看見了，越到後來，掙扎的成分越來越多地擠掉了踹擊。這無疑就是某種人的老腔調了：既然救不了人，先救了自己再說。問題是，本地憤怒能否讓魯迅自救呢？

4、那就罵人吧……

本地憤怒越來越和掙扎相同一的基本面孔，導致了魯迅寫作中黑夜的來臨。我曾經多次說過，魯迅的作品中幾乎全是黑夜，幾乎就沒有白天：他把白天黑夜化了。這和海德格爾嘮嘮叨叨的「世界世界化了」基本相反，因為老海的意思是「澄明」、「照亮」、「光」以及一切可以用明媚的光線來指稱的東西。這是因為鐵屋子的死不改悔（魯迅：在中國，搬動一張桌子都要流血）、迷霧的過於繁多，為魯迅的清晰「看見」增加了相當的難度；鐵屋子也由此把自己的白天給取消了──對於鐵屋子，夜晚是一個更加普遍的事實。在此，鐵屋子就等於夜晚。從看見到看不見，中間只有黑鐵。在魯迅的寫作裏，我們處處都能找到這種徵候。

本地憤怒由此引發了魯迅基於個人自救的憤怒的掙扎──掙扎不僅是魯迅的救命動作，更隨身帶有掙扎者濃烈的情緒。我們早就從各個方面聽說了，對於魯迅，這種情緒就是憤怒。它是魯迅從眾多情緒方式裏，精心挑選出來的適合自己處境與身體要求的有效情緒。憤怒是魯迅幾乎所有動作的底色。這使得他的文字具有了某種瘋癲的、神經質的、隨時都可能莫名其妙地怒吼起來的特徵。憤怒的掙扎的基本涵義和圖示是：魯迅極其厭惡「黑」屋子對自己的損傷，他準備向它開戰、復仇。

所謂的踹擊也就這樣一步步被憤怒的掙扎所取代。這裏的有趣和悲哀是，越到後來，憤怒的掙扎也越有了相當隨意的即興性質；這種極具隨意性的憤怒也引起了別人對魯迅的憤怒。對魯迅的憤怒不僅來自鐵屋子，也來自於魯迅大方向上的同類。魯迅激怒了幾乎所有人和他身處的時代。魯迅的掙扎也漸漸失去了方向感。

罵人就是憤怒的掙扎最主要的外形特徵。魯迅罵過很多人，無論是維護鐵屋子的林紓、章士釗，還是可以被稱作同志的郭沫若、胡適之、梁實秋、林語堂……都在他的謾罵之列。我們也聽說了，在許多人眼裏，魯迅罵人都是為了公意，沒有一丁點私人性質（許多小魯迅都是這麼說的）；魯迅在這一點上也不總是誠實的。他說，我並無私敵，只有論敵。這中間的原因就在於，人們普遍混淆了本地憤怒帶出的不同動作的不同功用和不同指向：許多人把踹擊和憤怒的掙扎看成了同一個東西。魯迅早年的踹擊給人們留下的印象太深了，以致於讓很多人不忍心去理解、去分辨這中間的差別。其實，魯迅的掙扎漸漸失去方向感本身並不是一個問題；成為問題的只是如何理解它。

在憤怒的掙扎中魯迅也有過偶爾的悔意，也提醒過自己不要樹敵太多，他知道「千夫所指」的結果是什麼。但他仍然宣言道：「一個也不寬恕。」從這裏我們能夠看出，憤怒的掙扎越來越具有純粹私人的和隨意的性質——它幾乎成了魯迅的心理需要和生理需要。癮君子芝諾不斷在戒不戒煙之間搖擺不定，最後他秉承自己希臘老祖宗的遺志，不斷在戒不戒煙之間搖擺不定，最後他秉承自己希臘老祖宗的遺志，得出了一個類似於「飛矢不動」的悖論：「香煙對我有害，所以我要戒煙；戒煙的決心使我非常不安；我像還願似地吸了最後一支煙；我許的願得到了滿足，我的不安也隨之消失了。所以這最後一支煙允許我再吸很多香煙。」失去方向感的憤怒掙扎也具備了一副充滿著悖論的表情：魯迅也把自己的最後一個論敵無限地推演了下去，直到「一個也不寬恕」。有時僅僅是為了一句在酒桌上的話不投機（比如對老朋友林語堂就是這樣），就和別人憤怒起來，而且隨即就會在自己的文章裏做出較為激烈的反應。就是這樣產生的敵人，也成了「一個也不寬恕」的對象（比如

對錢玄同、林語堂和顧頡剛的謾罵。參閱房向東《魯迅與他罵過的人》中有關章節），這恐怕就不全是為了公意的踹擊了。出於這樣的原因，如果魯迅再繼續活下去，可以想見，憤怒的掙扎會把他拖得更遠、更深。

掙扎既是魯迅的心理需要，也是他的生理需要，是他能得以繼續生存下去的法寶之一。魯迅屢屢提到復仇——不管是《野草》裏的復仇方式，還是〈鑄劍〉裏的復仇方式——，其實都有這個意思在內。魯迅的復仇在更多的時候不僅僅是為了公意，而且也是一種生理和心理的需要：一個被稱作戰士的人如果失去了敵人是難以打發餘下的歲月的。戰士也總能為自己找到需要和面對的敵人。平心而論，這不僅僅是魯迅一個人的問題。到底誰能說清，在 20 世紀波瀾壯闊的眾多年月裏，我們究竟擁有過多少這樣的時刻？後來的事實證明，我們的敵人往往是臆想的……革命的內在律令和計算法則卻對此拒不承認。我們弄錯了敵人的涵義。同樣的不幸也發生在被稱作「最清醒」（瞿秋白、毛澤東語）的魯迅身上。但魯迅又把這個悖論解決了，使用的方法就是利用掙扎帶出來的方向感的喪失。在此過程中，他把鐵屋子的面積陡然擴大了：不僅夢遊者是敵人，那些醒來者也大多是敵人。在這一點上，毛澤東顯然要高明得多，後者認為，誰是我們的朋友誰是我們的敵人，這是革命的首要問題。毛澤東能成功，魯迅最後只能面對失敗，這恐怕也是一個原因。這也同時意味著，毛澤東的「看見」始終（是的，始終）是清晰的，魯迅的「看見」出於喪失了方向感的掙扎的牽引，卻變得越來越模糊。魯迅越到晚年掙扎也越有了一種要命的夢遊感——那當然是另一種性質、另一種形式的夢遊感了，它來自於自以為是的清晰地「看見」。

失去了方向感的掙扎不僅引領魯迅傷害了許多朋友，也最終傷害了他自己。失去了方向感的掙扎把魯迅直接帶到了虛無主義的領地。掙扎最後只剩下純粹的形式，喪失了必要的內容：但它又可以套往任何一個人與任何一件事情上。——魯迅當然有那樣的本領，假如他在彼時彼刻需要這樣做、按照自己彼時彼刻的心理渴求需要這樣做的話。而這，差不多正是魯迅牌虛無主義的真正涵義之一。

　　鮑須埃（Bossuet）在他的《聖餅捧戴的奧義》裏說：「土地沒有罪過。如果它受到咒罵，那是耕作它的墮落的人造成的。除非投入力量和持續不斷地勞動，否則不可能從它那裏獲得果實，尤其是最必須的果實。」魯迅也曾苦口婆心地提到過，天才的成長需要有培育天才的土壤，社會的改革需要能使改革得以成立、成功的土壤。他還號召說，在真的天才到來之前，讓我們都來做默默無聞的土壤吧（參閱《墳·未有天才之前》）。被魯迅的掙扎和本地憤怒所傷及的人，難道都不配稱作土壤裏的土粒？讓人倍感沉重的還在於，中國的 20 世紀既是一個理想主義聲勢浩大的世紀，也是虛無主義恣意橫行的好時段，這種令人哭笑不得的狀況直到今天也未必得到有效地矯正。如果要問誰是 20 世紀中國影響最大的虛無主義者，那只能是魯迅。那些為魯迅唱夠了讚歌的人究竟有沒有這樣的民主思想：讓我們從實際出發設身處地地為魯迅著想並檢討一下魯迅的得失。我們總還不能說，一個虛無主義者是幸福的而不是更值得同情的吧？

給白天施割禮

1、討厭……

　　儘管所有到手的白天就活在我們每一個人身邊，魯迅的白天卻有著某種難以被描述的性質：在我們看來他幾乎就沒有白天；或者，他的白天是含混的、模糊的、背景不清的和來歷不明的？魯迅的白天的確異常可疑。白天在魯迅的視線之外，還是他有一種難以被別人理解的特殊的白天？「貫於長夜過春時」，「月光如水照緇衣」──就這樣，黑色的、依稀的光線，組成了魯迅幾乎全部書寫的主要面孔和腔調。黑色是魯迅最沉重的心理底色。

　　魯迅之所以喜歡珂勒惠支（Kaethe Kollwitz）的木刻和版畫，決不僅僅是因為這位女藝術家的作品表達了反抗的主題，而是版畫、木刻簡潔的線條、黑白分明的色調，和魯迅的作品的色彩及語調有著內在的一致性。它們適合魯迅的心理需要。「啊，連太陽都變黑了！」曼德爾斯塔姆（Osip Mandelshtam）驚呼道。因為好心情的門一關上，希望的門一關上，心房裏就只剩下夜晚了。魯迅的白天只是一部流水帳，流水帳是他生活、生命的實質，他早已看穿了生活假冒各種真理而來的意義。這在魯迅的日記中說得明明白白。魯迅的白天全在他的日記之中，儘管他的日記通常都是在晚上寫就的。

　　卡夫卡激動地說，在白天，他感到十分愜意。他感激白天，就像他的腿感激遙遠的心臟無私的奉獻；他摟著白天的臂膀，就如同自己的左手出於感恩的心情緊緊握住了自己的右手。這個終生都在打洞、一生都在向一個無可名之的更高法庭呈遞自辯狀的膽小鬼，對白天的感激是不難理解的：白天畢竟有光線，以使他能夠從地洞中走出來更加準確地尋找自己的「罪」。白天給卡夫卡憑添了無盡的勇氣。與此相反，魯迅卻

說，在所有的白天，我即使不寫信，也並不做著什麼了不得的大事（《兩地書》六）。在魯迅自己，是把寫信這樣的雞毛蒜皮之事和被稱作「民族魂」的所有動作相提並論的，這語氣和他春秋筆法式的日記的腔調有著相當的一致性：魯迅帶著冷漠的、得過且過的心情，展開了他的每一個白天；生活對他，僅僅意味著維特根斯坦的「它就是這樣」和貝多芬的「非如此不可」。

魯迅以不容易被察覺的冷漠心情皮裏陽秋地說：「樓下一個男人病得要死，那間壁的一家唱著留聲機；對面是弄孩子。樓上有兩人狂笑；還有打牌聲。河中的船上有女人哭著她死去的母親。人類的悲歡並不相通，我只覺得他們吵鬧」（《而已集·小雜感》）；「在我自己，總彷彿覺得我們人間各有一道高牆，將各個分離，使大家的心無從相印」（《集外集·俄譯本〈阿Q正傳〉序及著者自序傳略》）。很顯然，魯迅的確遇上了一個表面上過於嘈雜，實質上又互不關聯和缺乏上下文關係的年代，有聲、無聲的嘈雜都主要集中在白天；晚上是嘈雜安睡的時間，但誰又敢說，這不是為了積蓄精力用於第二天能繼續嘈雜、更高聲嘈雜的時間段落？因此，魯迅對夜晚有這樣的描敘就很容易理解了：「愛夜的人，也不但是孤獨者，有閒者，不能戰鬥者，怕光明者。……夜的來臨，抹殺了一切文人學士們在光天化日之下，寫在耀眼紙上的超然，混然，恍然，勃然，粲然的文章，只剩下乞憐，討好，撒謊，騙人，吹牛，搞鬼的夜氣，形成一個燦爛的金色的光圈。」（《准風月談·夜頌》）魯迅帶著冷漠的心情觀看著這一切，他把對這一切的討厭，記錄進了自己的幾乎所有文字中。

討厭是魯迅的白天的重大主題，是他構架白天的方法論。討厭是一種心理底色，更是一種投射在生活與時光之上的假動作：它為魯迅在白天找到了可以憑籍的支點，找到了可以幹一幹的微不足道的事情（其實質就是魯迅多次說過的「玩玩而已」）。討厭不僅為魯迅贏得了活命的麵包，也贏得了麵包以外的東西：用討厭的心情打發了眾多的、有似累贅的日月。魯迅遇到的第一個問題和我們這些俗人一樣，是如何打發完自己的一生；至於打發過程中機緣巧合、歪打正著地成了一個什麼面孔的

人，在魯迅那裏，也和我們一樣，並不是最重要的。它只具有第二性徵的面孔。莊子得意而忘言，得兔而忘蹄，得魚而忘筌的建議在這裏依然有效。

在魯迅的日記中，討厭是一種雖然很隱蔽卻不難察覺的情緒；在他的文學書寫中，討厭始終是他毛筆筆尖上的濃墨，是他掛在眼角上冷冷的斜視。討厭和我們通常所說的厭世很不相同：魯迅的討厭意味著，他要聽從從討厭內部發出的指令，把討厭所包納的東西嘔吐式地記錄下來；厭世意味著無所事事，並最終指向小命或老命被這種惡劣的心緒所結果。魯迅在漫無邊際的白天，從東走到西，從南刮到北，無視生活自以為是的火熱詩性，也無視眾多理想、真理、信仰自認的莊嚴與神聖，只以討厭來稱謂它們，也給它們抹上了討厭之所以為討厭的原始色調。

出於夜與書顏色上的嚴重差異，魯迅的白天始終是灰色的。這也是討厭的原始底色。我們之所以從魯迅的書寫中很難找到白天，很難辨認他的白天，一個重要的原因就在這裏。灰色構成了魯迅白天的基調，灰色也是魯迅在自己的夜與書之間架起的一道橋樑（而不是一道彩虹）；在他的文學書寫中，通過對灰色的把握，魯迅最終把握了白天，也創造了一種夏爾・杜波斯所謂的次生現實。在魯迅這裏，各種理想、主義、真理之間互不相讓和互相爭鬥的質地，在討厭的運作下，全露出了它們的狐狸尾巴：嘈雜聲下野了，坐在王位上的，只是些污七八糟的聲音的骨架。在一篇叫做〈擬豫言〉的札記裏，魯迅用簡潔的筆法寫道，有在位者數人下野，有在野者多人下坑。這種語氣就是「聲音的骨架」的模型之一，也是魯迅牌次生現實的獨有含義。

在〈墳〉的後記裏，魯迅清楚地揭示了討厭的灰色面孔：「我並無噴泉一般的思想，偉大華美的文章，既沒有主義要宣傳，也不想發起一場什麼運動。」——那種種玩意當然都是些高歌猛進、色彩斑斕式的尤物；在魯迅的所有物中，卻有的是對白天的討厭和討厭的白天以及它帶出來的灰色。在同一篇文章裏，他還說：「我自己早知道畢竟不是什麼戰士了，而且也不能算作前驅。」魯迅是誠實的，因為他敢這樣對待自己。的確，在通常的情況下，一個前驅者、一個戰士會以灰色來作為自

己心緒的底色嗎？還會以討厭來命名自己的白天和白天的事業嗎？據班維爾（Theodore de Bauville）說，偉大的喬治‧桑（George Sand）在白天也僅僅是一個喜歡昆蟲學的、昏頭昏腦的「庸俗的資產階級女僕。」但這些都不影響魯迅和喬治‧桑的成就，因為他們還有近乎無窮的黑夜，近乎無窮的遠方。

　　討厭誘發了魯迅獨特的目光──那掛在他冷笑的眼角邊的斜視。斜視是魯迅在白天的貫常動作，是討厭的派生產物之一。斜視把魯迅的討厭質地給徹底動作化了，它具有本雅明大聲讚揚過的那種文字上的直立性。這等於是說，魯迅的討厭情緒最終是一種灰色的斜視。他的目光從嘈雜的白天的肋骨縫中，直捅白天的心臟：魯迅深深懂得迂迴包抄的游擊戰術。「作家們在談論臭味，」卡夫卡說。可作家們都把臭味有意識地美化為撲鼻的香氣，這就是魯迅的斜視在發話了。對此，卡夫卡在1910年就有趣地說過：「許多人年紀較大的嬸嬸看上去都那麼相似。」各種香氣撲鼻的時代理想、真理、主義、信仰，在魯迅的斜視下都是同一個「嬸嬸」，都有著同樣的味道。它們都具有自相矛盾的含混和可供魯迅斜視刺穿的特性。我們早就聽說了，魯迅有一雙「毒眼」，但這首先是斜視的毒眼。毒眼的第一性徵就是斜視。魯迅所領有的白天的運命，不值得他去正視。他僅僅是斜視就足夠了。正是依靠斜視而不是其他，魯迅才把自己的白天和白天的生活搞成了次生現實與次生生活。

　　魯迅依靠討厭派生出來的斜視的貫常運作，消費了他眾多灰色的白天。他推動著眾多的白晝，在它們還有些流連忘返的意思的當口，沒有高興地把它們留坐在酒桌旁，而是給它們狠使了一把力，以希圖它們快快離去。古有魯陽揮戈，命日車回返，以盡可能地留駐白晝，延遲黃昏和黑夜的到來。博爾赫斯也說：「深邃而普遍的黑夜，／幾乎不曾為一盞盞蒼白的提燈所否定。」（博爾赫斯《清晨》）和卡夫卡一樣，魯陽與博爾赫斯也是恐懼黑暗的角色。魯迅和他們都不同。就這樣，魯迅以獨特的動作和鮮明個人化的色彩，給流水帳似的生活加添了被人抹去的、被人故意歪曲的底色。

2、瞧，那個小丑，那個謠言家……

　　討厭意味著沒有什麼事情是可以當真的。任何事情都只是「玩玩」，都不過是用於「玩玩」的上好工具和絕佳口實，都只是為著消耗掉到手的時光，儘管它可以用非常嚴肅的、認真的態度去對待一切，看上去也好像很有意思（魯迅：「我看得時光不大重要，有時往往將它當作兒戲。」）。陀思妥耶夫斯基說：人總得有一條活路啊……這個誇張的語調背後隱藏著一個相對渺小的想法：沒有事情可做就是死路一條，無所事事無異於自掘墳墓；不管找到了什麼可以上手的事情（即使做海盜也好，當教師也罷），也就算是找到了活路——並不僅僅只有存在著一個上帝或各種真理，人才可以活下去。陀思妥耶夫斯基就是這麼說的。所謂意義，它只對個人有效，任何集體的借鑒、克隆、複製都會顯得既過荒唐，更可能帶來無邊的災難（聽說過十字軍東征嗎？）。魯迅是對的，沒有什麼事情可以當真。

　　行將就木的、依然抽著煙的癮君子芝諾，臨死之前說出了一句讓所有真理和各種型號的上帝都會感到汗顏的話：「持續吸煙本身，就是一種生活方式，而且不比其他任何方式好或差。」毫無疑問，戒、吸的持續運作，既是芝諾一生的事業，也是他唯一一件可以認真對待的有趣的事情。要是那位耗盡終生提倡「飛矢不動」、用胡言亂語詭辯的愛利亞人復活，對此將有什麼看法呢？這顯然是一個撩撥人心的問題……正是這樣，一位叫做朱爾・拉弗格（Jules Laforgue）的象徵主義詩人才寫下了這樣的詩句：

> 是的，此生平淡而乏味，至於來生，狗屎！
> 我自己已是聽天由命，不再期望，
> 只不過消磨時光，等待死亡，
> 我吸著纖細的香煙，對諸神嗤之以鼻。

　　曼紐爾・馬查多（Manuel Machado）也說：「生命有如一隻香煙／碳渣、灰塵和水／有的人匆匆地吸完／有的人細細品味。」魯迅就是在

討厭中，在當下而不是在「來生」細細品味他的人生，並耗盡了他的人生的。那也是他的生活方式，既比芝諾的吸煙行為好，但又比不上芝諾的吸煙行為。「過去的生命已經死亡。我對於這死亡有大歡喜，因為我借此知道它曾經存活。」魯迅就用這樣的口氣說，「死亡的生命已經朽腐，我對於這朽腐有大歡喜，因為我借此知道它還非空虛。」(《野草‧題記》)毋庸置疑，魯迅的討厭也有著香煙在芝諾和拉弗格那裏的質地：討厭是他在白天唯一可以假戲真做的心緒，它色彩上的灰暗，行動上的斜視，組成了魯迅獨有的次生現實。一切突然間產生的那麼多主義、真理和各個不同的兩軍對壘，在次生現實上無不被搞掂、敲定，最後只落得一個個抱頭鼠竄的可笑命運。魯迅的討厭在白天有著別的心緒——比如用耳朵抓取各種社會聲音、用牙齒撕咬各種貌似堅硬的敵人——難以比擬的力量，也是他打遍天下無敵手的主要根源之一。他找到消磨白天的時光的好方法，也回應了曼紐爾‧馬查多、芝諾和朱爾‧拉弗格。

　　魯迅戴著他天然就呈灰色的眼罩，邁步來到漫無邊際的人間的白晝，看到了各式各樣的人的表演——友與仇、人與獸、君子與小人、正在教人真理的衛道士、哀歎失去了好地獄的做夢者、種種譬如昨日死的「闊的聰明人」以及「革命，革革命，革革革命，革革」……魯迅像無物之陣上甩擲投槍的「這樣一位戰士」，把斜視投向了他(它)們。魯迅在完成這個動作的同時，也把自己變作了一個說著各種精彩表演的「壞話」和「風涼話」的謠言家，一個亂拍各種主義、真理和正人君子後腦勺的小丑。卡夫卡當年以相當遺憾的口氣說：指出皇帝並沒有新衣的小丑們作為一個階層的偉大時代已經一去不復返了。「這真是可惜，」卡夫卡的遺憾我們至今還能體會到。我們今天是一個把相聲演員拔高到小丑的時代，是一個把小丑僅僅當作比喻的年頭。但小丑還以單數的形式活著。魯迅就是一位白天的偉大小丑。他是小丑的長鏈上最後的一環，最後一口偉大的長氣，是小丑歷史的迴光返照。他也不再是它的中間物。魯迅說，我吃魚肝油以保持性命，大大半不是為了我的愛人，倒是為了我的敵人，要在他們生造出的好世界上留下一點醜陋的缺陷

（《墳・題記》）這分明已是一個斜視的、戴著灰色眼罩的謠言家和小丑的宣言了。魯迅的存在彌補了卡夫卡的遺憾。

賽凡提斯（Miguel de Cervantes Saavedra）的唐・吉訶德在瘋癲時往往更能道出真諦：「戲劇究竟是哄人的假像。你沒有看見戲裏的國王呀，大皇帝呀，教皇呀，紳士呀，夫人小姐呀等等角色嗎？一個扮惡人，一個扮騙子，這是商人，那是戰士，這是乖覺的傻角，那是癡駿的情人；演完了一個個脫下戲裝，大家一樣都是演戲的。」魯迅一開始就明白，自己根本就不是戰士，也不是先驅者（參閱《墳・後記》），他寧願只做一個「好世界」、「黃金世界」、「正派人的世界」和「紳士世界」的小丑與謠言家。他要把戲裏的國王呀，大皇帝呀，教皇呀，紳士呀，夫人小姐呀，一句話，那些正人君子和體面人挨個斜視一番。魯迅是他們的謠言，是在他們挺得過於「正直」的脊背上跳樑的小丑。魯迅不僅指出了他們沒有衣服，也動手剝光了他們非常時髦的衣服。白天為魯迅提供了這一戲臺。魯迅的全部文學書寫既是收藏時髦衣服的大本營，也是關押各式「高貴」裸體的集中營。

小丑和謠言家是魯迅在白天要充當的重要角色。小丑和謠言家的身份，就是從曼紐爾・馬查多手中來到魯迅手中的那根纖細的香煙，但這根香煙又是變了形、變了味的，它有了在魯迅那裏打上了魯迅底色的形狀和味道。這使得魯迅在自己的次生現實中（這由他的整個兒白天組成）從不發問，就像一縷煙霧從拉弗格的嘴角冒出卻從不管它的意義一樣。魯迅發洩了自己的憤怒（這當然是一種本地憤怒），也耗完了自己的一生，如同纖細的香煙變作了碳渣、灰塵和水。與一生都在戰戰兢兢發問的卡夫卡不同，小丑和謠言家是不習慣發問的。他也不屑於發問。魯迅的斜視、討厭帶出來的天然色彩，早已給他面對的一切定下了基調。魯迅由此激怒了他的時代，以致於沒有任何一個同代人可以和有能力理解他。魯迅是他的時代的一個大毒瘤，一道有問題的風景，一塊仕女嘴邊有穢物的手巾：他不是時代的代表，而是敵人。他只是觀察，並且說出。魯迅的語氣明顯有了某種獨特的、不帶笑意的幽默：「據說」、「大概」、「也許」、「聽說」……這些都是一個謠言家和小丑上好的慣用語彙，它

們的嬉皮笑臉、暗含的譏諷、隱隱的憤怒，早已暴露了謠言家和小丑的身份；但它們是為了揭出真相，是「好世界」和「他們世界」上的傳聞。一個偉大的謠言家和一個出色的小丑向來都習慣於從傳聞中嗅出隱蔽含義，缺乏了這種能力將不配充當那樣的角色：

> 我曾經以為：偏見是我們
> 進入生活的有效開始，現在
> 我依然這麼認為：造謠比製造真理
> 更加有趣。我為這世界造了很多謠。
> 我誹謗了它。
>
> （敬文東〈筆記本〉）

小丑和謠言家是一個不可解釋的阿基米德點，他的出現，讓「好人」難堪，讓白天厭惡，讓美好皺眉頭，但他自己卻樂在其中；他以近乎虛擬的憤怒、只剩下純粹形式的憤怒和不屑於提問的方式，打翻了所有的白天。他提供不出真理，因為他從很早開始就不知道真理在哪裡；他提供不出「意義」，因為他知道從來就沒有一種叫做意義的食物可供所有人吞吃。

造謠是討厭斜眼打量的後果之一，是討厭的習慣性動作一開始就帶出來的。由於討厭帶出來的灰色，會給所有的白天天然就罩上黃昏的色彩，所以，魯迅的次生現實也永遠是黯淡的，永遠是取消了白天的。白天在他那裏有著虛擬的性質。而黃昏是夜晚的前奏，是黑暗的過門和必修功課。黃昏把白天轉渡到伸手不見五指的王國，也把好世界給掀了個底朝天。從陽光燦爛中看出夜晚，是一個謠言家的本義；謠言家和小丑拒絕一切偽造的光明、正義、善人、真理和它們裏挾而來的信仰。

埃里希‧弗洛姆（Erich Fromm）說過，異化的一個例子就是對美好和希望的異化，「在這種異化裏，未來成了人們所崇拜的偶像。」謠言家和小丑打翻了這個偶像，他們早已看透了未來的空洞實質。未來在我們的想像之外，或者，未來根本就只是一座孤零零的墓堆。魯迅就曾多次這樣嘲笑過。在另一篇充滿斜視目光的短文裏，魯迅還以堅定的口

吻拒絕了各種名目、各種口徑的未來，更為謠言家和小丑的身份畫了龍點了睛：「有我所不樂意的在天堂裏，我不願去；有我所不樂意的在地獄裏，我不願去；有我所不樂意的在你們將來的黃金世界裏，我不願去。」（《野草·影的告別》）

3、横站……

　　要一切都動起來，是白天的內在律令，是白天的基本涵義之一。白天，那是動作的特殊時段。所有的理想、教義，毫無疑問，差不多都產生在晚上；讓所有的理想、教義行動起來的，卻基本上只有白天。白天是一切觀念、無意識、理念……的動態版本。有人在白天為理想拼命，有人在白天為真理怒不可遏，也有人在白天組織起衝鋒隊和「美的行刑隊」（柏樺語），而更多的人在勞作，以換取活命的口糧……白天各個不一，動作千差萬別，這組成了被樂觀的詩人稱作多姿多彩的白晝生活。白天規定了在一切不同的人那裏一切不同的動作，卻規定不了做出如此動作的有著細微差別的具體原因。這自然就是白天的無能之處了。真理、教義、哲學和神學在為白天的無能加油，魯迅卻在為白天的無能命名。他來到人間的白天，戴著灰色的眼罩，隨身攜帶著他的討厭的派生物，斜眼打量著白天和為白天加油的各種東西，擺出了謠言家和小丑的基本姿態。是的，早在它們到來之前，魯迅就已經做好了這種姿勢。這構成了對戰士姿勢的強烈反諷。

　　謠言家和小丑是魯迅在白天要扮演的兩個不同角色。謠言家的責任是說出，小丑的責任是做出。但這都是討厭斜視的結果，是在動作上對斜視進一步地具體化，是對斜視動作的分解。魯迅指點著滿地打滾的、身著時髦衣裳的理想、真理、教義、正人君子、未來的黃金世界以及紳士們的各種動作；小丑的身份讓他剝光了他（它）們身上的美麗服飾，謠言家的身份，則讓他有能力說出躲在他（它）們靈魂深處和藏在美麗服飾後邊的隱蔽涵義。魯迅在白天的具體動作就是由這兩部分組成的。

　　謠言家的「說出」和小丑的「做出」最終使魯迅得以擺出橫站的姿勢。橫站是小丑和謠言家各自不同動作的合力所致，它們遵循力的平行四邊形法則。橫站再明顯不過地意味著：既不正面對敵，也不背面迎敵──他只把自己身體的側邊甩給了對手。魯迅在給魯莽的東北漢子蕭軍寫的信裏說，你太不瞭解白天的無能了，也太不瞭解白天滋生出的強大力量了，你怎麼能把自己的正面亮給它呢？見過赤膊上陣的許褚嗎？這廝背上就很中了好幾箭。你瞧瞧金聖歎是怎麼評點他的吧：「誰讓你赤膊上陣的，唉……」與此同時，橫站也徹底把魯迅既鼓勵別人當蜜蜂，自己卻跑到租界當魯迅式犬儒的行為具體化了。

　　謠言家和小丑的動作合力（即橫站），使魯迅在面對白天時有一種既堪稱老謀深算又堪稱「奸狡巨猾」的面孔（梁實秋之類就這麼認為）。魯迅比任何人都更加瞭解他的時代、他的白天。白天既強大又無能。對付它，橫站是最佳的動作選擇。錢鍾書諷刺過「租界裏的革命家」，魯迅也譏笑過這號人物：「要上戰場，莫如做軍醫；要革命，莫如走後方；要殺人，莫如做劊子手。既英雄又穩當。」（《而已集・小雜感》）魯迅顯然搞忘記了，這話恰好也是為他自己準備的：上戰場的軍醫，走後方的革命家，殺人的劊子手，都不過採取了橫站的姿勢。這的確是一種既老謀深算又「奸狡巨猾」的姿勢：因為只有橫站才會使自己的心臟距敵人稍遠一些；將胸膛和後背亮給對手，卻很容易受到箭傷。魯迅屢屢以許褚為例來勸阻不善於保護自己的同仁，說明他早已參透了個中要訣。只可惜連一向高明的瞿秋白都沒能搞醒豁這中間的深意。瞿秋白把橫站美化為「壕塹戰」（這也是魯迅自己的說法）和「韌的戰鬥」，真不可思議。

　　橫站與斜視有著驚人的內在一致性，也有著合乎邏輯的因果關係：斜眼打量的結果使魯迅明白，自己既不值得為白天的任何東西而戰，白天也沒有任何動作堪稱他可以正面面對的敵人。敵人是對對手的尊稱。魯迅早就說過：為了抬高他們，暫且就把他們稱作我的敵人吧（《墳・題記》）。但這同樣是討厭的結果。這些被尊稱為敵人的傢伙，攜帶著各種版本的教義來到了白天，他們正在或已經發動了關於各種信仰的各種

不同型號的攻堅戰，但魯迅給他們的彩旗打上了天然的灰色，也使他們的動作有了一種明顯的模糊感——他們的動作五官不清，面目難辨。說實話，這號人的這號行為也只配魯迅向他們施以橫站和斜視的姿勢。

但這夥人在為白天的無能辯護和校正白天的無能時，也會時而施出猛箭。斜視使他們射出的利箭彎曲了；魯迅即使偶爾被流箭所傷，也僅僅是傷在側面，離心臟和性命尚遠。而在這個過程中，那些華美的言辭，對流箭的合理性的精彩議論，會引起魯迅更大的討厭感。在一篇文章裏，魯迅以謠言家的口吻「斜視」了這號人物的這號動作。魯迅說，在夏三蟲（跳蚤、蚊、蠅）中他最喜歡跳蚤，因為跳蚤在偷施冷箭時不為自己尋找咬人的理由，它咬就是了；最討厭的是蚊子，因為這廝在叮人之前還要發表一大通議論，搞得你都不好意思不讓它施射（《華蓋集・夏三蟲》）。語氣的背後，就是橫站的姿勢要說的話了：你放冷箭，可以，但不要給自己找理由，這會讓人更加討厭。魯迅知道，從白天的角落裏飛來的這些不明飛行物，大多只是一些可憐的蚊子。

橫站最終是由討厭引發的。白天的一切都是那麼可惡，還有什麼東西值得魯迅拼卻性命去為它爭鬥呢？如果不傷及性命，當然也不妨讓它咬咬，這在有時候還是有些趣味的。它是魯迅在白天的味精和鹽，當然，這是一些被魯迅的討厭定義過的有著濃厚討厭性質的調料。魯迅需要的就是它。許多「正人君子」都以為魯迅好鬥，他們根本就沒有搞懂，魯迅是擺出了一種什麼樣「玩玩」的姿勢來表達「好鬥」的——魯迅橫站在那裏只甩給了他們半邊屁股。他們卻趁機抬高了自己。

但橫站的確有著動作上的強烈躲閃性。魯迅能在一個黑暗的年代以投槍和匕首打擊時代引以為豪的白天，卻沒有丟掉性命，甚至沒有過牢獄之苦，除了別的原因，動作上的躲閃性給他提供了許多保護。動作的躲閃性能使魯迅屢屢躲過來自正反兩個方向的流矢，特別是這些炮火中包含的致命一擊。魯迅是由疾病放倒的，而不是由流箭結果性命的。

動作的躲閃性在魯迅的白天還有著更大的涵義：它使魯迅能側身躲過來自正反兩個方面的各種教義、信仰和真理。橫站是一個懷疑論者的典型姿勢。在各種主義飛奔著自薦而來時，魯迅要麼側身讓過它們，要

麼也不妨抓住其中一個玩玩、嗅嗅，但隨後總是扔掉。扔掉（在另外的場合本書也將之稱為「對各種信仰的背叛」）是魯迅的習慣性行為。魯迅終其一生都沒有真正地、長時間地信仰過任何東西，動作的躲閃性是一個重要原因。魯迅究竟信奉什麼？這是他給我們丟下的眾多遺留問題中的一種。長期以來，我們非常熱心地為魯迅找到過魯迅曾經信奉過的許多東西，卻又長期莫衷一是，對立觀點之間還往往大打出手。這真有意思。如果轉換一下角度，從橫站的姿勢（這也是魯迅自己都認可、都明確說出過的）來觀察也許我們可以相當明瞭：從很早起（而不是從一開始起），魯迅就是什麼都不大肯信的，他只相信他曾經存活，但存活的證據卻需要到已經朽腐的生命中去尋找。

橫站是魯迅為消磨眾多白天而準備的經典性動作。他的目的是為了「玩玩」，是為了更好地「玩玩」，也為了盡可能長久地「玩玩」，最起碼也是為了盡可能有趣地「玩玩」，卻不是為了有意義地「玩玩」。意義是一個虛擬性的辭彙，它是對有趣的偷竊，又是對有趣的滑稽模仿——有趣是習慣於屈尊的——卻又屢屢適得其反，荒唐可笑。而橫站在動作上的躲閃性，也為這種荒唐的偷竊和模仿提供了現實的可能性：躲閃性常常是很能迷惑一些人的。這就猶如高明的拳師在臨陣對敵時，他要觀察的是對方的臂膀，從臂膀的細微動作中預測出對手施力的方向；只有低劣的拳師才會為對手肩膀動作的躲閃性所迷惑。魯迅被意義所偷竊和模仿的有趣就這樣欺騙了許多人。

小丑和謠言家動作的合力以及合力導致的橫站姿勢，卻為魯迅增加了無盡的悲哀。因為橫站使魯迅從人間的白天找不到比灰色更鮮豔的色調，找不到可用於正視的景物，也找不到可以致他於死命的利箭，更找不到可以長期接在手中把玩甚至信奉的東西。拿破崙曾為在整個歐洲找不到真正的敵手而興味索然，魯迅也沒有真正可以配得上敵人稱號的對手。他說，死於強敵的手中，未始不是一個福分。這中間的悲哀也只有用斜視來打發了。生命的本義是虛無，但生命有一個與此相反的動作，卻正好是讓生命盡可能地化作實有，這中間的過渡就是找到一個堅實可靠的支點。不幸的是，魯迅對信仰採取了隨揀隨扔的態度。他製造不出

它，別人也無法提供給他。他之所以屢屢諷刺那些「青年導師」，原因之一就在這裏。他們也不知道未來在哪裡，魯迅說；可他們都自以為知道，魯迅轉過身又說。這既部分地導致了討厭和橫站，也是討厭和橫站的結果之一。這裏顯然存在著一種堪稱魯迅式的闡釋學循環，然而它是真實的。因為我們早就說過，魯迅牌闡釋學循環，是一個失敗者為了解決自己相互矛盾的動作之間的廣泛衝突才被迫發明的，猶如海德格爾為了自己學說上的自圓其說不得已才動用了它。魯迅一生都在體味橫站帶來的苦果。有人將魯迅對生命的體驗歸結為痛苦（即所謂痛苦的魯迅，比如王曉明先生），這的確精當；但魯迅的痛苦大大半來自橫站，卻不可不察。因為任何人都不願意充當小丑和謠言家，不願意和自己的白天為敵：他們的角色是被逼成為的。

4、次生生活……

　　上述一切構成了魯迅在別人看來難以理解的、難以分辨的和難以描敘的白晝生活。對我們這些渴望凡庸歲月、只能承受凡庸歲月的人物，這只是一種次生生活，它是不可靠的，是不可理喻的，也是難以為繼的。次生生活是第三類生活：它既不在純粹的未來（即所謂理想主義的），也不在純然的當下（即所謂現實主義的），而是在兩者的交叉點上。它有著明顯濃郁的虛擬色彩。次生生活是魯迅經過討厭的一系列運作，也通過魯迅牌闡釋學循環，才專門為自己的白天發明的生活方式。魯迅有能力發明一種獨有的生活形式。次生生活意味著，魯迅漠視白天的一切，但又不能不和白天以及白天的各種動作（不管是他自己的還是別人的）打交道；它們要爭得和魯迅打交道的權利，又必須經由討厭的一系列運作，才能來到魯迅的次生生活之中。正是這樣，動起來的白天以及白天的一切運動，才得以成為魯迅生活的一部分。對於魯迅，次生生活的可信度遠遠超過了任何一種可能的生活。次生生活經由自己的表情、動作，徹底否定了白天和白天所包納的一切：魯迅喝斥它們，有時也不

無溫順地斜視它們——魯迅在自己的次生生活裏寫信、寫日記，就是偶爾溫順、溫情的一種特殊表現方式。

橫站和斜視的獨有姿勢使次生生活擁有了傾斜的性質：次生生活是一個搖搖欲墜卻又堅不可破的斜面，魯迅推動著他灰色的白天，像那個可憐的薛西福斯從坡底通達頂端，周而復始直到生命的終結。魯迅無奈而沉重的語調、蒼涼的表情、憤怒到直立的頭髮和圓瞪的幾乎要奪眶而出的眼球……既是對白天以及白天一切內容的心理表達，也是對次生生活的同情：次生生活是一個虛擬到實有的陷阱，能吞噬幾乎所有不夠堅定的人。它只是少數或者絕望或者強大的人最後的救命稻草和麵包。我們聽說了，只有中毒很深的傢伙，才能有如破罐破摔般吃砒霜一類的劇毒丸劑，以期達到以毒攻毒的效果。次生生活就是魯迅有營養的砒霜；他的白天就這樣染上了在斜坡上無奈滾動的色彩，它是他的重負，也是能夠用於他白天「玩玩」的重要工具之一。

對於我們，魯迅的次生生活始終是一個謎。這正是魯迅的白天難以被精確和定量描述的重要原因（它也許只能被定性描述）。但魯迅牌次生生活的反光、倒影卻不難被察覺。就像那位把襪子翻到鞋面上的滑稽和尚，魯迅也以小丑和謠言家的舉止，滾動著自己灰色的、充滿著斜視的白天，從而展開了自己的次生生活：

> 梵志翻著襪，
> 人皆道是錯；
> 乍可刺你眼，
> 不可隱我腳。

（梵志〈梵志翻著襪〉）

次生生活是一個巨大的網罩，它籠住了白天的一切。魯迅以它為投槍、匕首，刮去了「將來的黃金世界」俏臉上厚厚的脂粉，露出了幾道醜陋的「缺陷」（《墳·題記》）。因此，他在推滾著自己的白天爬上斜坡時，不但以小丑和謠言家的方式、動作，搞掂了所有的主義、真理、君子、學問、革命……像翻著襪子的梵志，也把自己的身份、形象、心理、

思想，給揭發和暴露出來了，根本不管別人的觀感如何。魯迅誠實地說，我解剖自己一點也不比解剖別人更少。這等於是說，討厭最終也可以指向本人；橫站不僅能夠保護自己，還能夠傷及自己。它是一把雙面刃。

麥孟尼達斯（Maimonids）有趣地說，行割禮更多是為了給性慾和肉體的快感服務，不是為了什麼神聖的上帝。德意志的神祕主義者、偉大的多明我會修士艾克哈特大師（Meister Echhart）對麥氏的嬉皮笑臉評論說，人們很難把一個女人同一個未行過割禮的男人分開，由此人們也就明白了，上帝要男人行割禮，是為了防止人慾橫流。究竟是誰他媽誤解了上帝？卡夫卡說了，宗教像人一樣在失敗。卡夫卡的潛臺詞肯定是，宗教比人失敗得更早。海德格爾一生都在解讀埃克哈特，但他拒絕評論後者的割禮觀。雅克・德里達向他一生崇敬的海德格爾抱怨道，作為大師，遺忘了這一至關重要的問題真是該打。接下來德里達發話了：「當我們聲稱看待我們的割禮時，這些解讀的座標（grid）、這些褶痕（fold）、Z 字形線索（Zigzag）、這些參考物（refrence）和傳遞過程（transference），都存在於我們的皮膚裏，就存在於我們的性器官表面。」（德里達《一種瘋狂守護著思想》）……魯迅牌次生生活就是對白天施行的特殊割禮，魯迅就是白天的施洗者。這種特殊的割禮意味著，它既不是為了上帝，也不是為了防止人慾橫流，而是通過對白天所有行為的憤怒和斜視，通過對白天所有的人與事所採取的橫站姿勢，找到灰色的白天的座標、褶痕，它的 Z 字形線索、參考物和白天的各種動作相互間的傳遞過程。所有的這一切，都天然存在於次生生活所包納的山巒之中。它們既是次生生活的內容，又是它的結果和目的。白天的包皮實在是太長了，它影響了自己的行動，破壞了自己的內涵，它的真實形象妨礙了自己的快感。當幾乎所有人都在自己真實的白晝，為沒有行割禮的白天尋找未來的圓滿結局、尋找現實的合理因素時，魯迅在討厭中，在斜視中，也在他的橫站中，把它一刀割去了。我們聽見了白天的慘叫聲。魯迅也因此激怒了幾乎所有的白天和白天的幾乎所有動作。在許多人眼裏，魯迅的白天不獨是灰暗的，也是殘忍的，他在過著一種歹毒的、不穩定的第三類生活。這種隨時都會搖搖欲墜的生活快要吞沒魯迅了。

　　葉芝（William Butler Yeats）說：「啊，一切都四散了，再也保不住中心；」艾略特說：「請親愛的主能原諒我們，我們在這裏的生活並不美好。」那麼，次生生活是不是擁有美好的品貌呢？這就只有斜視、橫站才能回答。但魯迅愛上了自己發明的灰色，也懷著殘忍的笑意愛上了自己構架的次生生活，堅持不懈地為白天施行割禮，卻是再怎麼說都沒有疑義的了。里爾克辛酸地吼道：「有何勝利可言？挺住意味著一切！」次生生活、行割禮讓魯迅有事可做，得以看似有意義的、彷彿「民族魂」似的，消費掉偶然到手的、像命運一樣不期而至的、隱蔽在時光之下的眾多白天，也把魯迅在陡峭的斜坡上滾動白天、施行割禮悲壯而又無奈的背影留給了我們。我們至今還在指點著他的半邊屁股，讚揚著他身體的側面以及他手中鋒利的手術刀。

夜晚的宣諭

1、夜晚，踹擊……

上小學三年級時，我就在川北一個小山村一間破舊的、堆放著兩口棺材的小小教室裏，知道了兩個關於魯迅的故事（那也是我第一次知道魯迅的名字）。一個是說魯迅走夜路回家途經一座墳崗時，看見墳叢中有一團白色的物體在蠕動，但魯迅仍毫不遲疑地邁步向前，朝那堆擋道的白色蠕動物狠踹了一腳，緊接著便從故事的底部發出了「哇」的一聲令人驚悸的尖叫。故事最後以揭開謎底的口吻告訴我們：原來只是個盜墓的。我那時分明有出了一口長氣的感覺。儘管這個故事帶有明顯神化魯迅的漏洞，但我寧願相信它是真實的，因為從魯迅的作品中不難發現與它的許多吻合之處。這個過於簡單、有似童謠的傳說（這當然是某些小魯迅的又一傑作）想要說明的，不過是魯迅不怕鬼，尤其是不怕夜間的鬼。在一篇表情相當複雜的文章裏，魯迅就直抒過胸臆：我是到底相信人死無鬼的（《且介亭雜文末編・死》）。在另一處，他還更加誠實地說他的作品裏很有幾分「鬼氣」。他之所以會那麼喜歡一位叫做安特萊夫（L.Andreev）的作家，就是因為後者的作品中充滿了陰森森的幽魂……可魯迅大約忘記了說，他自己就是一個比所有鬼都可怕、都有力量的鬼，是他的時代的鬼，也是出沒在時代夜間的鬼……在一個沒有上帝和神的時代與國家中，鬼魂無疑是惟一有力量的生靈，不管是人間的鬼還是非人間的鬼。

更加有著神化色彩的第二個故事，說的正好是這麼回事。一位小偷躲在魯迅的窗下，想等他熄燈上床後去偷東西。這廝雖然很有耐心，可到底運氣欠佳：直到天亮，魯迅也沒有休息的意思，反倒是小偷自己疲倦地睡在了窗外……這個小偷也許永遠不會知道自己都幹了些什麼。他

在無意間充當了一回偷窺者的角色：通過他的眼睛我們才得以明白，魯迅在夜間的確是難以入眠的。說到底，並不是每一個人都會有這個小偷的好運和機會。夜間的魯迅究竟在幹什麼呢？他那雙良性「毒眼」睜得老大，他把自己的幾乎所有時間都處理成了夜晚：魯迅的文字莫不打上了黑夜的顏色，這已是不爭的事實。他是一位迥異於常人的夜間的鬼，在稿紙上急行軍的時候，形成了他自己所說的專和白天「搗鬼的夜氣」（《准風月談・夜頌》）。

　　魯迅在黑暗中說，「哇」的一聲，夜遊的惡鳥飛過了（《野草・秋夜》）。很有意思的是，這個聲音和第一個故事中盜墓者嘴裏發出的尖叫有著十分相似的質地：這是另一種鬼的尖叫。魯迅坐在自己的書桌前整夜不眠，想聽到的就是這種聲音：他想通過對夜的諦聽和另一種鬼類接上頭。他說，我忽而聽到夜半的笑聲，吃吃的，似乎不願意驚動睡著的人，然而四圍的空氣都應和著令人驚悚的笑聲。直到這時候，魯迅才猛然發現，現在已經是半夜了，根本就不會還有別的什麼人，所以，他才以恍然大悟的口氣說：「我即刻聽出這聲音就在我嘴裏，我也即刻被這種笑聲所驅逐，回進自己的房。」（《野草・秋夜》）有關這一點，那位倒楣的小偷是可以作證的。這是鬼類的笑聲，是鬼類之間接頭的口令、暗號和郵遞區號。鬼與鬼之間的交往，就是通過令常人恐怖的笑聲來達成的（參閱段成式《酉陽雜俎》、紀曉嵐《閱微草堂筆記》的有關描敘）。但這是人間的夜遊鬼和臆想中陰曹地府裏的真鬼之間，虛擬到近乎真實的交往。有意思的是，魯迅的恍然大悟正好體現了他一貫不帶笑意的幽默：他把一個自己早已洞明的事實，用幾乎是剛剛才發現的神情來表達。這也是鬼類最常用的表情之一。

　　魯迅的「毒眼」早已看穿了，他的幾乎所有人間同類大大半都是些披著人皮的餓鬼，是一些貪得無厭、無聊透頂的惡鬼，很會做一些粲然、勃然、恍然、混然、儼然的好文章（《准風月談・夜頌》），卻比夜間的真鬼更令人討厭，當然，也更加色厲內荏。和夜半發出笑聲的真鬼相比，人間的鬼是最不可信也是最沒意思的鬼類。魯迅和他們實在是沒有什麼好說的，更不可能和他們交朋友；回到夜半，回到夜半

的鬼族當中，魯迅終於有了一種自絕於白天、自絕於人間的鬼類的殘忍快感⋯⋯

在許多人眼裏，魯迅是懷著近乎惡毒和絕望的快意走進夜晚的，也是懷著近乎熱愛的心緒將自己的生存時空和作品時空處理成黑夜的。這顯然和膽小「鬼」卡夫卡很不一樣。後者要麼把自己的全部生存時空縮小成一張床（比如在《變形記》中），要麼就把它理解成一個地洞（比如在《地洞》中）。卡夫卡對夜晚有著超過常人的恐怖感，他只有躺在床上或龜縮在地洞才會覺得些許安全。1917 年 10 月 18 日，卡夫卡懷著驚悸的心情在日記裏寫道：「對夜的恐懼，對非夜的恐懼。」這和魯迅說我屋後有兩株樹，一棵是棗樹，還有一棵也是棗樹決然不同，儘管它們在句法構成上有著相當的同一性（在此，我們肯定不能聽從結構主義的意見）。卡夫卡只是想說，他對一切都感到恐懼，幾乎沒有例外的東西存在，魯迅的意思是，他只有兩棵樹；前者是全，而後者近乎於一個選言判斷；前者全部都想拒斥，後者則是選擇性的——魯迅必須要選用（頂好是愛上）其中的一棵「樹」。兩害相較從其輕：儘管黑夜和白天都令魯迅討厭，但黑夜顯然比白天要稍稍可愛一微米；和夜間的鬼打交道也肯定要比和白天的人打交道安全得多。白天和黑夜一樣混蛋，但兩個混蛋的質地是不一樣的；這中間的差價正好構成了魯迅選擇自己夜晚貫常動作的主要理由，也是他覺得晚上比白天更好，寧願所有的白天都是黑夜的主要理由。魯迅要比卡夫卡勇敢得多。那位小偷可以在白天的法庭上為魯迅作證。

實際上，魯迅就是這樣愛上自己的夜晚這棵病樹的。對於人間的白天和在白天滿地滾動的鬼魂，魯迅的確是一棵病樹[1]，正因為這樣他才剛好可以在夜間和鬼類接上頭。鬼是讓常人驚恐的，它會不失時機地向白天的人間施絆子。常人很害怕走夜路，因為他們怕鬼類從他們

---

[1] 在《秋夜》裏，魯迅反覆提到有病的光禿禿的棗樹，其實就非常隱蔽地暗示了這一點。許多學者對此也有同樣的看法。另外，據說《野草・臘葉》也有同樣的意思。

意想不到的地方向他們踹出一雙大腳。正是參透了這一點，許多偉大的思想家才為我們發明了走夜路可以憑持的手電筒。我們把這種東西尊稱為真理，並以此去對付可惡的鬼類。許許多多號稱不怕鬼的人物，他們的種種教義恰恰曲曲折折透露了他們很怕鬼的心理動因。魯迅明白這一點。他用踹擊的姿勢表達了對人間鬼類的蔑視和憤怒。踹擊是魯迅在夜半的貫常動作。他的踹是很有名的，也是相當有力的：他幾乎是用非人間的夜晚的力量，提供了有關人間的白天混蛋質地的證明。在踹擊那裏，這道需要證明的方程式的解可以來得輕易而舉：魯迅的踹擊就有這樣的力量。儘管他曾經為踹了古久先生的陳年流水簿子一腳頗感後怕（《吶喊・狂人日記》），但很快就發現了踹擊的用處：在一個毫無意義，幾乎所有別的動作都無法引來真正回聲的世界，有兔子沒兔子先放它兩槍再說。踹擊既有力，卻也相當省力。他的大腳引來了鐵屋子內外許多夢遊者和非夢遊者的驚恐，引來了各種真理的顫抖，也招來了許多人間的白天劇烈的咳嗽——因為魯迅關閉了許多人趕夜路的手電筒。但魯迅這棵病「樹」卻從中獲得了無盡的快感，也把難以打發的夜晚給消費掉了。

魯迅在踹擊過程中，取消了自己的白天，也取消了人間的白天，當然也暫時放下了斜視和討厭。在夜間他還有另外的事情要做，這另外的事情需要與之相適應的動作。魯迅的踹擊給所有的光天化日都抹上了夜色，但這是在給光天化日運送專屬於它們的真實的白天的真實動作——這就是踹擊的基本涵義之一。魯迅對他們說，朋友，時候近了。我將向黑暗裏彷徨於無地。可你還在想著我的贈品，我又能奉獻給你什麼呢？僅僅只有黑暗、空虛和踹擊而已。當然，這也只是我自己的想法：我願意只有黑暗，或者能夠儘快地消失於你們的白天，「我將獨自遠行，不但沒有你，並且再沒有別的影在黑暗裏。只有我被黑夜沉沒，那世界全屬於我自己。」（《野草・影的告別》）但魯迅並沒有由此消失，他的踹擊，使白天始終感到他陰森森的存在。魯迅就這樣，以自己的夜晚成了別人優質白天的敵人。他從暗夜中來，穿行在眾多的白色走廊——這些走廊不斷地連接著兩個夜晚——，把裏挾著搞鬼的夜氣的大腳踹向了無

數自命的真理、信仰、正人君子、流言家、搞鬼者、資本家的乏走狗、革命和投槍……

2、黃昏，跋涉……

　　夜晚不是一個突然到來的事實，它有著自己發生學上的經歷。作為白天和夜晚的橋樑，黃昏是這種經歷中最值得注意和分析的時間片段，因為它是萊辛（Gotthold Ephraim Lessing）所謂富有「動作包孕性的時刻」。和夜晚一樣，黃昏決不僅僅是一個自然現象，更是一種精神徵候。如果不是這樣，我們就會很難理解為什麼我們的老祖宗一提到黃昏，總會有那麼多的話要往外嘔吐：「暝色起愁」、「暮雲凝愁」、「夕陽銷魂」、「落日斷腸」、「斷腸落日千山暮」、「波渺夕陽遲，銷魂不自持」、「斷送一生憔悴，只消幾個黃昏」……同樣的情景也發生在魯迅那裏；不過，魯迅在黃昏使用的動作和古人們在同樣時刻使用的貫常姿勢很不一樣。在日落時分，中國古人們常常習慣於捶胸頓足、低頭皺眉、長噓短歎，或者馬上掏出手巾來擦眼睛，轉眼之間手巾一擰就有聲了……當然，也有少數故作樂觀姿態的妙人兒高喊什麼「樂山」、「樂水」、「樂以忘憂」（朱熹〈水調歌頭〉），但也始終抹不去動作上的靜止色彩。魯迅給黃昏賦予了跋涉的姿勢。很顯然，這是一種衝動的姿勢。

　　黃昏很早就來到了魯迅身上；黃昏不僅僅是一個外部事實，更是一種心理事件。是時代、社會、消滅理想的生活，以及它們誘發出的斜視和討厭心境，共同培養了魯迅的黃昏意識。但活下去的念頭，必須要有事可做才能活下去的宿命召喚，始終使黃昏的魯迅並沒有僅僅停留在捶胸頓足之類的標準動作上（魯迅當然也有這樣的動作，只不過很隱蔽，這在《野草》裏有過相當含混的暴露），因為那不大符合魯迅生命質地的基本表情。魯迅曾經以相當激烈的口吻勸青年人最好不要讀中國書，因為中國的書籍讓人靜止、無聲，而絕大多數的外國書，魯迅說，除了印度人寫的，一般都令人不由自主地聯想起嚓嚓的腳步聲。魯迅的毒眼看到了這樣一個事實：捶胸頓足、低頭皺眉、長噓短歎、用香巾擦眼

淚……僅僅只是一些靜止的動作──是老不爭氣的中國人的心理，使這個原本不可能存在的命題成立，而且幾千年來一向如此。中國人常常會使一些看起來相悖的東西化作現實中的尤物。這真了不起。比如，魯迅說，紅腫的爛瘡在中國向來就是豔如桃花的意思。

與捶胸頓足之類的標準動作截然相反的跋涉，就這樣來到了魯迅身上。但跋涉本身有無意義，它僅僅是消費時光還是在為著別的什麼故作姿態，魯迅並不知道，他筆下的過客更無從知曉。魯迅和他的過客只明白，跋涉是一個真正的、擔負了沉重命運底蘊的活人唯一正確的動作選擇。這的確是一個至關重要的心理事件。儘管跋涉也是人在早晨、中午更應該選擇的姿勢，但它在黃昏卻有著自己更加嚴重的涵義。通常情況下，黃昏意味著回家，意味著休息的前奏，所謂「夕陽西下，斷腸人在天涯」，所謂「日之夕矣，」「牛羊下來」，所謂「野老念牧童，依杖叩柴扉」……但早已準備拋棄人間的白天甘願來到鬼魂的夜晚的魯迅，他選擇跋涉不過是為了儘快趕到夜晚，儘快和鬼族接上頭，儘快趕制一些搞鬼的夜氣，給另一些人在白天的各種更加無聊並且有害的跋涉，製造一點麻煩……

老人對黃昏時分的過客說，前邊是墳，你別再走了；孩子對過客說，前邊是野百合、野薔薇花，你走吧；過客對他們說，是的，前邊是野百合、野薔薇，但它們是墳，可我還要走。這個衣服破舊，不知道從何處走來，不知道將向何處去，也從不知道自己究竟是誰的過客對自己說，我沒有辦法，跋涉是我的命運，是我的「事業」──一種艱苦的、荒誕的事業。他襤褸的衣裳，顯示了他是從人間的白天在暫時放棄了斜視和討厭的心境一路跋涉，才來到黃昏的荒郊的。他不是為了回家，更不知道是否還有家──家對他是一個陌生得過於怪誕的辭彙。我們通常意義的家，在跋涉的過客那裏不過是些關豬的地方（家，就是寶蓋頭下的「豕」），它有著不可思議的性質（《野草·過客》）。

魯迅很少用明顯傷感、自戀的語調說起自己，〈過客〉算得上一個例外。〈過客〉把魯迅如何從白天走到夜晚的艱苦過程給淋漓盡致地表述出來了。黃昏是一個渡口，是這個渡口邊唯一的渡船，也是這個渡船

上擺渡的艄公。黃昏是魯迅生命一個富有包孕性的時刻。耶穌說：「手扶著犁頭向後看的，不配進天堂。」（《新約‧路加福音》9：72）魯迅背著自己的滿腔憤怒，甚至是恐怖的心緒，既未向後看（那是多麼荒涼的地方），也沒有像耶穌所暗示的應該向上看（那裏是如此的寒冷，如此的不可能！），他向前看了看，馬上就看見了古舊的黑夜，鬼魂出沒的夜晚。黑暗像潮水一樣撞到了魯迅的瞳仁上。馬克斯‧韋伯說，我們只看見了前方卻忘記了上方，這真是不幸。魯迅正是這樣一個不幸的人。在〈過客〉的篇末，他用一句話就把這一切給捅了出來：「過客向野地裏踉蹌地闖進去，夜色跟在他的後邊。」他已經到達他的黑夜了。那不是白天的許多人想進入的天堂。而魯迅的黑夜，卻要比過客的晚上來得更早、更及時和更無可防備。

　　卡夫卡以仇恨的語調，曲折地表達了自己對夜晚的恐懼。他說，只有夜間成群的魔鬼才能構成我們白天的不幸。他們為什麼不互相殺光，只剩下一個呢？或者他們為什麼不隸屬於一個偉大的魔鬼呢？這兩者在魔鬼原則的意義上說，也許最為徹底地欺騙了我們。在此，卡夫卡有一大半是錯誤的。在魯迅的時代，魔鬼不在夜間而是出沒在白天。魯迅就曾經諷刺過自稱光明的胡適之。後者以「光明使者」的身份去查看國民黨的監獄，他對外界說他從中看見了光明。魯迅就此議論道：「光明一去，黑暗又來了也。……光明只跟著光明走，監獄裏的光明世界真是短暫得很！」（《偽自由書‧「光明所到……」》）看看吧，白天的亮堂堂在怎樣美化它的陰森森呢。這也很像錢鍾書坦言的，魔鬼本人就在一個寒冷的冬夜對他說過，我是做靈魂生意的，可我現在的生意很清淡。因為現在有靈魂的東西實在是太少了——沒有靈魂比魔鬼的靈魂還要壞，這就是錢先生見到的那位魔鬼的有趣結論（錢鍾書《寫在人生邊上‧魔鬼夜訪錢鍾書先生》）。

　　出於「城頭變幻大王旗」的原因，白天的魔鬼永遠地失去了擁有一個共同首領的機會——卡夫卡就這樣失算了。這也是革命內部的計算法則決定和促成的龐大事實，倒怪不得眾多的魔鬼們，也怪不得可憐的卡夫卡。他們註定只是些自得其樂的、斤斤計較的、各自為政的幽魂，卻

又並不自知，也無從自知。正是這些白天的魔鬼，造就了卡夫卡所說的不幸。但人間的魔鬼卻有著充足的真理庫存！他們互相叫囂著殺向對方，鮮血曾染紅了各種聖戰的旗幟，至於語言的暴力更是小菜一碟。而留在夜間的鬼類，都是一群對人間的魔鬼滿懷鄙夷的幽靈。這就是魯迅為什麼要穿過自己的白天長途跋涉趕往夜間，並拼力發出令人驚悸的笑聲和自己的同類接頭的原因。

黃昏（當然還有白天）就這樣最終由夜晚所取代，跋涉（當然還有斜視和討厭）也被踹擊所置換。跋涉是踹擊的準備、童年和過門。跋涉的全部目的似乎僅僅是為了等來踹擊。應該說，魯迅為了踹擊的到來耗費了無算的心力，也忍受了許多白眼、嘲諷、流言。當魯迅終於找到自己一生中最重要的動作，並反覆地、得心應手地使用它時，他不僅自絕於人間的白天，而且也分明有了一種強大的快感，這快感是他得以繼續填充空白日月的動力源，也是他在夜間屢屢不眠的主要理由。我們明白了，把自己變作時代和時代夜間的鬼類，只是為了和人間的白天搗蛋，向人間的白天、「光明」和「光明使者」們唱花臉、吐口水。他隨意踹擊著白天的一切。踹擊不是一種魯莽的動作（魯迅是深諳「壕塹戰」、「韌的戰鬥」和橫站的精髓的），但踹擊卻帶有相當大的隨意性，這使它具有了非常頑皮的面孔。如果我們參不透踹擊帶出來的如此意味（倒反而是徐志摩這樣的人能明白踹擊的涵義。徐在 1926 年 2 月 3 日的《晨報·副刊》裏稱此為「混鬥」，雖說是貶義，但它確實道明了踹擊的真實意味），我們也將不會明白，魯迅屢屢說及自己所做的一切只不過是「玩玩」的真正意味（參見《兩地書》中的相關內容）。這也就是黃昏、跋涉、鬼魂和夜晚最重要的涵義。

踹擊是魯迅在夜間的貫常動作，它有著別的動作不可比擬的力量。這中間的原因僅僅在於，魯迅把黃昏時用於跋涉的力氣，全部集中性地用到了他的踹擊姿勢當中——這是一種改變了方向的、更加集中和凝聚的力。踹擊是跋涉的焦點。那個盜墓者可以為踹擊的力量作證；而那個躲在窗下的小偷，可以向我們表明，魯迅在夜間是怎樣踹擊的和踹擊了什麼。

3、好的故事……

　　魯迅關上房門，端起了大腳，這是一把滿載著腳臭的鋒刃，魯迅將它稱作「金不換」。它的特殊味道向我們表明，它的主人曾經經歷了怎樣艱苦的、漫長的跋涉。它的主人稱它是刺叢中的行走和求索。魯迅首先向白天的鬼類踹去，這是一種鬼對另一種鬼的戰爭，而不是人與人之間的戰鬥：魯迅把長有眼睛的腳鋒首先奉獻給了人間鬼類的排泄物，那些被魯迅稱作垃圾，而被他們自己美化為精神食糧的各種美妙說教。魯迅向那些真理、「從來如此」、節烈觀、倒掉的雷峰塔、暫時做穩了奴隸的時代、高喊費厄潑賴的妙人、中國人的臉、在大炮指揮下的文藝、鏟共大觀、泛起的沉渣、辱罵和恐嚇、推背圖、向觀眾暗中指點自己主人漏洞和預先知道倒楣即將到達自己主人身上的二醜、中國的野火、中國的大監獄……猛然踹去。魯迅愛上了這些兔崽子們，因為它們的存在為他空閒的腳鋒準備了實有的對象。

　　魯迅說，你們白天的動作都是垃圾；對付垃圾，踹擊是最管用的方法。為什麼不呢？因為它們貌似強大地擋了你的道，用手就是過分抬高了它們；用沾有腳臭的鋒刃，卻剛好與之相匹配。威廉‧拉日傑（Willian Rathje）表揚垃圾的話，正好符合踹擊的動作所包含的精義：垃圾不是一個抽象的論調，而是具體的事實，所以在大多數時候可以作為有效的矯正標準。白天的鬼類一向留下了許多描述他們生活和他們精美真理的記載，但那些只不過是自我吹噓的廣告。我們可以理解歷史學家必然會為這樣的書面報告所吸引，但垃圾卻像是茶餘飯後的閒談，反而更能明白忠實地記錄事實（Willian Rathje，Rubbish）。本著同樣的看法，魯迅對那些製造了垃圾的具體人物幾乎毫無興趣，他的大腳只是踹向垃圾本身：他要先看看垃圾都講了些什麼。

　　在魯迅大腳板的努力運作下，垃圾們被逼無奈紛紛吐出了真言，它們爭相向魯迅，但首先是向魯迅的腳揭發了它們主人的真實心思。它們說，我只是在為一個做穩了奴隸的時代辯護，我只是想做個穩當的奴才（《墳‧燈下漫筆》）；我儘管是一匹落水狗，但我一上岸肯定還要咬那

些痛打過我的人（《墳・論「費厄潑賴」必須緩行》）；儘管我說了很多精美的話，其實，我也不知道是官話呢，匪話呢，民話呢還是衙役馬弁話呢（《華蓋集・學界的三魂》）？我想復古，的確是因為我曾經闊氣；我想保存現狀，那僅僅是因為我正在闊氣；我要革命，不過是想將來闊氣（《而已集・小雜感》）；我的文藝比你們的好，不說不知道，一說嚇一跳，那是因為我的屁股後邊有槍的支使和支撐（《二心集・黑暗中國的文藝界現狀》）……魯迅的踹擊在改變了跋涉的方向後，在夜間終於集結起來，他要的就是這種經不起幾下拷打就馬上招供的情景。魯迅說，我的 84 種殘酷刑罰都還來不及使呢，這麼快就招了麼。

　　魯迅從這之中體會到了無以言喻的快感。很多人以為魯迅在踹擊時是帶著憤怒的心情，但他們沒有搞明白，魯迅揣帶更多的是可以讓他有趣「玩玩」的惡意快感。馬克思曾經說過，我們其實都誤解了伏爾泰憤怒的笑聲，面對他的敵人，老伏哪裡是在憤怒，不過是調笑罷了。馬克思指點我們說，你們難道沒有看見過嗎，老伏爾泰養了很多狗，他給每一條狗都取了一個敵人的名字，伏爾泰每天都要鞭打它們，也偶爾給它們吃食，因為他還不想在自己有生之年就讓它們死掉從而搞得自己無事可做。馬克思自己呢，也把所有來自敵人的攻擊都當蛛網一樣輕輕抹去了。這都是我們耳熟能詳的了。魯迅的快感也有那樣的性質。這一點從魯迅不帶笑意的幽默中我等早就看出來了。

　　魯迅之所以根本不屑於檢視那些具體的鬼魂，更多是把自己的腳鋒對準了鬼魂們製造出的普遍的垃圾，就是因為他參透了這一點。踹擊是一種省力、省心和表示蔑視的最有效方法。那些自以為魯迅在攻擊他們的人（比如梁實秋、高長虹等），是抬高了自己。從這個意義上說，和拾垃圾的波德賴爾（Charles Pierre Baudelaire）相反，魯迅是一個踹垃圾者；波德賴爾想從垃圾中翻檢出詩意，魯迅卻想從踹擊的姿勢中，拷問出正人君子及其真理的真面孔。馬丁・格海西（Martin Melosi）在他的大著《城市的垃圾》（Carbage in the Cities）裏開玩笑說，資產階級的反諷之一，就是出人意料地促成了局部的社會主義。與此相似，那些白天的鬼魂們在做出美妙的動作，並記錄下這些動作的美妙涵義時，完全

忘記了正在為自己製造反諷：正是他們精美的排泄物（號稱真理也號，號稱主義教義也罷），為踹擊提供了絕好的靶子。

　　白天的鬼魂也有可能通過飄逸的姿勢（不是跋涉的姿勢），潛渡到夜晚，他們試圖把夜晚弄成自己的白天。魯迅沒有忘記這一點。他看見了那些偷越國境的傢伙。他們也發出了令人驚悸的笑聲，試圖和自己的同夥接上頭。魯迅偶爾也會把他們的暗號誤以為是向自己發出的（比如許許多多對魯迅試圖加以利用，後來又被魯迅無情拋棄的團體和個人），錢玄同把這叫做魯迅的「輕信」。當魯迅明白了這些無一例外都是騙局後，也誠如錢玄同所說，他馬上向他們伸出了大腳：魯迅的踹擊姿勢由此也往往被誤解為翻臉不認人、是做紹興師爺狀和廣泛的懷疑癖好……錢玄同就曾以「多疑」見贈魯迅，他說，「魯迅往往聽了人家幾句不經意的話，以為是有惡意的，甚而至於以為是要陷害他的，於是動了不必要的感情。」（錢玄同〈我對周豫才君之追憶與略評〉）這正反兩個方面情形，都可以從亂喊的暗號和踹擊對它的反應上得到理解。那些自稱魯迅同黨，同夥、同盟、同志的白天的鬼類，很快就從魯迅身邊消失了。他們經不起魯迅的踹擊。而在此之中，魯迅的踹擊是否有誤傷的嫌疑，這裏暫且不要理會。

　　魯迅說，我在朦朧中，看見了一個好的故事，這故事很美麗，幽雅，有趣。許多美的人和美的事，錯綜起來像一片雲錦，而且萬顆奔星似的飛動著，同時又展開去，以至於無窮。正當我要凝視他們，我自己卻先於凝視而醒了過來（《野草・好的故事》）。這是一個只有夜晚的人的真相：他無法相信色彩斑斕的、哪怕是虛擬的白天。儘管偶爾到來的有關美好的人與事，也曾讓魯迅有過短暫的驚訝；但經歷過漫長跋涉的人是再也不會相信這一切的了：好的故事是魯迅為自己製造的反諷之一，也是他在沉重的夜間為自己的幽默製造的可以「幽」它一「默」的材料。它曾經是好的，它也許是好的，它差不多是好的，但它終究是不存在的，頂多只像一個傳說。所以魯迅才會這樣講：「我愛夜，在夜間做〈夜頌〉。」（《准風月談・夜頌》）因為更真實的夜是白天的「人鬼」造成的，魯迅的夜只是向他們「搗鬼」，和他們隨便「玩玩」──沒有夜，沒有鐵屋

子裏的廣泛黑暗，踹擊就會完全失去了用場。而我們早就聽說了，從相當早的時候起，魯迅就只記住了踹擊的動作要領，甚至把跋涉都忘記了。

踹擊並非只針對白天或白天的惡鬼造成的真實的黑暗，它也針對它的主人。這是一個徹底懷疑論者的典型姿勢：他的腳鋒最終也是指向自己的。魯迅早就說過，我解剖別人比解剖我自己要少得多。沒有理由懷疑魯迅的表白：因為他並不完全相信自我，並不絕對信任踹擊本身，他甚至無法說明踹擊的意義、用途和最終目的究竟是什麼。魯迅有著強烈的自虐傾向，造成這種傾向的原因無疑有很多很多，但自我踹擊肯定是理解它的有效線索之一。這也是踹擊最終的涵義了。

「抉心自食，欲知本味，創痛酷烈，本味又何由知？」（《野草・墓碣文》）在黑漆漆的夜晚，在否棄了有關夜間「好的故事」之後，魯迅就這樣自我反詰著。這是一個沒有答案的設問；正因為不可能有答案，它才顯示了設問的深度，這也是自我懷疑的深度，它是一部現代中國史上最驚心動魄的一問。大懷疑主義者笛卡爾（René Descartes）通過大排轉折親運動，從懷疑一切導出「我思」的真實存在，然後驚慌失措的，當然也是滿懷僥倖的心情到底從「我思」中推出了上帝的存在。米蘭・昆德拉曾經用皮笑肉不笑的語氣說，看啦，黑格爾把「他真勇敢」的讚歎都獻給了他！笛卡爾勇敢嗎？當然。但魯迅比他還要勇敢，不過，也更要絕望：從很早起，他都在試圖通過艱苦的踹擊，找到一個不可能有答案的問題的解答。這正是踹擊的悲劇性之所在：當踹擊找不到敵人時，或沒有人堪稱它的敵人時，踹擊就只好把自己當作最後一個敵人；如果自己都成了自己最忠實的敵人，虛無性也就從中生成，失敗感也就從中出現了。

魯迅的踹擊最終發現，一切東西都是不可靠的，甚至是根本就不值得踹擊的。就這樣，踹擊到最後只剩下了為踹擊而踹擊。魯迅曾說，只有虛無、虛妄才是實有。而向虛無、虛妄挑戰的，唯有踹擊。在這裏，戰鬥對象和戰鬥工具是同一個東西。它不是馬克思所謂批判的武器或武器的批判一類有區別的什物。魯迅的真正憤怒，實際上也不是針對他曾經踹擊的那些垃圾和白天的鬼類，因為他們畢竟還是實存的，他們也不

會讓踹擊放空，他們還能使魯迅產生一種有對象的感覺，也會讓他感到有事可做並且大有趣味；魯迅的真正憤怒是針對踹擊自身的，因為那是廣大的虛空，它不會產生反彈力。偉大的詩人昌耀對此有過絕好的描寫：

> 我不理解遺忘。
> 也不習慣麻木。
> 我不時展示狀如蘭花的五指
> 朝向空闊彈去──
> 觸痛了的是回聲。

> （昌耀〈慈航〉）

　　也僅僅是回聲罷了，它只是一種虛擬的後坐力。而隨著踹擊的單向用力，魯迅把自己放倒了。出於這樣的原因，魯迅的倒下始終是前赴的而不是後仰的。長期以來，我們把魯迅前赴的方向當作了前進的方向，這真是滑稽。而魯迅的憤怒決不是一種單一性的情緒，它具備著綜合性的質地，這中間包含著憤怒、悲哀、歎息、欲哭無淚的辛酸和說不清道不明的惆悵……以致於使魯迅都有些怒髮衝冠了，我們從眾多的木刻、版畫和各種肖像畫上看到的魯迅無一例外都是這副模樣。這完全稱不上是一個好的故事，那位躲在窗下的小偷實際上早就看見了。

4、啊，夜晚，夜晚……

　　「我的作品，太黑暗了，因為我常常覺得唯有黑暗與虛無才是實有，」魯迅對許廣平悄悄地說，他分明已有了怕人聽見、怕人偷窺真相的慌張神情，他接著說，我「偏要向這些做絕望的抗戰，所以很多著偏激的聲音。」（《兩地書》四）正是如此，他的踹擊也有了相當激烈和快速的性質，而且越到後來越無以復加。這是洞明了一切、看清了真相之後的踹擊和它發出的「絕望的抗戰」之音。

　　魯迅自從由黃昏一閃進入黑夜後，再也沒有出來的打算：他寧願在一個暗無天日的戰場上，與一個沒有敵人的對手交戰（即無物之陣）。

戰鬥也由此明顯具有了虛擬的面孔。但魯迅的黑夜卻是千真萬確的；除了短暫的日出，魯迅的作品空間沒有給我們留下過真資格的白天：白天是反向介入他的夜晚的。

　　臨死之前，魯迅堅定地發願說，對於他的「敵人」，那些垃圾的製造者們，他一個都不寬恕（《且介亭雜文末編・死》）。在通常情況下，這樣的話只能是唯一真理的擁有者——比如上帝——才能說出。我們早就聽說過，上帝卻寬恕了所有的人。但我們又千萬不要把「一個也不寬恕」僅僅理解為魯迅的偏執。這是踹擊本身的偏執：因為這個動作最後帶出來的是虛無，是叫喊在空無一人的曠野。周作人對此曾經有過非常到位的看法，他說，魯迅的思想最終轉到虛無性上去了。他對一切事情，彷彿都很悲觀，我們看見他的《阿Ｑ正傳》，裏邊對於各種人物的描寫，固然是深刻極了，可是對於中國人的前途，卻看得一點希望都沒有（1936年10月20日《大晚報》）。出於這樣的原因，踹擊最後只剩下它的慣性，孤零零的慣性：停止踹擊已經成為不可能，它已經無法使自己停下來了。寬恕不僅意味著停止踹擊，還意味著要否定以前的踹擊。踹擊不會同意對自己的背叛，它寧願贊同踹向自己的主人，也決不允許魯迅同意背叛行為的發生。這是魯迅真實的大悲哀，也是他深刻體驗到的大失敗。

　　在萬般無奈的情況下，魯迅偶爾也會記起他在白天的斜視和黃昏時的跋涉，他尤其是對跋涉有了相當的懷念，難道魯迅在後期的踹擊中，當真不包含對跋涉的一丁點悼念嗎？但他已經非常清楚，自從將跋涉置換為踹擊，自從他由黃昏過渡到黑夜和來到鬼族之中，跋涉早已經是一種被廣泛遺忘的動作了。那是一個不可逆的過程。魯迅曾對洋鬼子說，我還想站起來，我還想走下去（《集外集拾遺・英譯本〈短篇小說選集〉自序》）。這成了魯迅永遠的遺憾：他的身體使他既沒有力氣用於跋涉，也忘記了跋涉的動作要領。魯迅的全部悲哀，其實都不可避免地包含在他的踹擊之中，更包含在踹擊的最後涵義（即「踹擊的虛無性」）上。

　　上帝說，要有光，於是有了光。這是聖經的口吻，也是上帝本人的口吻。除此之外，沒有任何人有資格、權力和能力這樣說話。退一萬步說，也沒有任何人有資格對任何別的人說：一個也不寬恕。這是踹擊的

虛無性最沉痛的表達。聽到這個話時，我們往往會以為它代表了魯迅毫不妥協的倔強脾氣；但我們令人遺憾地抹去了、忽略了這中間的所有辛酸：它是被逼成為的，它不是我們每一個人的願望，也決不會是魯迅本人一開始就抱有的願望。我們聽說了，耶穌的所有門徒都提議用石頭砸死那個骯髒的賣淫婦女，耶穌說，你們中間沒有罪的人就去砸吧。所有的門徒都知趣地退了回來。魯迅的一個也不寬恕，在用上帝的口吻說話時也表達了上帝的意思：「一個也不寬恕」必須要和魯迅說的「我解剖自己比解剖別的人更多」聯繫在一起才能明瞭。它也是踹擊對準自己主人的軟肋的嚴重後果之一。「一個也不寬恕」的對象命中註定包括了踹擊的主人。

　　夜晚給魯迅提供了這樣的機會；這樣的契機也為夜晚的出現創造了必要的前提。究竟是踹擊製造了夜晚還是夜晚生出了踹擊，這個到底是雞生蛋還是蛋生雞式的問題，其實是毫無意義的。正是這種聯為一體、難辨因果的事實（即魯迅式闡釋學循環），造成了魯迅普遍的夜晚，也造就了魯迅的鬼魂性質。他穿行在眾多的鬼類之間，既指點著他們的醜陋面孔，也把自己的身份給懸置起來了；他在踹擊「鬼人」時（比如在我小時侯就聽到的有關魯迅的第一個故事所說的那樣），也把自己弄成了不祥的貓頭鷹：他報告著死亡的來臨，預示著徹底的虛無主義的到來，既把自己不受白天歡迎的面貌捎帶了出來，也把自己即將失敗的身份給預告了。黑夜不僅來自魯迅的心靈，也來自於他的踹擊；夜晚不僅造成了魯迅寫作空間的黑色質地，也把所有的白天取消了。是的，沒有白天，沒有星光，有的只是虛無。這就是魯迅獨特的夜晚烏托邦：它是對所有在夜晚製造出來的烏托邦的反諷，它促成了各種型號的烏托邦的最後破產，它們是掛在魯迅夜晚烏托邦嘴角的冷笑。

　　保羅‧艾呂雅（Paul Eluard）說，我怎麼會熱愛痛苦，我比誰都更加熱愛幸福。這位渴望白天的偉大詩人還說：正因為這樣，我才在寫作中製造黑暗。而在夜晚中穿行得太過長久又不堪忍受的茨威格（Stefan Zweig）在自殺前對他的朋友們喊道：「願你們穿過黑暗能見到光明！可我這個格外性急的人現在就要走了……」誰也不願意碰上虛無，誰也不

願意遇到夜晚，誰也不想永遠生活在夜間。如果命運只給了你晚上，卻沒收了你的全部白天，你就是想生活在光明之中，這種自欺欺人的可能性又在哪裡？至於生活在夜晚是不是一定會在內心充滿黑暗，也就是說，夜晚是否和內心的黑暗之產生有著必然聯繫，對這個看似簡單的問題我們是給不出答案的。

黑色，黑色，還是黑色

1、無根的花環……

在一片陰森森的墳場上，夏四奶奶來到兒子的墳前，準備為兒子燒紙，以供他在漫長的、表徵著「斷腸人在天涯」的奈何橋上有點零花錢。夏四奶奶看到墳上有一個花環，不禁大吃了一驚：自兒子夏瑜從了革命黨，所有親戚都認為他犯了大逆不道之罪，與夏家斷絕了往來；自夏瑜被清廷殺頭，就更沒有人願意和她來往了。「吟到恩仇心事湧，江湖俠骨恐無多。」（龔自珍〈己亥雜詩〉）花環究竟是誰放上去的？它究竟想表達什麼：同情？感激？仇恨？還是……懷念？夏四奶奶的茫然無解全化作了嗚嗚的痛哭……（《吶喊・藥》）

現在我們清楚了：花環是魯迅放上去的。在《吶喊・自序》裏，魯迅就用無可奈何的腔調說：「……我往往不惜用了曲筆，在〈藥〉的瑜兒（夏瑜──引者）的墳上憑空添了一個花環；……因為那時的主將是不主張消極的。」這就如同梭維斯特（Emile Souvestre）在《屋頂間的哲學家》（Un philosophe sous les toits）中說過的：「既然這是大家的節日，我願它也是我的節日。」魯迅在回視自己的寫作時，始終找不到紮花環和送花環的人，於是只好找到自己生造的希望和亮色頭上。除此之外，在魯迅的幾乎所有文字裏，我們再也找不到憑空安放上去的亮色和花環，即使魯迅仍然不願意「把自以為苦的寂寞，再來傳染給也如我那年青時候似的正做著好夢的青年」。（《吶喊・自序》）這充分表明，魯迅不想再去做那種無謂的希望科，也不想再去為不存在的亮色尋找烏有之鄉。魯迅的流水帳單也早已告訴我們，他從很早起就已經不習慣做夢。這一次之所以有如此失察，除了他自己已經說出的原因（那當然是可信的），或許正是為了擺脫踹擊的虛無性給他帶來的傷害。

　　詩人孫文波在一首詩中曾說過：「行吟詩人唱道：美好事物的喪失不是沒有原因的。」這是因為我們的時代與生活的確在加速變老，那些輕柔、易碎、入口化渣的美好景致，早已變得堅硬和飽經滄桑。當卡夫卡面對一位因貧窮不惜用領帶勒死自己年幼兒子的新聞報導，說這「完全是機械的故事」之前，這一天早就來臨了。在一個蒼老的時代，與之相匹配的聲音也必定是蒼老的；正當徐志摩之流受傷了的浪漫主義準備把婉轉的、充滿彈性的歌喉，對準臆想中的時髦青年時，沒想到一眨眼之間，時髦青年們已經娶妻、生子、忙於分分毫毫的算計，在生活的重壓下低聲叫喚。看到這一場面魯迅禁不住笑了。他之所以屢屢把飽含輕蔑的斜視和蘊涵著過多力道的踹擊投向徐志摩等人，就是因為他比後者更瞭解時代的真相。魯迅的所有文字都向我們暗示，在這樣的時代語境裏，曾經由大自然定義和打扮過的花環早已變作了塑膠製品，它分明成為魯迅所謂「鬼臉上的雪花膏」一類性質的玩意了。這同樣是一個機械的故事。可它僅僅是個機械的故事麼？

　　隨著黑夜的普遍來臨，魯迅文字中的亮色就這樣一閃而去，從此再也沒有回來過——如同他在等不來理想的回話從此不再做夢；他的作品也由此成了一個有關黑色的收藏器。在魯迅的作品空間裏，關著的永遠都是黑色的光線，那是能把鮮花花環置換為塑膠製品的光線；這個空間也組成了一間堅硬、碩大的鐵屋子，一個袖珍的黑色收容器。約瑟夫·布羅茨基（Joseph Brodsky）說，湯瑪斯·哈代（Thomas Hardy）和美國佬弗洛斯特（Robert Frost）的詩歌都是「黑色的田園詩」，的確是精闢之見。——隨著人造災難的突然降臨，田園和花環失去了牧歌般的純淨與明亮。難怪波德賴爾雖然把維克多·雨果（Victor Hugo）語言上的雅各賓英雄主義（Jacobinism）腔調、聖·伯夫（Sainte Beuve）田園式的自由都給繼承了下來，依照本雅明的揭發，卻又毫不猶豫地用低劣的比喻對象置換了雨果和聖·伯夫的純淨——因為在波德賴爾看來，只有骯髒的比喻對象才能勝任對時代生活的「詩意」描述。人造的災難不斷被製造出來並且被美化、被頂禮膜拜後，終於有一天關掉了所有的水銀燈，躍變為黑色的易爆物。……魯迅發明黑色收容器，正有這個原因在

從中作祟、作伐（當然也不只是這個原因）。魯迅的文字中儘管收集的都是本地黑暗（由此做出的姿勢也僅僅是本地憤怒），但這些黑色的光線在幾千年中，同樣被有意哄抬物價和瞎起鬨的公眾讚美過。「啊，我到處傳播你的美名！」在魯迅眼裏，它們卻都變色了。

　　卡夫卡說：「生活的迷信、基本準則和可能性：道德的地獄通過罪惡的天堂而獲得。是這麼容易？是這樣齷齪？是這樣不可能？」不要被卡夫卡一連串有意曖昧的問號搞懵了，他的真實意思不過是想拼力把那些問號拉直為感嘆號。《淮南子》說：「仁鄙在時不在行，利害在命不在智。」出於這樣的原因（在不考慮本地黑暗的前提下，也僅僅是出於這樣的原因），魯迅會同意卡夫卡的主張。如同湯瑪斯·哈代和弗洛斯特的黑色田園詩，如同美好事物的喪失，也如同無主名的花環，正是亮色在魯迅那裏缺席的直接原因。亮色是沒有存在根據的。在魯迅的中國更加沒有根據。這個根據曾經虛擬性地存活過，但在魯迅的「看見」和斜視中，它的火炬熄滅了。賈誼說：「天不可與期，道不可與謀。遲速有命，焉知其時？」（《史記·屈原賈生列傳》）當早年的夢想一個個破碎，理想的臂膀一一被打斷，亮色的退場之早和黑色的來臨之神速，就連病夫、流水帳的記錄者、白天的討厭者、無物之陣的愛好者、跋涉者魯迅本人都目瞪口呆。面對充滿謊言、流言、流彈、很古的人心、「反動」的兒歌、鏟共大觀、友邦的驚詫……本地黑暗組成的天空中已經沒有一絲亮色，魯迅不過是通過他易怒、易於敏感也易於悲觀絕望的氣質，直接把黑色的光線轉渡到自己的文字中，並且成倍加重了黑色光線的黑色質地而已。花環是不存在的，憑空生造一個就是無聊的事情。這就有如陸遊所言：「本來無事只畏擾，擾者才吏非庸人。」魯迅對自己曾經生造花環的「才吏」行為是有過悔恨之意的；他晚年指責沈從文虛構透明的田園牧歌麻醉別人的心靈，除了京海之爭的題中應有之義，有沒有不允許再一次在瑜兒的墳頭憑空安放花環的意思呢？

　　W·本雅明在評述卡夫卡的那篇驚人之作裏說：生活的實質就是骯髒（本雅明《論弗蘭茲·卡夫卡》）。這話可以一字不漏地用在魯迅的語境裏。在魯迅看來，他身處的時代幾乎是不值得他合作的。在骯髒的年

頭連光線都沾滿了污穢氣味。魯迅就這樣說過,不只一次地說過。作為一個流水帳的記錄者,他把這種氣味也移植到自己的文字當中,不過沒有像沈從文那樣,著手清洗黑色光線和它身上的氣味罷了──記錄本身的固有脾氣決不允許魯迅那樣幹。他只是挪用一下就是了;然後就是造謠、踹擊、斜視和討厭。

魯迅的聲音除了偏執、懷疑和激昂,在音色上還有著黑色的一面;或者說,魯迅的音色首先就包裹了一層黑色外衣,黑色是魯迅的各種句式的天然色彩,是魯迅獨有的語法。這層外衣是對時代生活的呼應,是一件與骯髒生活正相匹配的什物,其大小剛好合乎時代的身段。魯迅語調上偶爾的調侃、搗蛋(比如省力的幽默),正好可以算作這層外衣套在時代身上,產生出的幾個讓人毛骨悚然的曲線。聲音上的黑色質地早已向我們暗示:魯迅從心情到文字都只有黑色。在一篇文章中,他說:「我只得由我來肉薄這虛空中的暗夜了……」「暗夜」標識的恰恰是這麼回事:在別人都看見希望與光明的地方,在適應了骯髒氣味與黑色光線的人那裏透出來的美味、光明和好的故事,在魯迅那裏存在著的只是「麒麟皮下的馬腳」。更有甚者,他也要生造一些黑暗,與本地黑暗結為同謀,向正人君子所謂「好的故事」臉上砸去,試圖熄滅他們的燈光,取消他們的白天,關掉他們的火炬:

> 事事不遂心,人生如此暗淡,
> 厄運與日俱增,幸福時時消減。
> 感謝真主,我們畢竟無須乞討
> 論災難,我們自有取之不竭的源泉。
> (《魯拜集》)

2、黑暗隱士……

假如有人說海德格爾是一個貧乏時代的思想家的判斷正確無誤,說魯迅是一個黑暗和骯髒年頭激昂的隱士也就不會有什麼大錯。一如我們

所知，隱士大多是些虛無主義者，是些失敗者，也是一群時代生活的拒不合作者。這正如一位當代詩人詠頌過的：「並無必要囤積，並無必要／豐收。那些被風吹落的果子，／那些陽光燃紅的魚群，撞在額頭的／眾鳥，足夠我們一生。」（歐陽江河〈拒絕〉）因為在隱士看來，豐收、囤積最終都是虛妄和零；魚群和眾鳥按照美學家立普斯（Lippus）的看法，恰好可以讓我們進行遠距離的審美人生關照。這無疑就是王維說自己的話：反正已經死定了，不如就坐在絕路邊緣觀看浮雲的起落吧（「行到水窮處，坐看雲起時。」）。杜甫也這樣說起過李白：雖然皇帝老兒在恭請我上船，但爺爺我卻是一個沉迷於杯中乾坤的神仙（「天子呼來不上船，自稱臣是酒中仙。」）。魯迅則更加幽默和風趣地描寫了自己的隱士形象：「破帽遮顏過鬧市，漏船載酒泛中流」；「躲進小樓成一統，管他冬夏與春秋。」（〈自嘲〉）他壓低帽檐，匆匆穿過抹了口紅的十里洋場和旨在退出時代的大小路徑（當然，它們難道不也正是通向時代的路徑麼？），隱居在斗室裏，卻無非是想把那些花環無根、亮色失去依據之後僅存的黑色光線承納起來和記錄下來（這當然得麻煩他發明的具有嘔吐功能的特殊記錄法了），因為隱士也必須要有事可做才能維繫生命。和飲露餐菊的古代隱士大異其趣，魯迅只是一個吞吃污穢氣味和黑色光線的現代隱士——他沒有古代隱士的好運道，也沒有他們的閒情逸致。

　　魯迅曾經以非常準確的筆調和非常誠實的態度，描寫了自己的內心是如何漸漸與黑暗融為一體，自己又是如何充滿快感地猛烈呼吸黑暗的氣味（參閱《野草‧影的告別》）。我們早就從各個方向聽說了，時代始終是個大於個我的龐然大物，實在沒有幾個人能夠真正抵禦它。時代的黑暗因此勢必會澆灌每一個人的心靈。如同尼采說比才（Georges Bizet）悲劇性的拉丁精神與北方寒冷多霧的氣候密切相關（尼采《瓦格納事件》），魯迅內心的黑暗和時代的黑暗症候，肯定有著十分明顯的上下文關係。和我們這些凡人一樣，魯迅也逃不掉這一宿命。所以，他怎麼會像陶淵明那樣飲露餐菊呢？

　　但個人和時代還存在著另一重關係：對於某一個非常有力或者非常特別、特殊的人，他能夠站在時代之山的懸崖邊，像一棵倚在絕壁上的樹，只有根系還在山體上，整個身子卻早已臨空做展翅狀，從而成為時代的突出部分。這其實就是魯迅和他身處的黑暗時代之間的重要關聯之一：他就是時代的突出部分，是時代脖子上的喉結。很顯然，這也是對他作為一個黑暗隱士的形象性描述。必須注意的是，黑暗隱士的生活就是一種次生生活，是魯迅為自己專門發明的生活方式：他既不全生活在時代之山，也不全投身於時代之山的懸崖外邊──那裏是無窮的虛空、無窮的危險的集散地。魯迅自己把自己逼入了這種危險的生活形式。他自己流放了自己。

　　魯迅借一個虛無的影像之口對公眾、也對自己說：「你還想要我的贈品，我能貢獻你什麼呢？無已，則仍是黑暗和虛空而已。但是，我願意只是黑暗，或者消失於你的白天……」（《野草・影的告別》）這段話明白無誤地向我們表明了：我只能貢獻黑暗；我願意和黑暗結成同盟，因為亮色的存在是沒有根據的，鮮花花環也是沒有根系的，更不用說安置根系的土壤了。土壤早已被時代之山懸崖邊光禿禿的石塊所取代（魯迅之所以多次──比如在《墳・未有天才之前》──號召人們去作土壤，也許正有這個意思）。這剛好構成了魯迅牌黑暗隱士的身份內涵：他不會再像安徒生、荷爾德林、維特根斯坦……那樣試圖為他的時代貢獻光明和出售燈盞，也不會再有五四時代的郭沫若再造嶄新燈火的豪情。那都是些黑暗年代的正宗臣民們的雅興，按照卡夫卡的話說，他們就像是戲院的經理，正在「給一個個未來的演員更換尿布」，卻不是黑暗隱士願意做的事情。在一次酒局上，自稱偏居「詩歌邊疆」的詩人藍藍對我說：幸福、光明和亮色是需要想像力的。黑暗隱士在解除了、洞悉了花環亮色的無根性之後，早已喪失了有關亮色的想像力。他唯一的想像力是對黑暗的「想像」：在與黑暗為伍的同時也貢獻黑暗──正如他自己所說。

　　黑暗隱士就這樣通過吞吃與反芻黑色，徹底完成了自己的身份構造。管子曰：「圓者運，運者通，通者和。」（《管子・君臣》）黑暗隱士

為了自己的安身立命，也為了和黑暗年代保持某種適合自己內心需要的、能體現黑暗隱士身份的關係（即充當時代的突出部分，亦即發明一種可以被稱作次生生活的生活形式），終於通過對黑暗的「想像」，找到了可以繼續在一個無根的花環時代得以留存下來的「圓」、「運」、「通」、「和」。所謂「破帽遮顏」，所謂「漏船載酒」，已經絕好地說明了這層意思，指明了破譯這層意思的線索。

被人稱為投槍、匕首、加農炮的魯迅雜文，表明的也是一個黑暗隱士的「圓」、「運」、「通」、「和」：呼吸黑暗，通過反芻再貢獻黑暗。正是魯迅的雜文而很可能不是別的什麼，真正暗示和勾勒了魯迅作為時代突出部分的黑暗隱士的形象。福樓拜（Gustave Flaubert）在致友人的書信裏說：「我的小說是我依附的岩石，我對世上發生的事情什麼也不知道。」卡夫卡知己般地認為，福樓拜的話正是他想說的；在此我也願意下結論：它也正是魯迅想說的──但有必要把「小說」改成「雜文」。雜文就是魯迅的真正特憑：他通過激昂的戰鬥，向幾乎所有人投擲投槍和匕首，來達到既與時代相依，又作為時代突出部分因而和時代相脫離的特殊性。魯迅的文字充當著時代與隱士之間的橋樑。它既退出時代，通向斗室，又進入時代，通向污穢的氣味、黑色的光線以及人造的災難。魯迅通過激昂、亢奮的殺傷力，獲得了一個隱士應該具有的暫時解脫，但又不至於徹底墜入虛無的深淵（想想時代之山的懸崖邊那棵臨空做展翅狀的樹吧，那裏正是絕對的虛無之所在）。

波德賴爾描述他的好友康斯坦丁・吉斯（Constantine Gus）的話在這裏正好可以用來描寫魯迅的雜文：「他總是好鬥，哪怕只有他一個人，他也總要設法避開來自自己的打擊。」寫作在魯迅那裏，不僅是收集黑色光線的容器，不僅是鐵屋子，更是生產黑色光線、出售黑色光線的加工廠和批發商。出於這樣的原因，魯迅屢屢被人稱道的偉大而「優美」的文章，也只能由黑暗去界定，特別是由在黑暗隱士的黑暗心理驅使下的所作所為去定義。

充滿火藥味的魯迅雜文充分表明了，他是一個「戰鬥」著的、即使在無物之陣也要拋擲投槍和投槍上的原始性的激昂隱士。他寫作的目的

不是為了驅趕黑暗製造光明，因為他已經沒有了維特根斯坦、荷爾德林、安徒生等人有關亮色的覷睒想像。正是對亮色的虛無主義態度，魯迅的戰鬥、激昂也充滿了相當的虛無性、廣泛的痛苦和失敗感。依照通常的看法，虛無在色澤上就是黑色的，假如實有、希望真是金色的。基於這樣的考慮，無論魯迅的戰鬥如何勇敢，情緒如何激昂，都不能更改他的隱士身份，頂多只能給他的隱士身份加添特殊性。

〈安提戈涅〉說：「她為時光之父，／計算金色的鐘點。」金色的鐘點只能是透明的、田園牧歌時代的分分秒秒。魯迅的鐘點是黑色的；他只是以一個黑暗隱士的身份替黑暗和黑暗的時代計算漆黑的鐘點。魯迅的幾乎所有文學書寫──尤其是雜文書寫──早已表明，計算漆黑的鐘點正是黑暗隱士的天賦義務。因為有幸生活在田園牧歌裏的人和田園牧歌的時代一起絕跡了。

3、計算漆黑的鐘點……

魯迅的隱士形象很遺憾地被長期遺忘了。但是，通過這條過於隱蔽的、被長期遺忘的線路，我們也許能窺測到魯迅的許多真實面目。在通常情況下，隱士是以沉默來拒絕與他的時代合作的：伯夷、叔齊跑到首陽山採薇，誓死不食周粟；梭羅（Henry David Thoreau）去了瓦爾登湖，想找到個人的寧靜；晚年的盧梭（Jean-Jacques Rousseau）向每一條可用於遐想的道路問好、致敬，試圖減緩內心的仇恨與激情；王維在幽谷中彈琴復長嘯，陶淵明在能夠悠然見到南山的地方採摘菊花……普通隱士的聲音往往是柔和的、低婉的、自言自語的，它們合起來就叫做沉默。據說，特拉普修道院（Trappe）的教士們遵守著一種極端嚴格的教規：每月只有一天可以說話，其餘時間必須保持沉默。我們完全可以把那些修士們看作標準含義上和神學含義上的隱士。對此，羅蘭‧巴爾特精闢地說過：「沉默是一種告退的方法。然而值得注意的是，作為告辭，也就意味著……失敗。」（羅蘭‧巴爾特《批評與真實》）由於隱士告退式的虛無主義特性，失敗就是他天然的身份證。

　　但魯迅的聲音卻明顯有著大聲武氣的一面。我們習慣於把這稱作激昂、憤怒和戰鬥者的音色。但是，魯迅語調上的黑色質地卻保證了他的激昂、憤怒、戰鬥與隱士身份的吻合。大聲武氣的腔調和黑暗隱士的身份並不矛盾。與普通隱士（比如伯夷、叔齊、梭羅、晚年的盧梭和王維）的失敗樣態不同，魯迅不是通過沉默，而是通過激昂的發言來獲取他的失敗感和失敗體驗的。胡利奧・科塔薩爾（Julio Cortázar）咬牙切齒地說，我的全部寫作就是為了證明某一項事業的失敗，而不是為了成功。魯迅以他黑色的、大聲武氣的激昂腔調，圖解了科塔薩爾的咬牙切齒：魯迅證明了所有人與事的失敗，無論是正人君子、徒手請願、東方文明、道德家，還是中國國粹、西崽、謠言和一大串自稱掌握了各種革命計算法則的革命家……他隱居在黑暗的斗室裏，望著那條連接時代與隱居地的橋樑，目光到達了時代黑暗的最深部。就在那個黑色的中心，他以激昂的語調宣判了時代及其事業的徹底失敗。魯迅的黑暗隱士形象是由他宣判式的語調來最終完成的。但他在宣判時代與別的人與事失敗的同時，並沒有獲得自己的成功：他無力像安徒生所希求的那樣，點燃燈盞來照耀和驅趕時代的黑色。魯迅宣判式語調的公式是以黑色對黑色，並且他最終還生產了黑色：讓黑暗的時代更黑。

　　頹廢主義者兼大麻愛好者波德賴爾以為，只有頹廢式的「為藝術而藝術」才是唯一純潔的生活。在一個無恥的、毫無亮色的年代，大概也只有頹廢和為藝術而藝術才會讓某些人獲得安寧，找到摻假的聖潔。但魯迅決不會同意「為藝術而藝術」的鬼畫符（參閱《南腔北調集・我怎樣做起小說來》）。在花環無根、亮色失卻依憑之後，魯迅充滿快意的做法是：讓黑的更黑——他把宣判式語調的公式到處使用。這中間的原因就在於：作為一種純潔生活的仲介，頹廢和「為藝術而藝術」始終需要想像力，並且是藍藍認為的那樣去想像燈火、亮色而不是黑暗。那是一種勇敢的想像力。波德賴爾不是大聲武氣地說了麼：為了頹廢生活的達成，我不僅樂於做個犧牲品，即使做個吊死鬼也挺開心！魯迅的宣判式語調沒有多少想像力可言，它只是在魯迅讓黑者更黑的時候才偶爾露面

（《野草》就充分表明了魯迅製造黑暗的能力和對黑暗的想像力是多麼豐富）。魯迅不屑於波德賴爾旨在頹廢的「為藝術而藝術」。

自稱兩度和魯迅相知、又兩度被魯迅拋棄的林語堂，為魯迅的激昂和宣判式語調（即讓黑的更黑）畫了一副很「肖」的「像」：「魯迅所持非丈二長矛，亦非青龍大刀，乃煉鋼寶劍，名宇宙鋒。是劍也，斬石如棉，其鋒不銼，刺人殺狗，骨骼盡解。於是魯迅把玩不釋，以為嬉樂，東砍西刨，情不自已，與紹興學童得一把洋刀戲割書案，正復相同，故魯迅有時或類魯智深。故魯迅所殺，猛士勁敵有之，僧丐無賴，雞狗牛蛇亦有之。魯迅終不已天下英雄死盡，寶劍無用武之地而悲。路見瘋犬、癲犬、及守家犬，揮劍一砍，提狗頭歸，而飲紹興，名為下酒。」（林語堂〈魯迅之死〉）這段有著本雅明大聲稱道的那種「直立性」的文字，活脫脫道出了黑暗隱士的真面目：他在激昂和宣判的同時只得天天與他宣判的對象為伍，正如法官整日裏必須和殺人越貨的罪犯為伍。魯迅如同「隱居」在月黑風高之際的孤獨俠士，在寂寞無聊又急於找到宣判對象時，不惜對瘋犬、癲犬及守家犬之流下手——這就很難說是戰士的英雄行徑了。黑暗的時代並不能提供真正的英雄：它把英雄遠遠地甩掉了。它把英雄拋到群狗之中。這樣，英雄，他的最後精神形象，如同本雅明說波德賴爾那樣，本身就顯得像一個癲皮狗。魯迅也由此成了時代的罪犯，「人民」的公敵，刨拉皇家後院的強盜，但他最終不過是專對癲皮狗下手的黑暗隱士。

就是在林語堂所謂「把玩不釋，以為嬉樂，東砍西刨，情不自已」之中，魯迅終日與黑暗為伍，並計算著黑暗的鐘點，對花環無根的原因、亮色存在無據的理由早已不耐煩過問。他時而挺胸昂頭站在大街上破口大罵，時而破帽遮顏，冷眼觀看鬧市中的黑暗風景，時而又在斗室裏熱嘲冷諷、製造咒語，但無一例外總有好運道獵取到狗頭，以酒取樂，諦聽黑暗的鐘點流逝的滴答聲。隱士的目的，就是要在拒絕和時代為伍的過程中，按照自己的內心願望把日子打發掉——這對魯迅來說真可謂對空白時光的有趣填充。計算漆黑的鐘點也由此構成了黑暗隱士消遣和消磨永夜的真正姿勢。

　　據說張翰（季鷹）縱情任性，不為禮法所拘。有人問他：你當然可以適性放縱，安逸一時，但怎麼不為死後的名聲想一想呢？張翰回答說：「使我有身後名，不如即時一杯酒。」（《世說新語・任誕》二十三）這很容易使人聯想到一位英國詩人的名句：幾杯老酒下肚，勝過一個彌爾頓（John Milton）。魯迅顧忌過身後的名聲嗎？也許。但隱士身份使他更容易認同張翰：就著狗頭（哪怕是癩皮狗的頭）下酒，並諦聽黑色鐘點的流逝以消永夜，似乎比虛妄的「身後名」要緊得多。計算漆黑鐘點的姿勢是一個仲介：它一邊連著激昂的、黑色的語調和無物之陣上的戰士形象，另一邊則連著「以消永夜」並消掉了永夜。換句話說，它一邊連著宣判，連著對黑暗的豐富想像，另一邊則連著隱士的失敗者身份。也就是在此之中，魯迅的架勢更為他的現代隱士形象點了龍睛。

　　計算漆黑鐘點的姿勢在魯迅那裏得靠寫作來完成。魯迅一直就在寫作中計算著漆黑的鐘點。他的寫作從很早起（不是從一開始起）就既作為收集黑色光線的容器，又作為生產、銷售黑暗的加工廠和批發商。魯迅多次用黑色的、壓抑的腔調說過：我的日子就在對這些無聊之事的描述和謾罵中流逝了。翻譯成計算漆黑鐘點的姿勢所認可的話來說就是：他坐在斗室裏，在描述黑暗和詛咒黑暗的過程中，記錄了每一分分秒秒的黑色鐘聲。有理由肯定，那個黑暗隱士，時代的突出部分，次生生活的發明者，那個魯迅，在說這番話時是滿懷成功的語調的。在憑空安放了一個不可能存在的花環後，魯迅也只有在說這番話時，才有一絲過於隱蔽的亮色：因為他畢竟成功地計算了每一分分秒秒的漆黑鐘點，並讓每一分秒的鐘點都停留在自己的文字裏邊；更重要的是，他最終在忙碌中成功地消磨了看似難以消磨的「永夜」。這是魯迅唯一的亮色；而亮色的來源卻需要仰仗他計算漆黑鐘點的隱士姿勢。這是一種非常特殊和打眼的姿勢，遠遠超過了普通人的想像，超過了普通人的動作能力。當然，這也是魯迅的隱士身份長期以來遭到普遍遺忘的原因之一。

4、醉眼中的朦朧……

　　無數人驚歎過《野草》瑰麗的想像力和沉鬱頓挫的複雜心緒，卻幾乎無人願意指出，《野草》中蘊涵的想像力，僅僅是黑暗隱士就著狗頭下酒時，對黑暗本身的大膽想像。《野草》中當然充滿了痛苦、游弋、矛盾、虛無和絕望的面孔。魯迅說，《野草》包含了我的全部哲學。這哲學其實大部分都是關於黑暗的哲學，關於失敗的哲學，也是關於跋涉的哲學，關於肉薄的哲學，關於挪用「遠方」與「人們」的哲學，關於戰鬥的哲學和絕望的哲學。在黑暗隱士辛苦地做出各種計算漆黑鐘點的姿勢時，豐富的想像力就是必須的：它既能讓魯迅遵循宣判式語調的普適公式，讓黑暗更黑，也可以驅使魯迅通過對黑暗的想像，更深入地瞭解時代的黑暗與人造災難。卡夫卡說，在你和世界的鬥爭中，你一定要幫助世界。魯迅很可能對這樣的建議毫無興趣：《野草》中隱藏的哲學就是絕好證據。

　　作為收集黑色光線的集大成版本，《野草》早已掩蓋了黑暗隱士生產黑色光線的真實動作。整本散文詩敘述的，始終是黑暗隱士就著狗頭下酒時的內心獨語。經過激烈的自我駁詰後，魯迅下定了生產黑色光線的決心。至此，花環與亮色更是絕對不可能存在了。作為時代的突出部分，魯迅決定把黑暗隱士的角色堅決扮演到底。《野草》中蘊涵的想像力，實際上就暗含對這一決心的預演和預言。北宋張詠在一首詠歎鷓鴣的詩裏說：「畫中曾見曲中聞，不是傷情即斷魂。」魯迅則把他的鷓鴣染上了黑色，卻並無太多傷感成分。他一邊在斗室飲酒，一邊所做的主要事情，就是將製造出來的黑暗塗抹到時代的天空。在他拖著殘破的身體肉薄黑暗與虛妄時，並沒有、也不能帶出任何光明。《野草》就是被魯迅有意染黑的一隻鷓鴣。

　　上海時期的魯迅寫過一篇類似於文學批評的文章，題作〈醉眼中的朦朧〉。不管這篇文章所指如何，「醉眼中的朦朧」恰好可以看作計算漆黑鐘點的動作引發出來的某種狀態。林語堂早就說過了，魯迅在就著狗頭下酒；許廣平回憶過，魯迅算得上狂嗜老酒的高手；作為好朋友，郁

達夫經常給魯迅送去紹興花雕……黑暗隱士的日記裏也有「飲酒至醉」的流水帳式記載——生活中實存的事件就這樣深刻對應了《野草》中暗暗下定的決心：黑暗隱士就是要讓「計算漆黑的鐘點」有力地達到「醉眼中的朦朧」。

魯迅說了，作為一個隱士，他解除痛苦的法寶不外乎是依靠忘卻和麻痺自己（參閱《吶喊‧自序》等文）。「忘卻」和「麻痺」對於十分清醒的魯迅，可能也只有依靠物態的酒或（和）象徵的酒的幫助才能達到。計算漆黑鐘點的真正目的，就是想幫助隱士成功地消磨「永夜」，但計算在魯迅那裏始終都是清醒的行為。如果有了「醉眼中的朦朧」充當這兩者之間的通道，隱士的身份、形象、心態就會更加穩固，目的也就能更加順利地達到。一如我們所知，通道就是一座橋樑，一種狀態，正好合乎過渡的需要。

麻痺和忘卻是隱士的典型行為。唐寅說：「半醉半醒日復日，花開花落年復年。但願老死花酒間，不願鞠躬車馬前。」「若將富貴比貧窮，一在平地一在天。若將貧賤比車馬，他得驅馳我得閒。」（唐寅〈桃花庵歌〉）和唐寅念念不忘，卻又分明想忘卻富貴和車馬的情形相反但思路相同，魯迅的隱士身份的特殊性恰好在於：一方面他在清醒地製造、加工、生產黑暗並批發和銷售黑暗，另一方面又想忘卻和麻痺自己的心智與手足，忘掉這些無聊的事情。他說：我那些淺薄、應時的文字，也是應該棄之不顧，一任其消滅的（《熱風‧題記》）。魯迅就這樣充滿矛盾地穿梭在清醒與麻痺自己以及忘卻之間，希望獲得喘氣和換氣的時間。作為這種決心的預言和預演，《野草》是魯迅一生中少有的從不換氣到達成換氣的仲介：《野草》中的絕望、茫然、痛苦、嘲諷、反諷、自嘲、自戀、勇敢、卑怯……絕好地承載了在清醒與麻痺自己之間不斷穿梭的隱士形象和失敗者面貌。

「醉眼」給魯迅的眼前添加了重影：這就是朦朧狀態的來臨。對於黑暗隱士，天天都生產黑暗和呼吸污穢氣味無論如何都是單調乏味的，也是難以為繼的。醉眼中的朦朧作為一種緩衝狀態，恰好可以算作凍結了時間的流逝，並在難以抵抗的迷人黑暗與清醒中，啟動了另一種具有

穿透性的特殊時間。這就是由重影（即朦朧）狀態開出的黑暗隱士的獨有時間。在這個特殊的時間段落中，隱士魯迅得以引發自己的次生生活：像那棵紮根時代大山絕壁卻又臨空展翅的樹，魯迅的生活也是時代平均生活的異數和突出部分；醉眼朦朧中的時間和時代的公共時間之間，也構成了互否、互為同盟的雙重關係──在相互排斥的基礎上相互需要。魯迅採取仔細計算時代漆黑時間點數的動作，開創了自己次生生活所依賴的時間。無論是物態的酒還是象徵的酒，都是達成這一目的的好夥伴：正是酒和它帶來的重影狀態而不是其他，使魯迅成功地擁有了一種隱士需要的特殊時間。

消費老酒獲得醉眼中的朦朧並最終獲取隱士需要的時間段落，在魯迅那裏而不是在所有別的人那裏，實際上就是消費黑色，擯除花環和亮色；因此，在朦朧和重影中耗掉的是有關忘卻、麻痹自己的詞語和「句式」。實際上，醉眼中的朦朧就是有關計算漆黑鐘點的典型句式，也是黑暗隱士獨有的書寫句式。重影給了隱士以遙遠的距離：麻痹、忘卻遠在天邊，也近在眼前。卡爾・克勞斯（Karl Kraus）說：「人看一個詞時離得越近，詞回頭注視的距離也就越遠。」這種有趣的比例對醉眼朦朧的魯迅是相當適合的。他對黑暗採用既遙遠又分明那樣近的書寫句式，正是建立在這個基準線上。

約翰・朗肖・奧斯丁（J.Langshow Austin）以為，語言中有兩類語句，一類專司陳述，它是對非真即偽狀態的敘述；一類是行為句，無所謂真偽，只是完成了某種行為，只有恰當不恰當之分。奧斯丁進一步說，和通常的情況相反，敘述句只是行為句的一種特殊形式。黑暗隱士的句式和奧斯丁的精闢之論在大同之中仍然有些小差異：黑暗隱士的句式也是行為句，但它表徵的不僅僅是完成了某種行為，而是始終處在行為過程之中，是對醉眼朦朧者本人的陳述，目的是為了搞清隱士的時間和時代的公共時間之間的差異。因此，隱士的句式既無非真即偽的判別，也沒有恰當不恰當的區分，唯一的標準，全包含在計算漆黑鐘點的姿勢之中、「醉眼朦朧」對詞與物的遠近的判斷之中──合乎不合乎隱士的內心需要才是最終標準。

　　宋長白《柳亭詩話》記載了一則很有趣的軼事：「康衢善歌詩，應進士不第。見人文章有傷感者，讀訖必哭。白樂天贈以詩云：賈誼哭時事，阮籍哭路岐。康生今亦哭，異代同其悲。」「長歌可以當哭，遠望可以當歸。」哭有很多肉身化的動作形式，也有數不清的原因。實際上，能哭的人就是幸福之人，因為能哭表明還能同情自己。隱士的句式徹底消滅了魯迅大喊著同情自己的能力，他只能在黑暗隱士獨有的時間和空間裏舐舐傷口，把大喊、激昂交給了時代的黑暗。不過，他不是以哭泣的姿勢完成這一動作，而是以宣判失敗的腔調；不僅宣判了時代的失敗，也宣判了自己的失敗。醉眼中的朦朧也刪除了魯迅的哭泣本能。因為哭泣表明這個世上還有值得哭泣的事情，它是對美好的悼念，是對失去了的好世界和「好的故事」以及幸福的唁電。但黑暗隱士根本就不相信還有花環與亮色，有的只是黑色、黑色，……仍然是黑色。他在黑色之中找到了自己的隱居地（即「破帽遮顏過鬧市」之後到來的小斗室）、特殊的隱居方式（即次生生活、時代的突出部分）、隱士的句式以及隱士所需的特殊時間，獨獨沒有對美好和幸福的想像力。黑暗隱士最終喪失了康衢、賈誼和阮籍的哭泣本能。

　　梭維斯特說：「人類生命的三分之二消耗在猶豫上，最後三分之一則消耗在悔恨中。」充當一個黑暗隱士，對此魯迅說不上什麼猶豫——他黑暗隱士的身份是被逼成為的。可是，他會不會殘存一些悔恨呢，即使沒有三分之一那樣高的比例？就在我們的猜測之中，魯迅的鷗鴣放飛了，滿載著他的失望、失敗以及《野草》中的全部哲學。

魯迅的語調

1、魯迅式破折號……

　　破折號是魯迅的文字中最常用到的標點符號之一 ——句號、逗號就不用說了，因為它們只能算標點符號大後宮裏的「答應」和「常在」，表徵的只是文字中的停頓和換氣。我們可以隨手挑一段魯迅早年的文字，就可以看出破折號在他那裏出現的頻率之高達到了何種程度：「……人民與牛馬同流，——此就中國而言，夷人別有分類法雲，——治之之道，自然應該禁止集合：這方法是對的。……猴子不會說話，猴界向無風潮，——可是猴界中也沒有官，但這又做別論，——確應該虛心取法，返樸歸真，則口且不開，文章自滅。」（《墳‧春末閒談》）

　　鍾鳴在描述詩人狄金森（Emily Dickson）的精彩短文裏說過，再也沒有什麼標點能像破折號那樣，生動地表示出文字自相矛盾的離合狀態：「它們一旦躍然紙上，便互相靠攏、接納、出擊、限制，或者擠掉對方，——動詞擠掉輕浮的形容詞，而名詞卻排軋薄弱的副詞和介詞——它們彼此迅速做出反應，進行各種叛變。」（鍾鳴《徒步者隨錄》）從上引魯迅的文字中可以看出同樣的特色：夾在兩個橫槓（「——」）之間的內容，也同樣夾雜著魯迅對前後文字所做的補充、提示、解釋和修正，當然也有調侃和互否的含混性質在內。兩個橫槓間的文字和它的前後文字之間，在魯迅的特殊語勢那裏，有意識地構成了一種糾纏不清、扭作一團的含混面貌。這當然不僅僅是寫作中的換氣（句號和逗號可以看作是為了純粹的換氣），更是一種特殊語調在物質上的有形象徵，具有魯迅在語調上的綜合性質地。

　　當在深閨中幾乎寂寞地度過了一生的詩人狄金森，居然寫出了「離家多年的我」（I Years had been from Home）這樣的詩句，當她的出版人

面對她的眾多遺稿，清點之後說出「她在寂寞中寫下了 1775 首向右上角飛揚的詩句」時，究竟意味著什麼呢？我碰巧見過狄金森詩作手稿的幾張影印件，那位出版人的確獨具慧眼，狄金森的詩句確實在向右上角飛揚，彷彿有一股從正左邊依次刮向右上角的清風在吹拂著她的詩句。這是狄金森對自己寂寞的深閨生活的輕微責備。她真正的夢想是走出閨房，成為一個「離家多年的我」。這中間包含著有關無望、無助的痛苦，被具有母性的狄金森用無數個破折號給消除了──正如鍾鳴所說。多年以後，布羅茨基對此也讚不絕口，他說，破折號不僅被詩人用來說明心理現象、心緒的雷同，「而且還旨在跳過不言自明的一切。」（布羅茨基《文明的孩子》）儘管布羅茨基讚揚的是他的同胞茨維塔耶娃──一位同樣喜歡在爆破的語勢中使用破折號的偉大女詩人，可是，這些話用在狄金森身上，又有什麼不對呢。

　　……就這樣，破折號至少具有了兩種完全不同的性質和用途：魯迅式的和狄金森式的（或茨維塔耶娃式的）。狄金森式的破折號顯然意味著：我的痛苦不必全部說出來，我的寂寞具有堅定的質地，我即使把它們全部省略了，我也能找到進入寂寞和痛苦的祕密通道──破折號的確構成了我們這些後來者進佔、窺探詩人狄金森心房的地下暗道。正是筆直的、高度儉省情緒內容的破折號，促成了狄金森向右上方飛揚的詩句。狄金森式破折號是一支皇帝才能使用的御筆，會隨時像秋決一樣劃掉過多的文字：它是打在文字上面的、旨在擦去文字本身的紅線。在狄金森那裏，我們聽見的是文字罪犯人頭落地的聲音。魯迅式破折號卻意味著：他雖然身體殘破，卻有著太多的話要說，他的任務太艱巨，他一直試圖在個人的有趣人生和社會現實的無聊之間，努力尋找一個契合點、平衡點。出於這個平衡點具有過多不可解釋的、難以捉摸的、不確定的阿基米德點的含混性質，魯迅式破折號的用途絕對不是為了刪除，而是為了增添和續弦。魯迅式破折號是一個巨大的扁擔，它的兩頭掛滿了過於沉重的籮筐：一邊是時代和社會的黑暗以及黑暗對他的高度擠壓，另一邊則是內心的極度躁動、心緒上的高度激憤。因此，破折號在魯迅那裏有著分裂的危險神色。魯迅式破折號也為我們理解魯迅提供了一條隱蔽線索。

　　魯迅式破折號首先導致了魯迅語調上兩個相互關聯的特性：猶豫和結巴。早中期的魯迅（亦即魯迅研究界所謂 1927 年以前的魯迅）對自己說出的話有一種拿捏不定的面孔（猶豫），就是這種游離、飄忽的特性，導致了他言說時的結巴——在眾多小魯迅那裏，結巴被處理為有意的晦澀和欲說還休。魯迅坦白道：「我沒有什麼話要說，也沒有什麼文章要做，但有一種自害的脾氣，是有時不免吶喊幾聲，想給人們去添點熱鬧。」（《華蓋集續編·〈阿 Q 正傳的成因〉》）在這個很可能是真實的坦白中，包含著的不正有猶豫的意思麼？

　　寫作（也包括言說和講話）只是魯迅一個十分明顯和巨大的假動作，他的目的是想有趣地填充自己的空白人生。在此前提下（或與此同時）也希望對自己的時代有所貢獻、有所意義。但是，現實在他眼裏的無聊、荒誕和無恥，使得有趣人生的填空運動始終無法圓滿完成。這個誠實、認真的人，這個魯迅，始終無法在有趣填充人生和無聊現實之間尋找到真正的平衡，這使得他終於只能集懶得說（寫）、不得不說、只好說以及說了也白說的無奈臉孔於一身。猶豫和結巴正是上述一切帶出來的後果之一。從這裏，我們也看出了魯迅式破折號在其中的作用：夾在兩個橫槓之間的內容，不僅構成了對前後文字的解釋和補充，更有修正、否定和有意調侃的意味（即魯迅式不帶笑意的幽默）。這就是卡夫卡式的特殊悖謬法（paradox）在魯迅那裏改頭換面的妙用：破折號使魯迅在寫作的早中期忙於說出自己的話，又忙於否定自己的話，並且在說出的和否定說出的之間顛沛流離（《墳·後記》：我害怕我的讀者中了我的毒）。猶豫和結巴在動作上的如此特性，使魯迅的語調充滿了懷疑：不僅懷疑無聊的社會和時代，也懷疑自己的「說」。

　　布羅茨基指著同樣喜歡破折號的茨維塔耶娃的背影，對酷愛形容和特別喜歡用言語織體編織傳說的俄羅斯說：看啦，正是她和她的破折號，刪除了 20 世紀俄國文學中許多浮腫的東西（布羅茨基《文明的孩子》）。這種浮腫的東西也就是有人說過的：如果只把俄國文學看作屠格涅夫和托爾斯泰的文學，俄國文學的形象無非就是充斥著從瘋人院逃走的瘋子形象，或者，還沒有來得及被送進瘋人院的精神病患者的形象。

這些形象實際上就是言過其實的、在事境面前防衛過當的懷疑者的形象。魯迅式破折號恰好沒有它在茨維塔耶娃那裏的功能。通過破折號帶來的語調上的猶豫和結巴，魯迅為中國文學補充了很多東西；他補充的東西恰恰是中國文學（還有文化）一貫缺少的——這就是屠格涅夫、陀思妥耶夫斯基瘋子式的懷疑。魯迅的狂人就是這方面的典型例證。在〈狂人日記〉裏，我們從狂人時而滔滔不絕，時而又結結巴巴的語勢中，正好看見了那個巨大的破折號。懷疑意味著批判和抨擊。可以想見，對一個在生理上口齒很流利的人來說，文字上的猶豫和結巴只能象徵著他不能毫不猶豫地說出，即便他的懷疑也是謹小慎微和膽戰心驚的（那位懷疑主義者狂人後來不就赴「某地候補」了嗎）。孔子說過，我們要臨事而懼。中國的傳統文化帶來的後果之一，就是起鬨的公眾和盲目的輕信，懷疑主義似地、結結巴巴地、猶豫不決地陳述經義是要遭到譴責的（陳述經義需要慷慨激昂和堅定不移的音勢）。正是從這個意義上，魯迅式破折號決不僅僅是使用的技巧，也不僅僅是寫作中的換氣，它分明具有某種本體論的涵義。這也是魯迅那麼喜歡使用破折號並給它賦予那麼多重大任務的根本原因。

狄金森式破折號的省略與刪除有一個重大理由：她的寫作僅僅是為了填充自己寂寞的、空白的人生，寫作能讓她覺得有趣並從中獲得快感。她的寫作只是為了讓自己「看」。狄金森生前幾乎從未主動發表過詩作，正好和她的破折號有著內在的高度一致性。魯迅式破折號意味著增添——不管是肯定性的增添還是否定式的增添，都決不是為了省略。這也有源於他自身的重大理由：魯迅的寫作，除了有趣填充自己的空白人生和解決自己的無聊，也有改變中國現實的動機在內（即主動向時代的意義投誠）。這自然意味著，魯迅的寫作不僅要對他本人有效，也希望對社會和時代有效；不僅要給自己「看」，也希望能讓社會「看」。就是這個原因，使得省略一開始就不是魯迅式破折號的天然屬性。

由於魯迅多次貌似堅定地反對為文學而文學，使詩人鍾鳴所謂的「方腦袋理論家」們往往忘記了魯迅還存在著利己的一面，從而誇大了利他的一面。儘管魯迅從有趣填充空白人生和改造社會（即魯迅式革命）

之中，最終獲得的是嚴重的無聊感、失敗感和虛無感，但他的寫作和他的寫作透露出的特殊語調，依然和他獨特的破折號有著高度的內在一致性。

2、中國語調……

諾斯洛普・弗萊（Northrop Fry）說過，智慧是長者的方式。這用在孔子和老子兩位賢哲身上真是再貼切不過了。這兩位人物的智慧奠定了老年中國的基本音質——假如說中國在文化上的確有一個所謂的「軸心時代」，孔子和老子的智慧無疑奠定了中國語調上的軸心時代：中國語調的最強音就是蒼老和沉重。「子在川上曰：逝者如斯夫！」「天地不仁，以萬物為芻狗，」「天長地久」……相信正是那樣的言說方式開啟了中國語調的先河。「亡國之音哀以思，」「亂世之音怨以怒」，「治世之音安以樂」……（《詩・大序》）則是中國語調過早到來的總結和綱要。表徵年輕的笑意在中國語調中一開始就被刪除了。

猶太人在耶穌受難時發出過嘲笑，因而被判永久性地流浪直至末日審判，其流風所及，直到奧斯維辛之後，甚至阿多諾（Theodor Wiesengrund Adorno）認為再寫詩就是一件可恥的行為。《創世紀》記載了一件有關笑的神學軼事，說的是在聽耶和華佈道時，撒拉不知是哪根神經動了一下，不禁微笑（決不是大笑）起來。耶和華指斥他，但撒拉否認：「我沒有笑！」可耶和華堅持說：「不，你確實笑了，撒拉！」依照耶和華的脾氣（根據有些人的看法，耶和華最初是一位殘忍的戰神，而不是什麼慈悲的拯救之神，參閱艾斯勒《聖杯與劍》），撒拉會有什麼樣的結局人們不妨去猜測一下。和大多數莊嚴的神學一樣，孔子和老子的語調同樣是反對笑聲的，這一天條在中國文化的發展中越往後推移，笑聲在被指責中，越遭到廣泛的懷疑、打擊、削減直到消失。笑被認為是對四平八穩、雍容大度、按照中庸之道的比例尺測量過的中國文化經義的冒犯。是一種輕薄的行為。我們只有從無聊的詩人（比如李白）、文人（比如李漁、馮夢龍）那裏，才能偶爾聽到一些膚淺的笑聲，看到

一些膚淺的笑意。蒼老和沉重是堅決反對笑聲的。這使得一位名叫李廷彥的哥們為了做出好詩，不禁杜撰出「舍弟江南沒，家兄塞北亡」這樣不祥的句子（孔齊《至正直記》卷四），儘管他的家兄、舍弟都活得好好的。

中國語調有一種深入骨髓的悲涼，那是一種老年的、飽經滄桑的語調。這種腔調在季節上對應的是秋天——所謂「何處合成愁，離人心上秋」；在晝夜上對應的是黃昏——所謂「夕陽無限好？只是近黃昏」。少年中國在漢語中幾乎是從不存在的，至少我們已經無法追溯了，也不知道少年中國在三皇五帝時期究竟存在過沒有（按照《尚書》的特有的調門來判斷，估計三皇五帝時代也不曾有過）。這種腔調是哭泣前的禁止哭泣，是卡在喉頭處的哽咽：它合乎中庸之道——大哭和大笑都是反中庸的。清人汪景祺說：「憶少年豪邁不羈，謂悠悠斯世無一可與友者，罵坐之灌將軍，放狂之禰處士，一言不和，不難挺刃而鬥……」這種偶爾的年輕和輕狂只在一眨眼之間，很快到來的卻是：「青春背我，黃卷笑我。意緒如此其荒蕪，病軀如此其委頓，間關歷數千里，貧困饑驅，自問生平，都無是處。」（汪景祺《讀書堂西征隨筆·序》）有趣得很，汪景祺也用到了「笑」，但「笑」在這裏顯然和在撒拉處大不一樣，它分明已有了一種嘲諷的意味，它是對反抗蒼老、沉重語調之人的韃伐，是奉獻給這些權威語調的不法分子的噓聲，是蒼老、沉重的老年語調的看門人和守夜者，也是語調中的員警和法官。

魯迅對此頗有體會，他為這種病態的老年腔調畫了一幅像：中國的文人最喜歡在積雪時分，由丫鬟或侍者扶持著去看看病梅，吐兩口血，然後再吟兩句詩——至於吟的詩是清爽的還是沉重、蒼涼的，我們甚至不用對此發生疑問；在另一處，魯迅又把中國詩人稱作「瘦的詩人」：這些傢伙的淚腺尤其發達，見殘花就要下淚。儘管這很不合中國語調上的中庸之道，但流淚畢竟還算是表達了蒼老、沉重語調的終極特色，語調上的中庸之道對此也只有睜一隻眼閉一隻眼。韓愈曾為此辯護過，說什麼「氣盛則言之短長與聲之高下者皆宜。」提倡過「夫物不平則鳴」的韓愈一定很清楚，他這樣說得有一個前提：無論「言之短長」還是「聲

之高下」都被沉重、蒼老的語調預先浸泡過。在中國，幾乎所有的語調，哪怕是貌似年輕、柔軟和慷慨激昂的語調，都無不打上老年調門的音色。即使是號稱「老夫聊發少年狂」的蘇軾，其慷慨激昂表像掩蓋之下的，依然是一介「聊發」一下「少年狂」的「老夫」而已。

在一次演講中，魯迅從聲音的角度將我華夏神州定義為「無聲的中國」（《三閒集‧無聲的中國》）。這當然不是什麼比喻性的說法。魯迅無疑參透了中國調門的特殊性：單一的語調，哪怕這種單一性僅僅是有如價值規律那般的中軸，圍繞它上下波動的價格幅度始終被中軸控制一樣，即使蒼涼、沉重的老年語調也充當了這樣的中軸角色，圍繞著它上下浮動的還有其他語調，但這種單一性帶來的最終結局，仍然是一鹿高鳴，萬鹿俱寂。它控制其他語調的振幅，無聲的中國來臨了。在魯迅早期的大作〈摩羅詩力說〉裏，他寫道：「人有讀古國文化史者，循代而下，至於卷末，必淒以有所覺，如脫春溫而入於秋肅，勾萌絕朕，枯槁在前，吾無以名，姑謂之蕭條而止。」在文末魯迅大聲疾呼：「今索諸中國，為精神界之戰士者安在？有作至誠之聲，致吾人於善美剛健者乎？有作溫煦之聲，援吾人出於荒寒者乎？國家荒矣，而賦最末哀歌，以訴天下眒後人之耶利米，且未之有也。」可這樣的言說，依然只能算一個少年老頭對中國語調的沉重陳述：魯迅本人的語調和他所描述的對象性語調達到了驚人的一致性──這是一種本地語調，儘管魯迅在自己的寫作中引進了他自己意義上的破折號。

中國傳統語調是一種沒有破折號參與其中的調門，它拒絕破折號：在蒼老和沉重的音色中，包含著毋庸置疑的堅定性（即霸道性），它不允許被篡改，更不允許被矯正。破折號帶來的猶豫和口吃，是蒼老、沉重的中國調門堅決不允許的。它的堅定性意味著自己始終真理在握，所謂「天不變，道亦不變」，所謂聖人之言也，與天地江海相始終。任何人只要在言說時膽敢懷疑或以懷疑的語氣說出它，都會遭到比笑話耶穌的猶太人更加悲慘的流放命運。因此，破折號是絕對要遭到中國語調排斥的標點符號，無論是狄金生式的，還是魯迅式的。因為中國語調絕對

不允許減損、刪除自己自以為是的真理，也絕對不允許有人懷疑它的真理嘴臉。

魯迅說：「語法的不精密，就在證明思路的不精密，換一句話說，就是腦筋糊塗。倘若永遠用著糊塗話，即使讀的時候，滔滔而下，但歸根結蒂，所得的還是一個糊塗的影子。」（《二心集‧關於翻譯的通信》）不要把這段話僅僅看作魯迅對無聲的中國的把脈（當然也不僅僅是在拿中國的文法和西方語言的文法作比較），更重要的是，它在為魯迅早中期之所以要使用破折號尋找理由。破折號在魯迅的文字中的大面積出現已經先在地證明了，他的語調在堅決排斥中國的傳統語調。他已經明白：語法的不精密，最終導致的是邏輯的脆弱。中國古老語調的老年嘴臉，倡導的就是弗萊所說的那種老年智慧。它旨在強調一種經驗邏輯。《大學》說：「修身，齊家，治國，平天下」，而我們根本就找不到這幾種不同形態的事件之間會有什麼真正可靠的邏輯承傳。老年智慧的核心就是不可更改的經驗邏輯（李澤厚先生在《中國古代思想史論》裏把它稱之為「實用理性」）。儘管和康德所謂的純粹理性相比，實用理性只是一種手工作坊階段的邏輯形式，有著相當的原始初民的思維色彩，但它的堅定性卻被認為是預先的。這正如一個孩子儘管不餓，哪怕只是惡作劇似地哭著說「我要蘋果」，卻根本不需要論證他為什麼要蘋果一樣，中國語調帶出的邏輯形式只負責說出結果，頂多胡亂給自己的結果找一些莫名其妙的「爸爸」理由，但永遠不顧理由和結果之間的任何通道是否真的有效。魯迅式破折號在這一點上打破了中國的傳統語調，以它天然帶出來的猶豫和口吃（即懷疑）。

3、本地語調……

中國老年語調的種種特質（蒼涼，沉重，堅定或霸道）和魯迅的語調之間構成了非常強烈的衝突。這首先是基於中國的語調是不允許被懷疑的。不幸的是，魯迅式破折號帶來的扭結質地，引發出的恰恰是廣泛的懷疑。懷疑主義語調在中國歷史上向來就沒有好果子吃。在中國正宗

語調的威逼利誘下，懷疑的語氣要麼發不出來，要麼那個表達懷疑語氣的問號（？）肯定會被抹去──無論是被別人的刀斧抹去，還是自我抹去。屈原在《天問》中對生命本體發出一連串疑問後投江自盡；李贄在《焚書》裏給了儒家經典某種有限度的結巴性解釋，最後只好在獄中割脈自絕於中國文化；呂留良因為懷疑清人的正宗統治地位，引述同樣被清人遵從的儒家經典給予反駁，結果落得滿門抄斬和被鞭屍的悲慘下場……凡此種種，都從不同方面，為中國正宗語調和懷疑主義語調之間的衝突，貢獻出了可以分析的絕好樣本。破折號贈送給魯迅的懷疑精神，由於時代的不同，恰好又有著幸運的一面：正是它，使魯迅的語調和魯迅身處的時代有著內在的同一性。

魯迅的語調充滿了蒼涼、激憤、諷刺、反諷、強硬和偶爾的高音量。上述種種的和合，與一個懷疑的時代（即五四時代）剛好吻合。後人（即「魯學」家們）往往稱魯迅為戰士，儘管沒有明說，但依然指稱的是魯迅特有的語調，或戰士身份至少可以落實到魯迅特有的語調上。無論是他的社會批評、文化批評還是怒不可遏的罵人，魯迅語調上的多種特質（比如蒼涼、激憤、諷刺、反諷、強硬和偶爾的高音量），依靠不同的比例進行相互轉換，實際上為戰士形象的生成起到了極大的作用。夾在兩個橫槓之間的文字體現出的種種特色，實際上也促成了戰士形象的自然到來──魯迅的「戰士」身份最終有必要落實到語調上來考察，因為他畢竟還不是一位靠「打」而是一位靠「說」的「戰士」。

儘管破折號給魯迅帶來了特殊的語調和音勢，但在骨子裏，它仍然是一種本地語調：它和正宗的中國語調有著相當的一致性。正如魯迅所說的，抓住自己的頭髮不可能飛離地球，他本人也無法徹底逃脫中國老年語調對自己的規範。正是這一點，給他帶來了幾乎毀滅性的後果（這一點容後再說）。

魯迅所處的時代是中國歷史上少有的青年時代，梁啟超把它呼之為「少年中國」，並總結出了該「少年中國」的種種特質和希望之所在，甚至還給了「少年中國」一個英氣勃發的虛擬形象（梁啟超〈少年中國說〉）。魯迅的蒼涼語調和這個號稱「少年中國」的整體語境是不相容的。

在廣泛的懷疑主義的指引下，整個中國在那時出現了新興的跡象，一代人在對中國正宗語調發生了極大的懷疑後，很幸運，他們找到了自以為可以相信和值得尊崇的東西，一忽而是進化論，一忽而是實用主義，一忽而是三民主義，一忽而又來了無政府主義和社會主義……各種理想和學說走馬燈籠般相繼登場亮相，各有各的忠實信徒。五四一代的語調是高亢的、青春勃發式的，在懷疑之中蘊涵著深深的「信」。郭沫若的大聲吼叫，陳獨秀、胡適等人一方面既不允許中國傳統語調的正宗傳人有反駁餘地的豪邁宣言，一方面勇猛絕倫地拼命向前，宣告了光明的境地和可以信賴的境地就在前邊不遠的地方。有趣的是，郭沫若等人也非常喜歡使用破折號（《女神》中破折號就比比皆是），但他們的破折號卻有著如下的雙重性質：既宣告了舊有事物的破產，甚至不值得與之爭辯，又宣告了未來的方向。這毋寧是說，五四一代的破折號的真正用途是省略和預示。所謂省略，就是以輕蔑的態度一筆勾銷幾千年來的老年語調；所謂預示，就是破折號有如一個箭頭，它指明的正是使用破折號者的前進方向。那是一塊路碑，一個指示牌，一個樂觀的音符，渾身洋溢著充沛的力氣，也是一個音量漸次增高的指示符，是從勃起的身體上斬下的一段肉體，它的生命力之強、音量之高，彷彿離開了母體依然能夠充沛地行走。它沒有猶豫和口吃，更沒有蒼老和激憤，甚至連懷疑的語調也早已被掩蓋……

破折號給早中期的魯迅（即 1927 年以前的魯迅）帶來了游弋、飄忽、動盪和懷疑，不只是懷疑中國傳統的老年語調，同時也懷疑自己時代的青春語氣。因此，魯迅在訴說希望時和郭沫若、胡適等人較為相反，使用的是魯迅牌破折號天然就帶出來的猶豫和口吃的音勢。魯迅說，因為那時的主將是不主張消極的，所以他才出乎自己本意地，憑空在革命者夏瑜的墳前安放了一個無主名的花環（《吶喊·自序》，《吶喊·藥》）。在此，他顯然在強迫自己有意破壞魯迅式破折號的原始功能。但魯迅對自己的破壞很快就被證明為是不成功的。

正如我們早已看見的那樣，魯迅很快就沿著破折號指引的方向踏上了自己應該走的道路。在 20 世紀二、三十年代之交爆發過的革命文

學論爭中，革命文學的諸多讚美者對魯迅圍追堵截，並把他稱作封建遺老遺少的同盟，儘管可能會有偏差（對此本文接下來有較為詳細的論述），但也確實道明了：魯迅式破折號根本就不是郭沫若式破折號的同志。

雖然本地語調和中國傳統語調有衝突，但魯迅的本地語調的老年色彩卻是毋庸置疑的。他蒼老、暗啞的音勢構成了和時代語調為「敵」的真面目。在「革命文學」大爭論中，幾乎所有青年作家、革命作家都把魯迅看作是他們的「絆腳石」、「攔路虎」和最大的反動派，坦率地說，並不全是無的放矢。在任何他的同輩或同時代人覺得值得信賴的地方，魯迅都會在魯迅牌破折號的指引下，以弗萊所謂的老年智慧給否定掉，至少也要對此保持相當的懷疑。魯迅不是時代的代表，而是他的時代的「叛徒」和「敵人」。從語調的角度看，這個結論來得更加正確無比。由此，他的艱難跋涉本身就帶有懷疑主義的色彩，至於斜視、踉蹌、給白天施割禮以及和夜間的鬼魂接頭……就更是懷疑主義的標準動作，而他在無物之陣上的肉薄，更把魯迅式破折號的天然含義徹底形象化了。因為本地語調中和中國語調相一致的那部分（即老年智慧、蒼老和暗啞），有著飽經滄桑因而能夠看穿一切的秉性，它可以對一切在別人看來可信的東西中發現不穩定的根源。而這，既給魯迅帶來了力量，使他的目光有著異乎尋常的洞穿力，也給他帶去了終身的痛苦。他的全部言說，的確是在破折號的指引下，對任何問題都採取的看似貼近，實則游離和不信任的斜視，都無一例外地浸透了老年的蒼老腔調。

本地語調真實地表明了，魯迅的秋天過早地來到了他身上；在別人準備收穫的季節裏，他只是在以譏諷的眼光暗自打量別人的收穫（正在辦《拓荒》雜誌的魯迅就曾諷刺辦另一本雜誌的人說，看哪，我們還在「拓荒」，人家就開始「收穫」了），並用老年的語調說出來。魯迅的秋天沒有累累的果實，有的僅是秋天高而且遠並且蕭條的天空。那裏空無一物，卻迴盪著一個飽經滄桑者的蒼老語調——

赤腳從空中走過，有如你的大部分光陰：
為瘦小的雙手繫緊鐵鞋
用睡眼消磨戰爭和夏季。櫻桃為他而泣血。

保羅・策蘭（Paul Celan）

4、偽衝突……

　　魯迅的本地語調畢竟有著和傳統語調相背離的特質，那就是它的懷疑色彩。魯迅牌破折號與郭沫若輩的破折號之間的區別是：雖然後者也懷疑，但它省略掉了懷疑，或者掩蓋了懷疑，或者不屑於懷疑，所有的動作只是為了「信」，也只指向「信」；魯迅牌破折號的主要任務就是懷疑，不僅懷疑傳統語調、懷疑本時代的青春語調，也懷疑自己和自己的懷疑本身。郭沫若式破折號很少具有自我懷疑的精神，它的所指是傳統與時代，儘管這有著非常隱祕的神色。

　　胡裏奧・科塔薩爾在解釋自己的文學生涯時說，我的真正目的是要證明末一項事業的失敗而不是成功。魯迅的大多數文字讓我們有理由認為，這也是魯迅的口氣。魯迅的一生，都在曲曲折折地證明失敗。正如他有能力「看見」鐵屋子（通過縮減的方式），卻沒有能力看見勝利（即打翻鐵屋子）。——也許這才是本地語調的實質。他語調上的蒼老、沉重都和這一實質有關。本雅明說過，理解卡夫卡的準確途徑是把他當作一位失敗者。理解魯迅也一樣。比起卡夫卡來，魯迅無疑更加悲慘：因為前者承認失敗也樂於失敗，並從失敗中獲得了某種程度的幸福感和解脫感。卡夫卡通過對失敗的體驗最終獲得了安全感。而後者是不堪失敗，在忍受失敗，在用蒼老的語調述說和控訴失敗。失敗是魯迅的痛苦之物，卻剛好是卡夫卡的親和之物。他像胡裏奧・科塔薩爾一樣證明了末一項事業最終的不成功。

　　魯迅的猶豫、口吃歸根到底是和失敗的生命相吻合的。他不像卡夫卡那樣信仰失敗，而是盡可能地擺脫失敗。我們都看見了，失敗哪裡是說擺脫就能夠擺脫得了的呢？就是這個隱祕的心理動因，使 1927 年前

的魯迅在破折號牽引下產生的過多的猶豫、口吃、戰戰兢兢、懷疑一切也懷疑自己的本地語調，很快轉渡為寧可懷疑一切，卻獨獨不準備懷疑自己懷疑式的激昂語調。由此，魯迅的語調開始真正成為和正宗語調（即傳統的中國語調）從骨子裏就相一致的本地語調：因為正宗的傳統語調除了排斥和懷疑別人的語調，只相信自己的正確。本地語調和傳統語調之間的衝突，在魯迅寫作生涯的晚期（1927 年以後）只能是一種偽衝突。這種偽衝突的確瞞過了許多人，其中甚至包括了大量依靠魯迅吃飯的研究者，他們以為魯迅始終是一位堅定的反傳統者，卻沒有發現魯迅和傳統在血緣上有著難以分割的紐帶。「偽衝突」是魯迅為我們設置的眾多難以察覺的迷宮中的一座，有著威廉‧梅瑞狄斯（William Meredith）所謂「狡獪的智慧」的面孔。

　　這在魯迅那裏當然是一樁辛酸的事情。儘管這個世界並沒有有關人生價值的集體性真理，但必定會有有關個人人生價值方面的信仰。這是肉身的必需要求，是人的身體存活的先決條件。信仰一直在等待它「法定」的主人。對每一個活生生的肉體，信仰都是必須在場的。必須要有一個可信之物——哪怕只對自己有效——肉體才能寄居下去。肉體反對懷疑一切；懷疑一切的結果註定會是死路一條（想想自殺的梵谷、海明威、馬雅柯夫斯基吧）。對於這一點，魯迅是再清楚不過的了，他說，雖然自己也是並不可信的，但在所有不可信之物中，還是信任我自己吧。他就是這麼說的。他曾多次這麼說過。魯迅對那麼多人與事的猛烈攻擊和刻薄嘲諷，並充當他們（即魯迅語境中的「正人君子」和「紳士」）的小丑和謠言家，都毫無疑問地經過了這一基準線的丈量。魯迅就這樣奇跡般地將他那裏堪稱「辛酸的事情」，轉化為批判的高昂音勢。

　　魯迅的語調最終走回了傳統的中國語調。他是通過對自己的破折號的獨有涵義，進行徹底反動來完成這一過程的。這顯然出乎魯迅的意料，但並不意味著魯迅式破折號從此會走上狄金生式的或郭沫若式的。它依然是魯迅式的：提高音量，毫不猶豫地懷疑一切，把自己當作正確或接近於正確的標準，用老年智慧的語調指斥他人和教訓他人。——這

在魯迅的晚年（可從 1927 年算起）表現得越來越明顯。魯迅原教旨意義上的破折號在其晚年已經不復存在。

隨著結巴、猶豫的相繼離去，本地語調得以最終成型。本地語調最偉大的版本體現在這句話裏：「一個也不寬恕」。這約等於說，除了自己（最好是除了自己），每一個他曾經教訓過的人都是不可以被原諒的。偉大的蒲伯曾經說過，犯錯誤的是人，原諒人的永遠只能是上帝。魯迅分明已經擺出一副教主的架勢，並且完好無缺地把它保持到了臨終之前。而這，就是本地語調在最極端的情況下最現實的結局。

破折號在魯迅那裏已經在涵義上發生了大逆轉。夾在兩個橫槓之間的文字，曾經表徵了魯迅在偏執、激憤之中暗含的自我懷疑，但越到晚年，他越加稀少地賦予破折號自我懷疑的功能。破折號指引的方向，最終指向魯迅牌破折號的主人的正確，而不是自我懷疑。彷彿一個挑起拇指指著自己鼻子的人，究竟是在表示誇耀，還是表達自己的絕對正確和毋庸置疑？那個破折號在性質上也如同郭沫若式破折號一樣，最終指明了一條唯一可去的方向。它仍然是一張指示牌，一塊路碑，只不過方向不同而已（魯迅是指向了自己的正確性，郭沫若則指向了未來的某個地方），也如同狄金生式的破折號快速省略了許多外部風景、他者的正確、對話的必要性，把最後一塊可信的地盤單單留給了自己。但魯迅式破折號最終都採取了對郭沫若式、狄金生式破折號所指方向的討厭以及省略。

魯迅最後只好把他一己的肉身對信仰的要求，終於轉換為準真理。從個人信仰到集體真理的轉渡（真理意味著大家都必須遵從和同意），依靠的正是對隱喻意義上的破折號的原始功能（猶豫，口吃）的逆轉。我們長期以來都以為魯迅標明了中國文化未來的方向，但我們往往忽略了魯迅牌破折號的箭頭最後究竟指向了誰。好在我們其實從來也沒有把魯迅當作未來中國文化的方向。我們對魯迅的態度向來都是「葉公」對「龍」的態度。集體性的價值真理從來都不存在，不管是以怎樣激憤的高音量說出它，也不管用如何高亢的語調把它甩向我們。

　　由於破折號原始功能被減損掉，魯迅的本地語調中蘊涵的霸道性（這和中國傳統語調有沒有一致性呢？）也就生成了。許多人把這種霸道性誤認為勇敢、勇猛絕倫和堅定，誤認為那剛好就是決不妥協的戰鬥精神。或許這都不錯。希特勒在他自認為毋庸置疑的法西斯主義的指引下，一個猶太人也不寬恕，難道就不算勇敢、堅定和勇猛絕倫？語調的霸道，一有可能，也就是說，機會一旦成熟，很快就能轉化為毀滅性的暴力。如果不信，你可以去地獄訪問一下專事話語權力分析的蜜雪兒·福科（窺破人間至法的福科也肯定下了地獄）。

　　我們從小都聽說過，中國是禮儀之邦，最講究中庸之道，所以漢語中的聲音從來都在從容地邁著四方步。情形並不是這樣。漢語的偏執、霸道成分一開始就帶來了排斥異己的音勢，中庸之道不過是一種理想的狀態，一個比喻性的說法，一種漂亮的修辭，一句胡話。當年董仲舒上書皇帝獨尊儒術，究竟還有沒有一絲中庸之道的痕跡？難道中庸之道不正大寫在他的儒術中？難道被「罷黜」的百家沒有一家是正確的？魯迅的本地語調正是在蒼老、沉重和霸道的秉性上——也只在這一點上——，最終和傳統語調達到了一致，儘管這在魯迅那裏很晚才成型（可以從 1927 年算起。我們早就聽許多小魯迅說了，1927 年是魯迅思想轉向的一個時間刻度），儘管他也曾經使用過破折號的原始功能，希圖給自己的語調輸入異質的猶豫和結巴。魯迅失敗了，他從另一個意義上成了中國語調的同盟，他以自己的本地語調從側面補充了中國的傳統語調，儘管這看起來非常可疑。

　　讓我再說一次：一個人飽經滄桑而後能成為詩人是詩人的幸運；一個人飽經滄桑而後能成為充滿愛意的詩人無疑是詩的幸運。後一個「幸運」一直是我們這個古老民族語調中最為缺乏的音色。杜甫被後人尊敬，往往被看作是因為他表達了「致君堯舜上，再使風俗淳。」詩人筆下孤兒寡母的哭聲和對弱小者的哽咽語調，最多只成為學術研究中旁逸斜出的一筆。是杜甫而不是其他人更大程度地修改了傳統語調（這當然是有限的），這是很多號稱研究家的人沒有看清楚的。我們是不是也可

以同樣說，許多人在讚揚魯迅時有必要把他的本地語調，尤其是其中的霸道性放在一塊兒大加讚揚嗎？

悲憫與詛咒

1、偉大的愛心？

　　魯迅無疑是人間的偉人。所有的史書都曾經暗示我們，偉人自有偉人的脾性，尤其是他們在對待群眾和庸人的態度上。為了較為有力地說明問題，讓我們先從遠處包抄吧。

　　一位與列奧納多・達・芬奇同時代的印度人，在寫給麥地西友人的信函中，指出過達・芬奇拒絕吃肉的怪癖。據印度人說，這僅僅是因為達・芬奇覺得，人因嘴饞奪去動物的生命，是不合理的，是殘忍的；印度人還以飽含敬佩之情寫道，達・芬奇特別喜歡在市場上買鳥，然後給它們自由（佛家的放生？）。在放鳥歸天時，達・芬奇有沒有像一位當代中國詩人那樣歡呼和高呼「鳥兒的翅膀萬歲」（白航〈翅膀萬歲〉），印度人沒有說。孔子曰：「君子遠庖廚。」因為中國的君子實在是不忍心看到雞、鴨、牛、羊甚至蔬菜……在廚房裏淪為刀俎下的魚肉；但這並不妨礙他們躲在隔壁大飽口福。孔子吃完一頓好飯後又志得意滿地說：我食不厭精。至此，我們真不知該打老聖人的哪半邊屁股了。

　　出於同樣的道理，達・芬奇的偉大愛心，也沒有妨礙他熱心於設計最殘酷的進攻武器，和作為一個軍事工程師為伯爾吉皇帝效命，也沒能阻止他伴隨已被判定死罪的囚徒走上刑場。據說，他這樣做只是為了研究死囚們被恐懼扭曲的面孔，以便用線條把他們準確地畫在速寫本上——佛洛伊德在考證了浩若煙海的史料後就是這樣說達・芬奇的。在路德維希 1909 年的《論繪畫》一書裏，記載了達・芬奇對自己漏洞百出的行為所做的辯護：「偉大的愛只產生於對愛的對象的深刻認識，如果你只知道一點兒，你就只能愛一點兒，或者一點兒也不愛。」因此，雅各・

伯克哈特盛讚列奧納多‧達‧芬奇說：「他的輪廓只能猜測——永遠不能確定。」

我願意在此提一個合理化的建議：雅各‧伯克哈特的話也可以用於描寫所有偉人，並且越偉大也就越貼切。上帝顯然是最偉大的，所以他從不顯山露水，吝嗇得連輪廓也不讓人看見，只在偶爾被人懷疑為不存在時，逼急了才向摩西或約伯顯露一下真容。不過，正如我們知道的，那也只在電光石火之間，只提供給你用於猜測的輪廓。上帝警告摩西等人說：我是阿爾發，我是歐米加，我是初，我是終，我是一切。也就是說，他老人家是「全」。當然，「全」就不是我們這些渺小的凡人看得見的了。

魯迅充其量乎只能算人間的偉人，他不是「全」。所以很遺憾，他也無緣見到上帝。但他見過上帝之子耶穌。這倒是有案可稽的。在《野草‧復仇其二》中，魯迅描摹了神之子被釘上十字架時的感人場景。耶穌臨終之前肉體上的痛苦和精神上的痛苦，被人間的偉人魯迅刻畫得淋漓盡致：「他在手足的痛楚中，玩味著可憫的人們的釘殺神之子的悲哀和可詛咒的人們要釘殺神之子，而神之子就要被釘殺了的歡喜。突然間，碎骨的大痛楚透到心髓了，他即沉酣於大歡喜和大悲憫中。」在描摹出耶穌的如此感覺之前，魯迅還模仿過耶穌的口氣說：「四面都是敵意，可悲憫的，可詛咒的。」

據說，神之子耶穌在臨死前曾經仰天長歎：「你為什麼拋棄我？」（Christ dying on the cross and marking with "why hast thou forsaken me？"）就快要「三位一體」的人其實是瞭解上十字架的深意的——據許多後起的神學家們闡釋說：只有通過十字架上的死才能成為拯救人類的神；要成佛，就得以先下地獄為前提。所以和耶穌有同樣癖好的喬達摩‧悉達多才會捨身飼虎，受他們的影響，想當英雄的眾多「文革」青年，才會為英雄稱號不惜先放火再第一個跑去捨身潑水、忘命救人。這中間的真實意思，早已被另一個用肉身來感知真理的卓越思想家表述出來了：列夫‧舍斯托夫在《論〈裘力斯‧愷撒〉》中說，民眾是英雄的炮灰，英雄只是民眾的笑料。舍斯托夫的言下之意差不多就是：民眾與

英雄是狼狽為奸和互相需要的，英雄和炮灰也算是互為因果，正如同燃燒和灰燼的關係。在此值得注意的更在於，魯迅在一篇不足千字的散文詩裏多次用到了「可悲憫的」、「可詛咒的」這類話語──而且它們始終是抱成一團才出現的。這實際上已經表明，魯迅早已參透了舍斯托夫的精闢看法，也理解了英雄之所以為英雄的原因。

早有研究者指出，《野草・復仇其二》就是魯迅的自況文，它是魯迅對自己的同情，是對忘恩負義的中國庸眾──這些可悲憫的、可詛咒的凡人──的複雜感情（參閱錢理群《心靈的探尋》，王曉明《無法直面的人生》）。這的確是十分精闢的見解。如同達・芬奇一樣，魯迅也是一位很有「愛心」的人；正如達・芬奇所說：「如果一個人沒有獲得對某一事物的本性的徹底瞭解，那麼他就沒有權力愛或恨這件事物。」幾乎人人都承認，在魯迅的同輩人和同時代人中，沒有任何人比魯迅更瞭解自己民族的歷史和自己的人民──魯迅分明擁有達・芬奇意義上的愛與恨的資格了。但正如《復仇其二》所透露的，人間的偉人魯迅對民眾的看法是：既憐憫他們，又詛咒他們，就是沒有或很少有達・芬奇意義上的愛或恨。

憐憫與詛咒的和合正是絕望的典型姿勢。這種精神姿勢顯露的是前途的渺茫和希望的滅絕。從很早起，這種很難判斷是好還是壞的心緒就來到了魯迅身上。根據李澤厚先生的理解，《野草》還是魯迅情緒最激昂時期的產物（參閱李澤厚《中國現代思想史論》）；假如李先生的論斷是正確的，我們對魯迅的絕望又該作何解釋呢？

被認為終生都在吼叫著的狄德羅（Denis Diderot），在《關於戲劇演員的詭論》裏以為，演員必須要內心冷靜才能栩栩如生地表現出舞臺上的熱烈感情，即使他（她）在做擁抱、親吻……等動作，也既不能起愛心，更不能萌歹念。錢鍾書先生在湯春生所輯的《集杭州俗語詩》裏，見到了一句中國俗語「先學無情再學戲」後，精闢地指出，這正是整本狄著的理論綱領（錢鍾書《七綴集・讀〈拉奧孔〉》）。錢先生很可能搞忘記了，這句話剛好可以非常貼切地用在偉人身上，因為它大致能說明人間的偉人在面對庸眾時的心理狀況：儘管幾乎所有偉人都會在不同場

合用不同方式表達對民眾的愛意——即使希特勒也不能免俗，《我的奮鬥》已經向我們清楚地表明瞭這一點——，但他們早已學會了「無情」，所以才能表演得如此栩栩如生，飽賺了庸眾盈眶的眼淚。列寧說，偉人之所以是偉人，那是因為我們始終跪拜在地。站起來吧！在列寧熱情洋溢的號召下，存在著的始終是「先學無情再學戲」的潛臺詞。如果我們據此說，偉人的無情不過只是以既「悲憫」又「詛咒」作為心理底色，就決不會有什麼大錯。菲爾丁（Henry Fielding）曾在某處說過：既偉大又善良的人少之又少，甚至絕無僅有。差不多就是這個意思。卡夫卡曾在 1912 年 2 月 5 日的日記裏誠實地寫道：「我的外表是堅硬的，我的內心是冰冷的。」卡夫卡是人間的偉人麼？至少我們許多飽讀詩書的學者們就是這麼認為的。魯迅也說過：我忽而愛人，忽而憎人（《兩地書》二四）。這難道不就是既悲憫又詛咒的另一種版本嗎？貝多芬說，除了仁慈和真正平等的愛，我不承認還有什麼優越的標記；羅曼‧羅蘭（Romain Rolland）據此認為，所謂英雄並非以思想或強力稱雄的人，是靠內心的善良和發誓要善良的內心因而勇敢起來的人（羅曼‧羅蘭《貝多芬傳》）。我當然贊成羅曼‧羅蘭的意見。不過，「先學無情後學戲」的偉人剛好與貝多芬、羅曼‧羅蘭的「偉人」概念涵義相反。恭喜你沒有搞混了。

　　對於達‧芬奇的愛恨觀，佛洛伊德嘲笑說：他把愛延遲到知識豐富以後，這樣做的結果是用知識代替愛，而「一個走進了知識領域的人在愛、在恨是不恰當的。」（《佛洛伊德論美文選》）。儘管佛洛伊德是我最敬重的思想家之一，但我還是不同意他的建議。毛澤東說得好，從來就沒有無緣無故的愛或恨。愛或恨的成立，除了利益衝突，的確還有一個相互瞭解的因素在內。魯迅就是在對他的民族史和他的人民有了深刻瞭解（即「認識」）後，才採取既悲憫又詛咒的態度的。這既不是單純的愛，也不是單純的恨。在鐵的歷史事實面前，在古往今來的經、史、子、集早已擺在我們面前的情況下，如果誰還要宣稱他相信聖人、戰士、英雄和偉人會「愛」人，誰無疑就是個原始人。偉人有一整套偉人的情感原則，他們會悲憫人，同情人，但決不愛人。愛人（這裏的「愛」是動

詞）是舍斯托夫意義上的「炮灰」們的情感法則；「不愛江山愛美人」
正是庸眾對偉人想當凡人的善意嘲諷。

2、魯迅式的同情……

悲憫作為一種情緒底色，除了在道義上和身份上覺得有高人一等的
滑稽意味，還算是非常聖潔的情感。如果一個偉人有悲憫的情懷，肯定
不能說是壞事情。令人焦心的是，對偉人來說，悲憫總是和詛咒一起到
來的——正如魯迅很誠實地描寫過的那樣。魯迅有一篇在今天看來已經
十分做作和莫名其妙的小說喚作〈一件小事〉，說的是「我」坐人力車
時，該人力車不經意間撞著了一位走路不長眼的老婦，這個老女人裝腔
作勢地應聲倒下了，引起了「我」的討厭（討厭是魯迅打發白天的貫常
心緒，也是他構架白天的方法論）；人力車夫卻將老女人送到警察局並
表示無法再拉「我」了。「我」於是抓了一大把銅圓給了車夫，可是「我」
並不知道這個動作表示什麼意思：「獎他麼？而我還能裁判車夫麼？」
對此，魯迅老實巴交地說，我不知道。魯迅在小說結末處以為，那件事
給了他慚愧和自新的勇氣與希望云云。

〈一件小事〉之所以打眼，是因為它在魯迅的寫作譜系中體現了少
有的亮色。黑暗隱士魯迅試圖通過這篇小說，尋找到那個充滿光明和希
望的「無主名花環」的真實來源。沒有必要談論〈一件小事〉讓魯迅看
到希望和增添勇氣是否太過誇張，我此時感興趣的只是，這篇小說談的
其實是同情問題，不過是從反向介入而已：因為在敘事的語氣中，早已
把「我」更值得同情的結論捎帶出來了。

小說一開篇就說：「我」現在一天比一天看不起人了；從魯迅的全
部語境看起來，我們完全可以說，按照達・芬奇的看法，這當然建立在
對人的深刻瞭解之上。魯迅從車夫身上看見自己皮袍下被壓出的「小」
來，無論如何說都有些滑稽。當然，如此這般面孔的〈一件小事〉寫於
「勞工神聖」理念漫天要價的時代，並從神聖的勞工身上看見積極的希
望（看不見是不行的），一點也不奇怪——魯迅早就說過，因為那時的

主將是不主張消極的。在「勞工神聖」理念的催生下，連一向被認為最清醒的魯迅，也覺得有必要在勞工面前自慚形穢，這已經很有說服力了。有意思的是，除了這一篇小文是對人民進行完全的褒揚，在魯迅的所有文字裏，再也找不到同樣性質的篇什。從心理學上看，病夫兼偉人魯迅對大眾的心理底色，天然就應該是悲憫和詛咒的複合體，不可能是單色；心理底色的單色不屬於偉人──正如我剛才所說。因此，〈一件小事〉完全可以看作是偉人魯迅對偉人本身的一次超常、越軌。

　　米蘭‧昆德拉建議把悲憫一說改為同情，為的是怕引起疑義。這的確來得有些陡，當然也有些意味深長。為擺事實講道理，昆德拉老兄在另一處還對「同情」進行了一番學究式的考辨。他說，所有從拉丁文派生出來的語言裏，「同情」一詞都是由一個意為「共同」的首碼（com）和一個意為「苦難」（passio）的詞根組合而成，因此，「同情」的意思就是，「我們不能看到別人受苦而無動於衷，或者我們要給那些受難的人以安慰。另一個近似的詞是可憐，意味著對受難者的一種恩賜態度。」（昆德拉《生命中不能承受之輕》）這差不多就是魯迅所謂的悲憫。昆德拉接著說：「這就是為什麼同情這個詞總是引起懷疑，它表明其對象是低一等的人。」〈一件小事〉就有這樣的口吻：「我」應該被一個車夫同情，可見「我」的身份已經下降到什麼程度了；或者，「我」連一個車夫還不如嗎？難道「我」還能坐視這樣的狀況嗎？

　　魯迅多次寫到他的幼年夥伴閏土（比如《吶喊‧故鄉》）。小魯迅們一致以為，魯迅對他兒時玩伴寄予了無限同情。這當然也能講通。但是，人們往往會忘記，在表達悲憫的時刻，魯迅並沒有忘記詛咒閏土身上的麻木不仁，更沒有把悲憫和詛咒聯繫起來觀察。因為同情正好是在這裏（而不是在別處）被發揮到了極致：我比你高一等，所以我既表悲憫於你，也表詛咒於你。這裏邊的不平等和恩賜態度，一如昆德拉說的，的確是一種值得懷疑的態度。但它是真實的，已經接近達芬奇意義上的愛與恨。魯迅意義上的同情本來就是這樣一個複合性姿勢：它是悲憫和詛咒的共同體──《野草‧復仇其二》就是這麼說的。正是這個共同體構成了魯迅同情概念的內核；也是它，塑造並唆使魯迅成為偉人家族中的

一員。「人生而平等」從來都只是一個完美的口號，一如佛洛伊德的比喻，它是一句胡話，一個幻想，一個夢。可它又剛好準確地表述了偉人與民眾之間的真實關係。

魯迅說：「我的心分外地寂寞。然而我的心很平安，沒有愛憎，沒有哀樂，也沒有顏色和聲音。」（《野草·希望》）寂寞的內心被魯迅首先定義為「沒有愛憎」，這就有點不真實了，因為沒有愛憎本身就是失望到極點的好證據，沒有愛憎本身就是一種冷漠到極點的憎，它會一直達到憎的頂端：「可詛咒的」。這也許才是跋涉到夜間進行踹擊和在無物之陣進行肉薄的魯迅的寂寞的真實涵義。

在所有可詛咒者當中，魯迅認為，是那種在鐵屋子內自覺沉睡、自覺夢遊而不知自刻責，並且還不允許別人醒來的東西們。在魯迅的意念中，這種沉睡和夢遊的結果只能是齊步走向火葬場。卡夫卡說，他死了，棺材對他正適合。有鑒於此，魯迅編織了一個足以讓人驚心動魄，卻又屢見不鮮的寓言：一個命運悲慘的奴才向人訴苦，聰明人動用了諸如天理等名號向他表示同情，奴才有些平復了；過了幾天又向人訴苦，這回遇到的是一個球經不懂的傻子，傻子二話不說，提起鏟子就去砸奴才主人的大屋子，奴才卻發出了「抓強盜」的報警聲。奴才為此受到了壓迫他的主人的表揚，也受到了聰明人的嘉許（《野草·聰明人和傻子和奴才》）。魯迅因此想說而未說的話現在記在下面：聰明人的同情雖然美好但是虛偽，傻子的反抗式同情得不到理解因而註定要失敗，奴才的命運因此就註定了，鐵屋子依然還要長存，鐵屋內的沉睡和夢遊還要繼續──所以，對於民眾（在魯迅此時的語境中民眾就是那個傻東西），我只能同時給他們悲憫和詛咒，這也就是我魯迅牌同情（也是所有偉人的同情）的特殊含義。

《聖經》在寫耶穌上十字架時記下了耶穌對他悲傷的徒眾們說的話：原諒那些劊子手，他們在做什麼，他們自己不知道。原諒他們。魯迅聽出了這句話的言外之意：十字架上的人既悲憫劊子手，又瞧不起他們。這種複合性情緒，正是昆德拉定義下的、被魯迅收歸己有的同情。模仿著同樣的做派，魯迅也對奴才施以了同樣的同情，儘管他只是一個

人間的偉人。正如古往今來的經史子集向我們證實的，在同情這個問題上，所有的偉人都一樣，所有的小人卻千差萬別。面對眾多的聰明人和傻子和奴才，魯迅說：我只覺得討厭（參閱《而已集·小雜感》）。這就把悲憫也閹割了。

博爾赫斯在自述裏說，上帝是在永恆之中發展的（博爾赫斯《博爾赫斯和我》）；莎士比亞的《馬克白斯》也認為，上帝不是所有昨天之和，而是可能存在的事實一覽無餘的過去、現在、將來之總和。博爾赫斯據此推測說，上帝的記憶也將是上帝的預言。那麼，上帝隨身所代表的偉人們的同情在不在這中間呢？這就有些不好說了。但至少有一點仍然可以在這裏指出來：人間的眾多偉人之所以能成為偉人，就是因為他們除了有上帝的能力還模仿了上帝的同情。上帝的記憶：人間同情的摹本，卻和對炮灰們的愛毫無關係。想想魯迅晚年即興式的踴擊和「一個也不寬恕」，我們也許就會相當清楚。康德顯然搞錯了，他說，在人和上帝之間永遠都存在著一條不可逾越的鴻溝（康德《純粹理性批判》）。康德未必弄清楚了如下事實：人間的偉人正是依靠模仿上帝的同情，才達到了和上帝的「共感」。康德還說，面對巨大的壓力，我們的抵抗力量顯得多麼可笑和渺小啊。但如果我們發現自己是安全的，那些可怕的景象（比如山崩地裂）就變得富有吸引力了，正因為它們更易於引起我們的恐懼，我們更願意將它們稱之為崇高（康德《崇高之分析》）。我們完全可以依照康德的邏輯得出結論：儘管被同情是一件屈辱的事情，有時還是一件可怕的事情，但同情本身依然是值得讚揚的，因為根據康德的看法，這可以被看作崇高。崇高就是身處山崩地裂之外的人對身處山崩地裂之內的人所抱的同情。因此，同情是偉人（也只是偉人）唯一的上帝情感，它是偉人們過去、現在、將來的心理之和，也是他們能在偉大的事業上屢屢破虜平蠻、得勝回朝的原因之一。魯迅不是第一個偉人，出於同樣的原因，他也不會是最後一個。他只是偉人鏈條上的中間物。

偉人只在很偶然的情況下才會讓悲憫單獨現身（缺少詛咒，偉人的尊嚴就沒有了），只在很間或的時刻才請詛咒單獨出馬（沒了悲憫，偉

人就不可能飽賺庸眾盈眶的眼淚來促成偉大的事業）。詛咒單獨出馬就是我們通常所說的，事情已經到了圖窮匕首見的嚴重時刻——偉人們非常善於在「經」和「權」之間來回穿梭。一位叫里爾克的詩人在這種「嚴重的時刻」只知道哭鼻子（里爾克《嚴重的時刻》）。他被某些不理解偉人真實涵義的人謬封為偉人，顯然是表錯了情。悲憫與詛咒這兩種情感之中任何單獨一種都不能構成偉人的情感；正是它們的和合，成就了古往今來代表人類力量的英雄。對戲子們來說，先學無情再學戲，這不假；對偉人和英雄來說，先學會同情再成偉業，也同樣真實。

　　學醫出身的魯迅沒有成為別人肉體的醫生，卻當上了民族精神的大夫。中國古語說，當醫生就是修陰德。但醫生的職業仍需要有面對病人的痛苦和病人的死亡不輕易流露感情的心理素質。應該說，魯迅的全部作品以及他作品裏包含的各種動作（比如肉薄、踹擊、斜視、魯迅式記錄、魯迅式「看見」、給白天實施割禮、就著狗頭下酒、橫站、拋擲投槍等等），都讓我們看到了：他這個醫生當得相當不錯。正如魯迅的作品早已顯露出來的，愛是沒有的，麵包是沒有的，希望是沒有的，亮色是沒有的，一切都是不會有的——放在夏瑜墳頭的「無主名的花環」早已失去了根據；花環失去存在根據的根據，正不妨想想偉人們何以是偉人。

3、一個也不愛……

　　一個隻穿著夾衣的孩子在風中追著魯迅乞討，後者只顧埋頭走路，對乞兒不理不睬。魯迅說，我厭惡他的聲調、態度，我憎惡他的並無悲哀，當然還憎惡他求乞的手勢（《野草·求乞者》）。魯迅為什麼會以這種方式對待一個孩子呢？不是許多人都說過嗎，孩子是祖國的（直到人類的）未來？連莊子那種早就「至人無情」、連妻子死了都要「鼓盆而歌」的傢伙，也號召人們要在「赤子之軀」和「千斤之璧」之間選擇前者（《莊子·山木》），魯迅也曾發出過「救救孩子」的呼聲（《吶喊·狂

人日記》），甚至不惜用肉薄的方式肩起黑暗的閘門，放孩子們到光明境地中去（《墳・我們現在怎樣做父親》）……這究竟是怎麼回事？

博爾赫斯曾經抱怨過中國的神話沒有回返能力，博爾赫斯說：看吧，你們那本《聊齋志異》（博爾赫斯〈《聊齋》序〉）！那位滿腦袋溝溝叉叉、在自己的寫作裏廣置迷宮卻總能全身而返的現代荷馬，對此的不滿溢於言表。根本就不瞭解中國的博爾赫斯實在大錯特錯了，他哪裡知道，中國的神話為了反對或堅決支持自己朝一個單一性的妄想世界邁進，已有好幾千年了。阿什伯利（John Ashbery）對此深表同情，他說：「距離出發的日子已經十分遙遠了。」孩子會返回他們的透明性麼？魯迅的回答一定是相反的，因為他看到了那麼多麻木不仁的成人：祥林嫂（《彷徨・祝福》）、閏土（《吶喊・故鄉》）甚至魏連殳（《彷徨・孤獨者》）和涓生（《彷徨・傷逝》）。成人不都是從孩子那裏出發的麼？一個透明的開端誰說一定有一個透明的將來？成長的邏輯從來都在向老古板的形式邏輯吐口水。這也許就是魯迅並不愛重那個向他乞討的孩子的原因之一。面對種種境況，魯迅終於發話了：「我不佈施，我無佈施心，但我居佈施者之上，給予煩膩，疑心，憎惡。」（《野草・求乞者》）千萬不要把這種上帝口吻和上帝心緒僅僅理解為單一性的詛咒，掩蓋在這之下的，誠如許多論者已經正確指出過的，依然還有魯迅夾雜著厭惡、憤怒的悲憫；它仍然是魯迅牌同情的極佳注釋。

和許多人間的偉人一樣，魯迅牌同情的配方組分只有兩種：悲憫和詛咒。由於悲憫和詛咒在量的搭配上、在各自所占比例不同的無數種構成方式中，導致了魯迅牌同情的眾多面孔，也為魯迅豐富的情感提供了可精確選擇的庫存。貨物庫存在數量上的繁多，是顧客可以盡可能選擇滿意商品的惟一現實依據：這條規律不僅對經濟適用，對情感的挑選也適合。魯迅懂得在何人、何地、何時、何事面前精確挑選何種同情配方。魯迅的文字的精準達到了驚人的程度，正不妨從此角度去理解。上引《野草・求乞者》中的話已經表明了，魯迅把自己擺在了有資格布施的位置上（甚至是布施者之上），但怎樣佈施，布不布施則只能施主說了算。對那個註定要成為污濁成人的孩子，魯迅的決定是只「布施」煩膩，疑

心，憎惡。這同樣是經過權衡後從不同配方的同情中精心挑選出來的一種。

　　魯迅對所有的成人、各階層的成人都表示了懷疑。魏連殳、狂人、孔乙己……作為不同類別的知識份子的代表，他們各自不同的人生歷程和悲慘下場，讓魯迅看到了他們的不可靠；參加革命為的是贏得姓趙的資格、能把秀才娘子的甯式床抬往土穀祠、能和吳媽睡覺的阿Q，麻木不仁的閏土，一生都只為千人踩萬人踏的門檻而活著的祥林嫂……這些不只安心忍受不公，還為不公暗中辯護以求瞅準機會撈一把的農民們，只讓魯迅看見了艱巨到絕望的希望工程；還有那麼多經歷了歐風美雨的知識份子（他們大都是魯迅開涮的對象，魯迅有時將他們戲稱為正人君子，有時又把他們呼之為紳士和西崽），他們的種種表現也讓魯迅感到厭惡；至於軍閥混戰時期的軍人，作為改變中國的力量，魯迅從來都覺得是一個笑話（魯迅根本不同意他們的槍炮式革命）。總之，對上述各色人等他都是站在佈施者的位置，向他們發放自己不同規格、不同配方的佈施品。因此，魯迅牌同情最終給魯迅帶來的是絕望和失敗，就不是不可以理解的事情。

　　在魯迅那裏，即使有無窮種組分搭配不一的無窮種同情方式，但它們也僅僅是同情，對被同情者以及他們的總和所組成的中國現實（魯迅實際上同情的是所有中國人，參閱汪應果《艱難的齧合》），毫無實際效果。對於這一層魯迅又有什麼不明白的？魯迅曾經說過，他小說的取材大多來自病態的不幸的人們，意思是為了揭出痛苦，引起療救的注意（《南腔北調集·我怎樣做起小說來》）。這是一個前醫科學生的文學腔調，但它是可信的；可是，正是在這裏，不能回返的境遇也讓魯迅劈頭撞上了：療救的意向不僅沒有被人注意到，反而讓同情的主人走向絕望。

　　普諾漢列夫有一個十分精彩的洞見：統治階級和被統治階級只在財產、權力的分配上存在衝突，在思想觀念、意識形態上卻有著驚人的一致性。魯迅對普諾漢列夫有過極高的評價，想來對此意見不會陌生；而魯迅在這方面的精闢程度並不下於前者。魯迅暗示說，正是這種情況導

致了中國人的起鬨特徵。起鬨是庸眾的一貫動作：對於貌似神聖的東西，他們起鬨；對於貞節牌坊、小腳、打扳子，他們起鬨；最後直到在起鬨中被殺，依然還要起鬨（比如阿 Q）。起鬨就是一窩蜂上去，分食某一個未經他們同意和論證的戒律（那些戒律也不需要他們同意和論證），最後總是在起鬨中達成默契。李銀河博士對此有過精當地調查、分析和研究，並把起鬨帶出來的東西稱作羞感文化：在所有人都在為一些故意束縛人、和人過不去的陳規陋習叫好、起鬨時，想反對它的人就會遭到相反的起鬨，並由此感到羞愧，以致於加入到起鬨的隊伍中去。魯迅是相當瞭解起鬨的力量的，他說，中國庸眾的伐惡之心並不下於軍閥；如果那些攻擊他們的文字被他們知道，我早已死無葬身之地了，所幸他們中識字的人畢竟不多（《而已集・答有恆先生》）。起鬨和羞感文化意味著，任何一個人的任何行為都要受到起鬨的檢查，這就是伏爾泰挖苦過的「被蠢人評判」（伏爾泰《文學與作家》）。

美國考古學家丹尼爾・英格索爾（Daniel Ingersoll）認為，可恥的拋棄型社會早在 19 世紀就來臨了。對西方人來說，不僅對物質喜新厭舊，對精神、思想也是同樣的嘴臉。作為一個習慣起哄的國家，魯迅實際上早就說過，我們至今還只是一個不稱職的收藏家，因為我們從不收集異質物品。起鬨者不懂得什麼叫做思想的拋棄，拋棄被理解為數典忘宗、不孝子孫；但他們卻都懂得老婆還是要不斷拋棄的好。這一切導致了偉人魯迅同情配方中各組分的動盪不定：時間越往後靠，詛咒所占的百分比越來越大，相應的，悲憫的成分也就愈來愈少。不過，比之於現實境況的慘烈和殘酷，這說起來也沒有什麼不可理解。

4、喪鐘正為你敲響……

作為一個人間的偉人，魯迅秉承了偉人家族的遺訓：不得愛人間的任何人。這就是達・芬奇所說的，是在對他的民族和人民有了深刻認識之後才採取的斷然行動。現在，該輪到魯迅來裁判庸眾了。這體現在魯迅的寫作上，就是越到後來詛咒的成分越多，以致於讓人看不見還有多

少悲憫包含在同情之內，儘管悲憫依然還是維繫偉人之同情能夠得以存在的一根暗線。我們都聽見了魯迅臨死之前念出的咒語：「一個也不寬恕。」對偉人家族來說，這是同情的可能性結局之一；在魯迅那裏，卻是現實的結局。

　　魯迅曾信誓旦旦地說過「創作根於愛」（《而已集‧小雜感》）。不是魯迅不理解這句話的真實涵義（作為一個偉大的文學家，他瞭解世上的所有感情），而是做不到。長期以來，起鬨的庸眾一口咬定，母親打兒子是因為母親愛兒子，不打兒子的母親不是好母親，她應該為此羞愧。這個荒唐的推論也被那些起鬨的人們用在了偉人和英雄身上：不詛咒時代和民眾將不是真正偉大的作家。唐甄說：「有秦以來，凡為帝者皆賊。」（唐甄《潛書‧石語》）應該算是道出了那夥起鬨家說這番話時的內心真諦。在魯迅晚年，有很長一段時間捲入了許多論戰；拋開論爭雙方對同一問題的不同看法不談（允不允許有不同看法呢？），強烈的火藥味，暴烈的脾氣，刻薄的言辭，以討厭為主要成分的心理底色，斜視、踹擊和黑色的心緒，構成了詛咒的真實內涵，也贏得了後世大批小魯迅在起鬨之中的一致叫好。在魯迅眼裏，那些被他斥為「正人君子」、「學者」的人，都一概是可詛咒的起鬨者（他們當然是為魯迅所反對的事情起鬨）。現在還有另一些瞎起鬨的妙人們仍在高呼魯迅的批判意識，天知道他們懂得多少魯迅的批判意識。

　　梅非斯特自稱是上帝的敵人，浮士德博士對此不屑一顧。他暗示這個自以為是的魔鬼說，上帝沒有敵人，只有值得悲憫和詛咒參半的罪人——上帝只有一種同情配方：悲憫、詛咒各占一半。布萊克（W.Blake）也鸚鵡學舌：任何一個真正偉大的詩人都自覺或不自覺地站在魔鬼一邊。無論這種種貌似深刻的言語說出了多少值得誇耀的含義，任何貝多芬意義上的偉人都會對此不屑一顧。布萊克誤認了上帝，儘管上帝的悲憫也不是愛。但是，魯迅使用趕殺同情中所含悲憫成分的方法，用越來越多的詛咒，完成了布萊克的旨意，並產生了類似於梅非斯特的得意，卻大致是明白的。他自覺站在了魔鬼一方，儘管他最終是被逼才成為這副面孔的。可問題是，只有他一個人被逼嗎？自覺站在魔鬼一方很可能

會帶來眼光的毒辣，見解的深刻，我們早就看見了，這是所有偉人的共同特徵；可是，如果僅僅這樣又有什麼用？同情在偉人那裏，最好的版本是上帝的版本，因為他把詛咒減少到了最低限度──一半，假如《聖經》和神學家們所說是正確的。人間的上帝往往與此相反，這也是我們多次看見的情景。

　　詛咒的極端化導致了魯迅作品中黑暗的普遍性。魯迅對此毫不避諱：「我的作品，太黑暗了……」(《兩地書》四)「我自然不想太騙人，但也未嘗將心裏的話照樣說盡，……發表一點，酷愛溫暖的人物已經覺得冷酷了。」(《墳・寫在〈墳〉的後邊》)。在拋棄了所有人、不愛任何人、對幾乎所有人都把詛咒發揮到極致之後，這種情形的出現也就沒有什麼不可以理解。更要命的是，與此同時魯迅對自己也採取了詛咒和悲憫參半的同情──上引魯迅的言論隱隱透露了這一消息。許多學者都正確指出過魯迅的自虐情結，這個精彩的洞見所傳達的內容不僅造成了「痛苦的魯迅」，也形成了魯迅內心的黑暗。這中間的過渡顯然在於：既然人人都不值得施以中等程度的同情(即詛咒、悲憫參半的同情)，那就施向我自己吧。這是魯迅內心的直接引語，也是同情在偉人身上的共同特徵之一：當可詛咒的人越來越多，當詛咒的成分越來越濃，詛咒本身勢必會指向自己──「一個人的戰爭」是可能的。魯迅的自虐就是很好的證明，儘管它決不是唯一的證明。卡夫卡說，未婚的男子是自絕於人類的，他的生存空間將會越來越小，最後，「他死了，棺材對他正合適。」有理由認為，這也是一個孤家寡人的真實處境。無論魯迅在他生前死後贏得了多少同志、同類和崇拜者，魯迅大概會認為他們這都是自找的。他在本質上就是一個孤苦伶仃者，一個寡人，沒有王位的朕。

　　我贊成這樣的說法：人之將死，其言也善；我反對這樣的做法：至死都不寬恕任何人，儘管這樣做有利於維持自己的一貫形象。我還要反對如下表述：可以用恨來表達愛，因為這個似是而非的辯證法容易把人引入歧途。卡夫卡說：「認識你自己，並不意味著：觀察你自己。觀察你自己是蛇的語言。其含義是：使你自己成為你的行為的主人。但其實你現在已經是了，已經是你的行為的主人。於是這句話便意味

著：曲解你自己！摧毀你自己！這是某種惡——只有當人們把腰彎得很低時，才能聽見它的善，是這麼說的：『為了還你本來面目』」我願意用這段充滿著過多歧義的話來結束這一章，而且不指明它對本章有效的理解路徑。

對信仰的習慣性背叛

1、能憎才能愛……

　　魯迅的名句「橫眉冷對千夫指，俯首甘為孺子牛」曾經贏得了滿堂喝彩。在謹嚴的格律中，魯迅為自己的性格畫了一幅十分準確、傳神的肖像。我們通常以為，第一句是說魯迅作為「民族魂」的象徵，激怒了幾乎所有人和他身處的時代；第二句是說，儘管魯迅式革命（即改造國民性）遭到了「千夫所指」，接下來很可能還會有「無疾而終」的悲慘下場，但仍不妨礙魯迅在暗中為民族的復興，充當「孺子牛」的角色。「我吃的是草，擠的是牛奶。」這就是病夫和肉薄者對「千夫」們說的話，其壓抑到胸腔的激憤語調是不難感覺到的（這種語調還不需要借助魯迅式破折號的功能，只需要魯迅本地語調中的老年智慧的幫襯）。事實上，我們也正是把這兩句詩當作魯迅一生的寫照和總結。

　　郁達夫深知魯迅「橫眉冷對」的涵義，但他似乎又太幼稚和膚淺了一些，幾乎不配作為魯迅在思想上的戰友。對於晚年得子的魯迅那麼嬌慣周海嬰，郁達夫竟然發出不可理解的疑問：這是怎麼回事？猛一看那的確和魯迅的一貫形象相去太遠。為了開導他，魯迅又寫了另一首詩，其中有這樣兩句：「無情未必真豪傑，憐子如何不丈夫？」（〈答客誚〉）郁達夫聽了之後有些恍然大悟的意思了。《莊子・山木》篇曾杜撰過一則有趣的寓言，很可以和魯迅看起來自相矛盾的動作互為參證：「林回棄千金璧，負赤子而趨。或曰：為其布與？赤子之布寡矣！為其累乎？赤子之累多矣！棄千金之璧，負赤子而趨，何也？林回曰：彼以利合，此以天意也。」魯迅在一篇文章中也曾掐頭去尾地意引過這段文字。我們完全可以不顧事實（但合邏輯）地把魯迅的引用，當作他開導郁達夫的教案，尤其是聯繫到〈答客誚〉中的句子。可惜郁達夫明白的只是魯

迅「負赤子而趨」的那一面：海嬰怎樣和魯迅搗蛋、調皮，魯迅都是不會生氣的；但達夫先生卻沒有看出這件事隱蔽得過深的涵義。

「橫眉冷對千夫指，俯首甘為孺子牛」被認為是「能憎才能愛」的經典表達。許久以來，能憎才能愛的判詞幾乎以完全褒義的面貌固定在魯迅身上，其他任何人要想染指，必須爭得和魯迅同等的權力和地位。多年以後，小學還未畢業的英雄和楷模雷鋒，在日記中竟然奇跡般地、完好無缺地說出了「能憎才能愛」的真實意思：對同志要像春天般溫暖，對敵人要像秋風掃落葉一樣殘酷無情。魯迅謹嚴的格律，完美的對仗，正表達了這一辯證法：愛和恨的總量是一個阿基米德常數，只有把恨毫無保留地交給了一些人（即「千夫」），才能把愛和愛寄存的空間節省下來毫無保留地送給另一些人（即「孺子」）。愛與恨的對立，才是魯迅那兩句格律謹嚴的詩行中的真正對仗：沒有恨也就沒有愛。這就宛若卡夫卡在日記裏不無驚恐地說到的：「看啦！惡才是善的星空！」

黑格爾認為，惡是社會進步不可或缺的槓桿之一；恩格斯表示同意。卡夫卡說得更加精闢：「惡即引導者；」「只有惡才有自我認識」，而且「惡的一個手段就是對話。」情況顯然就是這樣：魯迅內心的底蘊就是惡、恨、討厭和魯迅牌同情。他把「孺子」看作了「赤子」。為了孺子他不惜激怒他的時代和幾乎所有人，甚至包括他的同路人（比如胡適之、郭沫若）。對他比比劃劃的「千夫」們無疑也成了他的敵人。魯迅能給予這些傢伙的僅僅是恨、詛咒和淡到幾乎已經看不見的悲憫：在他眼中，那些傢伙不僅是棄赤子「抱千金之璧而趨」的惡人，也讓魯迅本人十分不快與惱怒。兩項相加，使得本來就易怒、易發脾氣的魯迅，毫不猶豫地將他們看作可以「橫眉冷對」的什物。魯迅的許多文字早已向我們暗示，對付這樣的惡棍，只能以更加惡棍的方式去對待。

「能憎才能愛」從根本上說只有恨，愛的空間被恨擠佔了：既然到處都是具體的敵人，只有抽象意義上的孺子——對於魯迅，具體的孺子恐怕也就周海嬰等數人——，愛的施與方向又在哪裡？從魯迅堪稱勇敢的各種形式的戰鬥中，我們看到的是具體的敵人，幾乎看不見受到他戰鬥勝利恩澤的具體的愛人。在魯迅那裏，愛是不及物的。我們之所以在

魯迅的全部文字中看到的只是黑色、憤怒與晚上，鮮有亮色和希望，就是因為愛喪失了應該具有的空間和具體的對象。魯迅的愛僅僅是一種無對象感覺的形式化。

辯證法在這裏仍然是有效的：從骨子裏看，在辯證法強調的兩件相反相成事物的內在關係中，始終存在著一個主導方面；在主導方面的威懾和授意下，另一個方面（即次要方面）向主導方面漸進和投誠是不難想見的。而這，差不多才是黑格爾辯證法的一貫嘴臉。能憎才能愛的主導方面幾乎始終都在「能憎」上，「才能愛」這個句式是虛擬的，它表達的是一種幻想，一種渴求，一種開脫。太多的事情幾乎讓我們找不到正確與錯誤的界限，生與死，愛與恨，人與獸，友與仇，君子與小人……自古以來我們都活在其中，忍受它，爭論它，並為它搞出無數可以算作強詞奪理的二元對立。而老莊式辯證法和黑格爾式辯證法卻在這些二元對立之中，找到了看似有理的修辭性句式。可是，我們大多數人都忘記了，要想通達它卻又需要太多的橋樑。由於修架這些橋樑的原材料在魯迅那裏過於缺乏，使得愛與恨只能隔河相望。愛差不多成了神學上的彼岸。那些從魯迅的眾多動作——比如肉薄、蹢擊、斜視、魯迅式記錄、魯迅式「看見」、給白天實施割禮、就著狗頭下酒、橫站、拋擲投槍等等——中，總結出能憎才能愛的人分明是在說謊。

2、恨……

不過，我們似乎沒有必要指責那些說謊的人（不管他們是不是故意性的）。按照 Baron Klinevich 的看法，在我們這個地球上沒有謊言的生活是不可能的，因為謊言和生活是同義詞；我們僅僅是在需要快樂和開玩笑時才說出真相（On earth it is impossible to live without lying, because life and lie are synonyms ; but, here we will tell the truth just for fun. Baron Klinevich, "King" of the Wrpses）。克而凱戈爾也說：謊言才是真理，科學只是一個悖論！究竟是正話反說還是事實就是這樣？不清楚。「能憎才能愛」就是這樣一種性質的真相：它僅僅是為了和我們開開玩笑。儘

管它帶有莊重肅穆的神色，但它歸根到底只是某種偉大事業需要的廣告術語。而廣告，正如同諾斯諾普・弗萊在談到它時說起過的：「它只是一種遊戲：它在扮演一個角色的原始意義上是虛偽的。」（弗萊《批評之路》）

康吉昂（G.Canguihem）在《正常與病理》中充滿詭辯色彩地寫道：「人只有在符合各種標準時才是健康的，只有超過正常時才真正是健康的。」「能憎才能愛」顯然是個很不穩定的條件式命題。因為它既不符合多重標準（它只是二元的），卻又大大超過了正常情況，與健康所要求的那種不正常狀態（假如康吉昂是對的）也有著重大差距。憎與愛只是人類複雜情感的兩個極端，在它們中間還夾雜著過於繁多的、難以名之和難以定義的眾多情緒。魯迅的確是最善於凸現這兩種極端情緒的人物之一，只不過他把愛這一極給高度抽象化和虛擬化了。人們（主要是小魯迅們）在總結「能憎才能愛」這一命題時，的確是莊嚴肅穆的，也是咬牙切齒和略帶幾分幸災樂禍的神情的。但這是一個惡意的謊言。因為他把恨直接過渡到愛，讓站在神學彼岸的「愛」來到了恨的身邊，並最終取代了恨、佔有了恨，完全不顧及愛與恨兩極之間還存在著那麼多的情感內容。它忽略了對眾多善惡難辨、愛恨交加的中間情感形式的問候與致敬。它不符合康吉昂所謂的正常標準。

卡隆（M. callon）在《技術社會學》裏說過的話正好可以用在這裏，只要把「社會學」一詞置換為「情感學」就行了：「社會學是一種運動，運動中的各個角色在……想像和真實之間構築並創建一些差異和界限：這些界限的走向是一個賭注，除了完全統治的情況，任何共識都是不可能實現的。」是中間環節決定了事物的最終面貌；中間環節就是卡隆的那筆「賭注」，而起點只是零。零的推演直至事物的終結，要靠中間環節的嚴肅擺渡。從恨就能一定走向愛麼？而這，無疑就是邏輯賭徒下注時的習慣性嘴臉。賭徒們肯定有這樣的渴望：假如所有的中間環節都在驅使零一步步繞了一個大圈子後，又回到那個零呢？誰能擔保沒有這種可能性？莊嚴的謊言就這樣在肅穆的神色下，完全掩蓋了開玩笑和下賭注的性質，恨也如其所願地在「能憎才能愛」的句式中轉渡為愛。

這需要太多的想像，是和真實有著太多差異與界限的想像。從「憎」的動作中開出「愛」的天地，完全是一次突變，一個惡意的玩笑，按照黑格爾、恩格斯和卡夫卡的建議，我們卻正好可以從「惡」意的謊言中窺測到人性的深度和變幻莫測。

卡夫卡說：「以往我不能理解，為什麼我的提問得不到回答；今天我不能理解，我怎麼會相信能夠提問。但我根本就不曾相信過什麼，我只是提問罷了。」這當然就是典型的卡夫卡式悖謬了，但它恰好是我們人生的常態：我們的前後兩個動作往往構成了互否、互相駁詰、相互矛盾的局面。這也是魯迅遇到過的：他也想愛，但他的確找不到愛的對象；魯迅一生只是在發掘恨，在收集黑色的光線，也在向可恨的對象發問，但無一例外在最後總是不屑於發問，而是直接施以恨的動作。所謂踹擊、斜視、為白天實施割禮、肉薄、悲憫和詛咒⋯⋯都是恨的具體化和肉身化。恨省略了諸多轉折和過渡。恨對自己在最後是否能獲得和轉渡到愛持否定態度，也最終同意了卡夫卡決不發問，只顧實施上述激烈動作的暗示。

恨在色澤上是黑的。長期以來，我們卻把魯迅的恨處理成了紅色。這就是「能憎才能愛」的真正命意。從魯迅的恨中總結出紅色，毫無疑問，也是一種有目的的修辭和傳說。在魯迅依照自己的內心底蘊和性格旨意展開搏殺的命運，不斷向可恨之人、物發問並尋找可以恨和必須恨的人和物時，黑色的鬥爭過程被處理成紅色，或者被當作是為了殺出一條通往光明的血路──血就是紅色的（這不是修辭）；按照「能憎才能愛」的普適公式，紅色就是愛。我們不敢說所有的恨都有機會化作行動，但它無疑包孕了行動的全部可能性。在魯迅那裏，恨早已變作了現實性的行動，這就是被小魯迅們長期以來美化的戰士形象。

鬥爭是 20 世紀中國的重大主題。不能否認，鬥爭的確有愛的成分在內，因為它的確是在愛與恨的共同驅使下才得以展開的。可是在具體的行進過程中，愛的空間往往被擠佔了，或者愛的空間的存在僅僅是出於一種權宜之計、一種策略：它是為鬥爭服務的。上百年來，批判的武器就這樣代替了武器的批判。它是目的對於手段的強烈恭維。

3、信仰的地理史

　　我們一點也用不著奇怪，為什麼一部古希臘哲學史完全可以歸納為一部哲學的地理史；我們通常看到的哲學史家對古希臘哲學的描敘，也正是從「米利都的泰勒斯……」這樣的句式開始的，即使是最反感地理決定論的所謂馬克思主義者，也會在無可奈何之際或隱或顯地選擇這一句式。因為在不同時刻的不同地方，畢竟包孕著不同的思想和動作內容。魯迅的信仰史與此相類似。那也是一部信仰的袖珍地理史。

　　瞿秋白在為《魯迅雜感選集》所寫的長篇序言裏，劈頭一句就稱魯迅為「逆子貳臣」。我們幾乎可以一口咬定，依照康熙爺的習慣性做法，魯迅的確夠格進入「貳臣傳」。對各種主義、各種信仰的習慣性叛變是魯迅一生的動作常態。但瞿秋白關於「貳臣」的總結如果不是謊言，最起碼也是偏狹之論，因為他把總結的刀、槍、劍、戟，只對準了魯迅對封建社會和所謂資產階級的叛變上。這裏不妨順便插一句，在當時究竟該怎樣給中國版資產階級下定義卻各有各的說法。20 世紀二、三十年代中國思想界掀起的那場有關中國社會性質的論戰，不正是公、婆、兒、媳都有理麼？如此看來，瞿秋白對魯迅的斷言即使在當時也是不能隨便當真的。

　　叛變是魯迅一生最主要的動作之一，它貫穿了魯迅的一生。其他動作要麼是由叛變引發出來的，要麼就是促成叛變動作的生成，因而它們總是階段性的動作。「能憎才能愛」的虛擬句式，也有必要放在叛變構成的語境中才能得到有效的理解。可以想見的是，叛變也有它發生、壯大以及在特定之人那裏贏得它特殊含義的歷史，這種歷史始終和實施叛變動作的主人在廣大的時空中的穿行有關。魯迅究竟到過什麼地方，在不同的地方究竟想做什麼、相信什麼，如今的人們已經相當清楚了。我在這裏所做的工作，僅僅是再次梳理一下罷了。

紹興

　　紹興是魯迅做夢的地方，也是他試圖叛變的開始。「天地玄黃，宇宙洪荒，」紹興是魯迅其後一切動作的子宮。家道的中衰，嚴父常年臥

病在床，作為長子（那時他是多麼的年幼！）應盡的責任，使他經常出入於當鋪、藥房，飽經了人世的冷眼、譏笑和嘲諷。「嫌人窮，恨人富，」毫無疑問，構成了善於起鬨的中國群眾的一貫嘴臉。這是來得太早的磨難，給魯迅其後的幾乎所有動作打上了深深的、只屬於魯迅個人的烙印。「子曰詩云」裏邊杜撰過的溫情脈脈的好世界，在魯迅那裏無可挽回地坍塌了。不過，魯迅此時的叛變幾乎是出於一種求生本能。這顯然意味著這樣一種潛臺詞：對「子曰詩云」光輝說教的背叛，和對「子曰詩云」之外還有另一個好世界存在的希望始終聯繫在一起。因此，紹興對於魯迅，是一個希望和背叛相混合的地方，是魯迅之所以成其為魯迅的盤古王開天地。這裏的背叛也早已埋下了反抗和戰鬥的影子：當普遍的白眼和譏笑都紛紛投向他時，魯迅在悲憤中只好無師自通般地掌握了「橫眉冷對」的動作要領。當然，此時的「橫眉冷對」還只是單向的「恨」，並沒有如魯迅晚年所寫的詩那樣，「橫眉冷對」與「俯首甘為」相對仗：這就是說，能憎才能愛的假想性質，還不屬於充當著魯迅信仰地理史上的混合物的紹興——他朦朧的、不可遏止的反叛欲望，使他連有關對仗的修辭格都忘記了。人在最衝動的時候是最不需要修辭的時候，這中間自然也包括了修辭性的對仗。

南京

南京是魯迅背叛「子曰詩云」（其實也是對紹興的背叛）之後，走向新生的第一站。魯迅本人將它稱之為「走異路」（《吶喊‧自序》）。他離開了紹興，實際上也意味著，想告別他和鄉親們相互之間「橫眉冷對」的敵對狀態。因為那樣的敵意超過了他的心理承受能力。在學海軍和學開礦藏這些西洋科目中，他似乎找到了「子曰詩云」之外的好世界。南京是魯迅一生中真正的避風港之一：他在狂熱的學習中，既滿足了他的求知欲，也幾乎使他淡忘了在紹興時的橫眉冷對，從而把紹興作為做夢的地方那一面給凸顯了——他把在紹興未完成的美夢搬到南京來繼續進行。從比喻的意義上說，南京是魯迅的床：這張床不僅給了他安眠和休息，還給了他做夢的空間。作為床的南京，和作為卡夫卡的床的布拉

格完全不一樣。南京給魯迅帶來的是向上飛升的快感和滿足，布拉格給卡夫卡帶去的，只是巨大恐懼的一個弱不禁風的破碎港灣。南京是魯迅的幸福之地。但是，在紹興的「橫眉冷對」並沒有完全被床隔離。在他給弟弟周作人的信裏，魯迅一方面表達了他的美夢就快要成真的狂喜，另一方面，也對當年的「橫眉冷對」記憶猶新。紹興是魯迅一個可以不斷被郵寄而來的包裹，即使不打開它，也知道裏邊的所有內容——即使是他早已躺在了一張自以為舒適的床上。

日本

　　日本對於魯迅有些尷尬：一方面它是魯迅摘取美夢（不管是強國夢，還是有趣填充自己空白人生的大夢）可資利用的腳手架，另一方面，當他借助這副腳手架正要爬上頂端去摘取美夢時才發現，這副腳手架要麼短了一些，要麼乾脆就被收走了。學醫的無聊，籌辦文學刊物的習慣性流產，翻譯的外國文學成品無人問津……加重了魯迅身上早已潛藏著的失敗感。剛到日本時那副意氣風發的身板已經不復存在了。日本作為魯迅的尷尬之地，給他帶來的打擊是雙重的：既不願意放棄做夢的權利，又明知做夢是不可能的。更加要命的是，在他那裏做夢已經毫無意義。這就把混合物性質的紹興中早已潛伏著的「橫眉冷對」的那一面，重新發揚了出來。這顯然會帶出以下結果：魯迅此時的「橫眉冷對」很可能是針對自己，或者針對自己的命運而來的。可以肯定的依然是，日本的「橫眉冷對」照舊沒有和「俯首甘為」聯繫在一起。就是在倒楣的尷尬之地日本，魯迅曾寫下了一首詩：「靈台無計逃神矢，風雨如磐黯故園。寄意零星荃不察，我以我血薦軒轅。」（魯迅〈自題小像〉）這首詩強烈地表達了自己要「俯首甘為」的決心，只是青春、熱血氣代替了晚年魯迅「俯首甘為」所沾染的遲暮氣色。但日本給他帶來的一切，無疑已經剔除了「俯首」的權力和機會。因此，在針對自己和自己命運所做出的「橫眉冷對」動作中顯露出來的，是對自己命運的抗爭，其實也就是背叛。要命的是，這樣的背叛要把他帶往何處，他已經不知道了，儘管背叛的慣性舉動早已將他越領越遠。

紹興

從日本魯迅再一次回到了自己命運的集散地——紹興。「此」紹興早已將「彼」紹興中的夢想成分剷除了，剩下的僅僅是背叛。魯迅此次的背叛是以向個人命運的屈服來達成的：既然你抗爭不了它，還不如破罐破摔般地順從它。一本署名不提撰人的明代豔情小說《昭妃野史》，描寫到女主人公不幸失身之後破罐破摔的風趣之言，很可以為魯迅的這次背叛做一注腳：「已經中了秀才，罷罷，乾脆再中個舉人才想得過。」一位印度詩人也大喊說：「既然我已經喝下了那麼多的毒藥，難道還在乎這一碗嗎？」魯迅這一次的背叛意味著，他已經越來越清醒地認識到，做夢既荒唐又無聊。所以，「此」紹興時的背叛和「彼」紹興對眾多的冷眼、嘲諷、譏笑進行「橫眉冷對」相反，是對理想和美夢的「橫眉冷對」，也是對「子曰詩云」之外虛擬的好世界的嘲諷。在魯迅身上，始終存在著兩個紹興。這兩個紹興不僅集散著和批發著他的命運，而且還互相駁斥、詰問。一個對另一個嘲笑道：你曾經背叛了我，現在你又回到了我；後一個對前一個說：我什麼時候回到了你？我只是無意之間走到了一個陌生之地。兩個在魯迅身上隔岸相望的紹興，其實都太自以為是了，魯迅在《朝花夕拾》裏對它們說：你們之間什麼關係都沒有，你們只和我單獨有關係。但魯迅的看法真的正確嗎？儘管他在這樣看待它們時，依然對它們採取了「橫眉冷對」的架勢。

北京

在北京的紹興會館裏，中華民國教育部的小職員魯迅每天深夜都在抄古碑。抄古碑的行為最為明顯不過的表明了：他對「子曰詩云」和「子曰詩云」之外的好世界的背叛是相當徹底的。因為魯迅誠實地坦白過，他這樣做，僅僅是為了解除自己的寂寞，是為了麻醉自己。實際上是為了麻醉曾經出現過的幻象和美夢。抄古碑的動作是魯迅用於充當背叛行為的乙醚。但北京也是魯迅重新激昂起來的地方：在這裏，他開始了和許多人的戰鬥。所以，北京在魯迅信仰的地理史上有著明顯的雙重性：

一方面有著相當徹底的背叛，另一方面，又開始試圖重新信仰。據許多研究家們說，魯迅此時開始相信進化論：所謂青年必勝於老年。魯迅自己也開始認為，所謂希望，不能以我之「必無」，去否定他人所認定的「必有」。為了別人的希望，魯迅以自己帶有表演性質的背叛動作開始了新一輪的背叛：這一次的背叛是想把自己從絕望和虛無的泥塘中拯救出來。不管怎麼說，絕望主義歸根到底是一條絕路，畢竟希望還可能帶來一點零敲碎打的光明。魯迅在北京開始了有著濃厚表演性質的激昂戰鬥：和林紓戰鬥，和章士釗戰鬥，和正人君子戰鬥，和女師大風波中的楊蔭榆戰鬥……

　　白居易詩曰：「周公恐懼流言日，王莽謙恭未篡時。向使當時身便死，一生真偽有誰知？」如果沒有魯迅其後到達的地點，我們就會以為他的戰鬥中包含著的「橫眉冷對」，就要快和「俯首甘為」天衣無縫地連在一起了，也就是說，能憎才能愛也就能圓滿地達成了。

廈門，廣州

　　魯迅在北京的背叛之餘還幹了一件轟轟烈烈的大事：與自己的學生許廣平偷偷摸摸地戀愛。這件事逼迫矛盾重重的魯迅離開北京前往廈門、廣州等地。這兩個地方明顯標識出了魯迅對紹興的徹底背叛，因為正是在紹興，他接受了母親送給他的一件很不討他歡心的「禮物」：「夫人」朱安。廈門、廣州是魯迅多年後才爆發出的對於紹興的徹底背叛和反動。這兩個地方修改了紹興的含義，卻並未抹去紹興的地位。從此以後，朱安——魯迅——許廣平開始了令彼此都很尷尬的三人行生涯。廈門、廣州時期的魯迅的真正意圖在於戀愛；按照他的本意，是想把它們作為自己的避風港。但隨之而來的戰鬥打破了他的幻想。被背叛的日本、北京並沒有遺忘他，它們追過來了。從愛情中並不能給他帶來新的信仰以幫助他抵擋萬惡的追兵。當然，說魯迅信仰愛情怎麼看都只能是一個笑話。早在寫〈傷逝〉和演講「讓娜出走之後」，魯迅就不信任愛情了。為了自己的愛情，他可以向對他施加嘲笑的人橫眉冷對；可在愛情內部，他和許廣平也並沒有太多的話要說。一部厚厚的《兩地書》，

說出的僅僅是自己的矛盾和背叛歷程，以及希望愛情能幫助他從不斷的背叛中邁步出來的隱隱渴求。《兩地書》就是關於背叛的隱秘對話。可以想見，當向前並不能從愛中找到信仰，而後又有北京、日本、紹興的緊逼急追，魯迅發出「兩間餘一卒，荷戟獨彷徨」的哀音，就非常自然了。

上海

和浮士德博士與梅菲斯特簽約，從對政治、理想國、愛情、美人的信仰及追逐全部破產，終於在大規模的人民勞作之中看到自己的希望和幸福相似，研究家們大多一口咬定，魯迅最後也終於站在了勞苦大眾一邊，只不過他沒有喊出「停一停吧，你真美麗」。上海是魯迅肉身的最後一站。在上海，他留下了許多疑案，比如說，他真的有如浮士德那樣信仰勞苦大眾嗎？

在上海的最後幾篇文章中，魯迅有一句名言叫做「一個也不寬恕」，實際上已經把「橫眉冷對」的動作推向了極致；但這並不必然導出「俯首甘為」那種有關「愛」的動作。可以肯定，「一個也不寬恕」擠滿了魯迅的心胸，以致於在交代後事時，要麼只是含含糊糊地告訴許廣平忘記他，要麼就是以自己「橫眉冷對」的經驗，告誡許廣平不要輕易信任任何人（《且介亭雜文末編‧死》）。這中間包不包括勞苦大眾？「千夫」與「孺子」相對仗，在魯迅那裏，不僅僅是一種修辭和詩學上的考慮，它的根本含義是要在所有人中挑選和歸納出二元對立的這兩類人來，一類可供他絕對地「橫眉冷對」，一類正需要他去「俯首甘為」。然而，在魯迅的小說和雜文中，我們都能看到，他對人的不信任，尤其是對群眾的不信任是由來已久的。在他的心目中，大眾不過是瞎起鬨的庸眾的代名詞。所以，掩蓋在信任大眾、並把他們委任為民族脊樑之下潛藏著的恰恰是一無所信：大眾只是魯迅用於擲向他曾經背叛過的所有信仰、所有人（尤其是知識份子）的一顆手雷。換句話說，信任大眾只是工具；而工具只能是工具，從來就不是別的什麼！

　　魯迅死了，死在上海的公寓裏；但魯迅的思想的確並沒有隨他的肉身一起死去，他留下了信任大眾的假像，剛好可以被後人們利用，作為他們趕路時的手電筒。那條長長的送葬隊伍裏的工人、學生、甚至農民，不知道他們清不清楚，魯迅永遠只站在了魔鬼的一邊，根本就沒有和他們在一起？他們把「民族魂」的旗幟蓋在魯迅身上，到底有沒有自作多情的成分？而那條長長的送葬隊伍，正好是相信「能憎才能愛」的絕妙注腳。

4、承續著叛變而來的⋯⋯

　　愛是一種信仰，恨毫無疑問表徵著虛無主義。如我們所知，愛需要激情和力量。魯迅對許廣平說，我時而愛人，時而憎人。實際上，在魯迅那裏愛是不確切的，除了幾個特定的人（比如周海嬰）；恨人卻不在「忽而」之間。叛變在最後也表徵著虛無主義；魯迅的叛變動作已經讓我們相當清楚了，他一生隨著時空的改變，叛變的內容有所改變，卻把叛變的動作完好無缺地保存了下來，決不僅僅像瞿秋白所說的，只是對「封建階級和資產階級」的叛變。信仰的地理史表明，叛變在魯迅那裏有著相當的廣泛性。在一通書札裏，他意味深長地說，我們從來都缺少撫哭叛徒的吊客（《而已集・答有恆先生》）。這裏邊有沒有對於自己的一點點哀憐呢？

　　叛變的結果最終將是：不會再剩下可供叛變的對象了，剩下的只是孤零零的叛變動作。即使是在虛無中，叛變也沒有停下來。魯迅說過，他一生最大的戰鬥是和虛無的戰鬥。這的確是他最辛酸的供詞。魯迅的虛無和許多人的虛無不大一樣：酷愛背叛和戰鬥的人在茫茫虛無中，用自己孤家寡人的肉身和虛無做著肉薄狀——魯迅的虛無廣袤無邊，他張牙舞爪的姿勢只佔據了虛無渺小的一格。在廣大的虛無面前，一個人的力量是大可以忽略不計的。虛無既是承載背叛的容器，也是由背叛帶出來的——魯迅一生都面臨著這種要命的、他自己意義上的闡釋學循環。這才是他真正的敵人，也是他失敗的真正表徵。

　　「能憎才能愛」與背叛有著驚人的內在一致性。尤其是到了魯迅的晚年，背叛前一個信仰並不意味著未來還有一個好世界存在，這和「能憎才能愛」的虛擬句式完全吻合。「能憎才能愛」也和背叛、懷疑主義互為因果。正因為廣泛的背叛和持久的懷疑，使得幾乎所有的人在他面前都成為難以被信任的對象。愛就這樣被消解了，剩下的只是虛空中的恨。魯迅早年提倡魔鬼精神的大作〈摩羅詩力說〉就是有關恨的哲學的一份提要（更加確切地說是「能憎才能愛」的哲學提要）。魯迅把魔鬼的精神貫徹得非常徹底。但魔鬼精神永遠是一種虛無主義，它是人類精神上的阿喀流斯之踵。信仰的地理史已經毫無保留地說明了這一點。所謂虛無，就是什麼也不信，甚至連虛無本身也得不到同樣的尊重，儘管病夫、懷疑論者、失敗者、虛無主義分子魯迅說過，他的確相信只有虛妄才是實有。

漂泊者的戰鬥

1、戰鬥的本體論……

　　和人間的偉人魯迅一樣，我們每個人的一生都是一次方向不明的航程；它的不可逆性，它的迷宮特徵，使得最早對此警覺的人被迫以近乎亂聯繫的無奈方式，發明了許多旨在限定和明確標識人生航程的比喻性理論，為在茫茫黑夜中的穿行充當可資借用的手電筒和打狗棒。保羅・蒂利希的《文化神學》說到過比喻性人生理論在來源上的偶然性：「信仰包含一種偶然因素並且要求一種冒險。它使無條件的本體論意義上的必然性，與一切有條件的、具體的事物的無常性結合起來……信仰的冒險基於這樣一個事實，即，無條件成分只有當它以一種具體表徵出現時，才能成為一樁與終極眷注有關的事。」這種包含著過多偶然性和大排轉折親而來的比喻性理論，雖然在某些時候也的確能使某些人達到瓦雷里（Paul Valéry）驚歎過的境界：

> 多麼好啊，經過長期的深思熟慮
> 終得以放眼遠眺神明的寧靜。

　　但正如歌德憂心忡忡地說到過的：「理論是灰色的，生命之樹常青。」歌德的話毋寧暗示了這樣的意思：所有旨在指明人生方向的理論加在一塊，也無法窮盡生命和人生的可能性、可塑性。與人生相比，理論總是比喻性的，有著明顯亂攀親家的嫌疑。有鑒於此，南斯拉夫詩人加江斯基（Ivan Gadjanski）才乾脆告誡我們說：「我們要避免對人生航程加以比喻」的惡劣習氣。因為比喻在本質上會最終違背它們的本來意願並將人生引入歧途。這是所有號稱真理的比喻性人生理論的終極特徵。對於這一點，用肉身來深刻體驗人生的魯迅有著相當清醒的認識。他之所以

對信仰進行不斷地背叛，原因之一就是既看清了信仰的比喻性質卻又根本離不開這些比喻──因為填充空白人生需要它的指導，因為肉體也需要一個可信的或暫時可信的東西作為支撐。

　　魯迅還更加清醒地知道，在人生和生命底部眾多值得悲哀的「事物」當中，死亡無疑是最大的「事物」、命定的「事物」（參閱魯迅《墳》中的有關「描敘」）。因為死亡標識了生命不可回逆的絕對性。因為「人之所以消亡，是因為他不能將開端與終結合而為一。」（A. Von Kroton 語。見 H. Diels《前蘇格拉底殘篇》）因為生命不可能是一個圓，我們也不能擁有但丁所說的那種能力，以致於能在橢圓形的人臉上看出由七個字母組成的旨在表達生命圓滿的術語：「上帝的人」（Homo Dei）。古埃及的《亡靈書》沉重地告誡我們：對那種永不復歸的旅行得有思想準備，一路上必須穿越重重洞穴和死巷，那都是食人怪物的巢穴，旅程的盡頭便是最後的王國。這些話與其說是針對亡靈，遠不如說恰好描述了生靈的基本處境。但這當然就不是比喻了。魯迅非常明白，人一出生，就立即落入到充滿陷阱和過多誘惑的航程之中；在這場遙遠的旅行道途，隨處都散佈著信仰和動作的歇腳地（否則，魯迅也就不可能為自己建立「信仰的地理史」）。為了走完它，有的人選擇了平和、寬容、忍讓、膽怯和犬儒主義的人生謀略（比如卡夫卡）；有的人則選擇了戰鬥、吶喊、進攻與英雄主義的旅行政策（比如魯迅）。選擇的標準始終在選擇者和時代境遇的雙向互動上。但它們都是比喻。是對「最後的王國」本己的、看似有價值有意義的回應。

　　魯迅比大多數人更明白人生的旅行性質和旅行的比喻性質。在雜文集《墳》裏他明確暗示了這一點，也指明了人生的最終去向：那就是表徵死亡和虛無的墳墓。魯迅說，惟有墳是必然的，是可以預先肯定的。由此走向墳場的路雖然堪稱最為重要，但它是個未知數，有著自身內部複雜的修正比：這條路該怎樣走，既然它是不可回逆的？應該以什麼樣的動作填滿那段空白，既然必須要填滿？該選擇哪一種關於人生的比喻？是不是一定要選擇呢？如果一經選擇了，那些旨在限定和標識人生方向的理論允不允許被背叛？就這樣，真實的人生最終要以修辭性的比

喻（這當然就是另一種意義上的「傳說」），才能得以完成。和幾乎所有
人一樣（天才、狂人、瘋子和領袖除外），這就是魯迅一開始就遇到的
巨大問題之一。他十分明白，比喻性的人生理論所需要的喻體卻是真實
的動作，是由時空定義和容納了的醒目動作，也是經由空白人生和軟弱
肉體籲請之後才出現的屬人的動作。魯迅一生酷愛的動作之一就是戰
鬥，不寬容的戰鬥，痛打落水狗的戰鬥。他旅行的盡頭矗立的「王國」
仍然是戰鬥（所謂「一個也不寬恕」）。和許多人一樣，他把比喻最終命
定地轉化成了實有。這是人的無奈，決不僅僅是魯迅的無奈。魯迅的無
奈只在於：他比更多人瞭解比喻性的人生理論和人生旅行之間的生
死關係。

　　在人生漫長的旅途上，到處都散佈著信仰（即比喻性人生理論）和
動作的歇腳地。懷疑主義者魯迅在長夜茫茫的航行中，卻一直在試圖為
自己的人生尋找許多不同的比喻，以利於能在不同的時空座標上找到不
同的、有利於此時此刻住起來舒適的歇腳處。畢竟無論怎樣匆忙、急迫
的趕路，喘息、換氣和休息總是必須的。我們早就看到了，魯迅的一生
實際上正是漂泊者的一生。當然，他的漂泊是在眾多可供選擇的信仰的
歇腳處之間的漂泊。他揀起一個比喻性的人生理論又扔掉它，再離開
它，然後又找到另一個，最後無一例外總是重複了對前一個比喻性人生
理論使用的習慣性動作：揀起、扔掉和離開（即對信仰的習慣性背叛）。
這構成了魯迅對信仰（比喻性人生理論）的歇腳地在動作上的經典性
回應。

　　雅克‧阿達利（Jacques Attali）在《論迷宮》中，對漂泊者與人生
比喻之間的關係有著獨到見解：「漂泊者在穿越迷宮般的沙漠時，發現
他到哪裡上帝就在哪裡，上帝不是一方之土的天神，上帝是人的而不是
土地的。這種上帝在我心中，上帝跟隨著我，無論我走到哪裡上帝都與
我同在的觀念的產生，必然導致一神論這個令人震驚的發現。這種觀念
只能產生於漂泊者。」如果我們將「上帝」偷換成「戰鬥」，阿達利的
話幾乎可以一字不易地用在魯迅身上：戰鬥就是魯迅在周而復始的揀
起、扔掉、離開的動作系列中，堪稱恆常不變的核心動作。它是魯迅對

比喻性人生理論（即信仰）採取的動作系列的絕妙總結。戰鬥也是魯迅在漂泊的重壓下，在流浪的途中無可奈何的舉止。他選擇它，它撲向他，正是被逼迫的結果。戰鬥就是魯迅的一神論。戰鬥的觀念也只能產生於魯迅這種性質的漂泊者身上，戰鬥使魯迅最終將不同的比喻性人生理論，在不同的時段轉化為活生生的實體。

　　戰鬥姿勢被魯迅選擇，包涵了一個漂泊者深深的辛酸。從一入人世——按照薩特的看法就是被拋擲到世界中來——，魯迅就不可避免的遇上了特定的、早已存在的、不容他從容選擇的眾多比喻性人生觀。魯迅背景不明、來歷太難以說清的懷疑主義癖好，又容易使他在痛苦的思索中，產生拋棄到手的特定比喻性人生理論的傾向。他在許多旨在限定和明確標識人生航程的各種比喻性人生理論之間，來回穿梭、流浪、觀望，以致於長期居無定所。在《純粹理性批判》裏，康德很有感慨地說，人類的好奇心始終會使他們在修建了一幢又一幢的高樓大廈之後，再奇怪地察看房屋的底座是否結實、可靠。這無一例外地引起了隨後掀翻既成房屋的「破壞」行為。魯迅的漂泊也有這種性質：他在信仰的歇腳處住了下來，但他無一例外總是把它定義為客棧，用他隨身攜帶的打上了魯迅私人烙印的戰鬥工具；最後總是給歇腳處（比喻性人生理論）強制性地加添了定語：暫時的。他也在發現了人生信仰的不牢靠和不結實之後，掀翻了到手的比喻性人生理論。所動用的招式被魯迅自己、也被他的後人們稱作魯迅式戰鬥。

　　據說，猶太教的神秘主義體系喀巴拉（Kabbale），非常擅長於通過拉近幾個意義看似甚遠的語詞之間的「內在」聯繫，尋找隱秘智慧之路的神學思辨。在明顯的有違邏輯中，他們從一個字母找到了另一個字母，最後終於歡呼雀躍地通向了蘊涵絕對知識的所在，即第一個字母：「Aleph，救世主的居所。」這和古希臘的畢達哥拉斯對數的論證和柏拉圖對第一理念的論證異曲同工。魯迅的戰鬥也是通過類似於這種神祕的、太難理解的隱蔽路徑，通過對時代的認證、籲請、應答的多重轉換，既為他的信仰漂泊者身份找到了證據，又為他的歇腳處定了性；同時，通過他一生對戰鬥——不管戰鬥是作為一個語詞，還是一項動作——的

磨礪，把戰鬥奉為最後的、絕對的信念。戰鬥就是魯迅的第一個字母Aleph。這種句式上有違形式邏輯卻又暗合心靈邏輯的多重轉換，最終把戰鬥促成為魯迅生命中的本體。戰鬥是魯迅的本體論，戰鬥作為本體出現在魯迅的人生語境之中。通過對戰鬥的反覆摹寫──還不如說在書寫中反覆實踐戰鬥──，魯迅甚至有能力在我們面前掩蓋了戰鬥的比喻性質。這並不是每一個人都有能力做到的，正如喀巴拉看似荒唐的「邏輯」推導也不是所有人、所有形式的神學體系都能完成的。

2、充滿口吃的戰鬥……

　　魯迅的戰鬥的本體論有著明顯雙面刃的特性。這是魯迅牌特殊戰鬥形式內部的固有機制。戰鬥一方面能為魯迅暫時的歇腳處（那個袖珍客棧，那些比喻性的人生理論）充當有力的辯護士，千方百計指明它（們）的合理性，──我們從《摩羅詩力說》、〈我之節烈觀〉、〈燈下漫筆〉、〈中國人失去自信力了嗎〉、〈慶祝滬寧克復的那一邊〉等文中，早已聽到了這種種辯護，也感受到了這種種辯護的力量。無論是對個人主義、進化論，還是對大眾、人民的信仰，作為魯迅暫時的客棧和歇腳地，都曾得到過魯迅式戰鬥的庇護。戰鬥是那些客棧和歇腳地的經紀人、股東和保護神。魯迅的戰鬥有這樣的威力。

　　但另一方面，魯迅的火力也明顯針對了那些曾經接納過他的各種歇腳地。他的戰鬥有著翻臉不認人的內在質地。魯迅早年的朋友、晚年交惡的錢玄同，也就是曾被魯迅親昵地稱作「爬來爬去」的那個人（參閱許壽裳《亡友魯迅印象記・從章先生學》），說到了魯迅一生中的三大長處和三大短處，其中的短處之一是：魯迅「往往聽了人家幾句不誠意的好聽話，遂認為同志，後來發現對方的欺詐，於是由決裂而至大罵。」（錢玄同〈我對周豫才君之追憶與略評〉）這些話也可以看作魯迅對歇腳處（比喻性人生理論）的貫常行為。任何一種比喻性的人生理論，總有它動人的、花言巧語的一面，總能收拾一些人心──正所謂一個比喻可以捕獲一個時代、誘姦一個民族。這就是它們中聽的一面了。我們完

全能夠理解，漂泊的魯迅在這種情況下很可能會不可避免地將它們引為客棧，認作自己的棲身之所。但他的懷疑主義癖好——錢玄同指出，這是魯迅日常生活中最常見的一面——始終會發現，信仰的房東並不是誠心接納他，對方倒很可能只是抱著收房租的目的，才在大門口掛上了「賓至如歸」、「顧客就是上帝」、「悅來客棧」之類中聽的牌子。實際上，對於任何一種人生理論，它的灰色的比喻性質，它的局部性而非完整性特徵，使得它的信徒往往就是它的利潤、它榨取到的剩餘價值。因此，魯迅一旦認清了它的真面目，他戰鬥的火力便不可避免地找到了這種比喻性人生理論，並作為一刻也不能閒著的「戰鬥」的出氣筒。「山平水軟江南路，屈指還需一月程。」（趙翼〈將至朗州作〉）在魯迅的許多文字中，我們都可以偵察出他對個人主義、進化論、勞苦大眾產生的廣泛懷疑、猛烈批判甚至是完全的放棄。這當然就是戰鬥的雙面刃中不那麼好的一面了。

這也就是魯迅式戰鬥內部的口吃現象。口吃意味著，對於一個身處比喻性人生觀的森林中的漂泊者，沒有任何比喻是恆常不變的。每一個比喻性人生理論僅僅是一座橋樑，可以幫助他渡過某一段（僅僅是某一段）黑暗的人生航程。過河拆橋當然值得唾棄，但一天到晚守著已被經過了的橋樑是不是又太滑稽了一些？除此之外，更值得考慮的毋寧在於，即使在你看似已經抓住了某個比喻性人生理論時，從比喻性人生理論內部伸出的手肯定會將你趕走；或者有另一股來自於時代的其他力量，要麼阻止你向那個比喻性人生理論靠近，要麼揮拳擊毀那個比喻性人生理論，要麼就是抽空了那個比喻性人生理論藉以存身的地基，結果無一例外地總是使你離開那個比喻性人生理論——不管你是以幸災樂禍的心情離開，還是以悻悻然的心情逃跑。對於真誠尋找人生比喻的人，情況基本上從來就是這樣。

1914 年 5 月 27 日，卡夫卡在日記裏記下的話，為魯迅的戰鬥的口吃提前給出了詮釋：「如果我一點兒也沒有弄錯的話，我走得越來越近。那就好像在某一個森林空地有著心靈上的戰鬥。我進入森林，什麼也沒有找到，出於虛弱，馬上又鑽出來，常常是當我離開森林的時候，我聽

到，或者我認為聽到了每次鬥爭武器的叮噹之聲，鬥士的目光可能穿過森林的陰暗之處在尋找我，但我知道得只是那麼少，而且是些他們虛幻的東西。」卡夫卡在這裏說得再正確不過了：戰鬥的口吃就是戰鬥的虛幻性。它的雙面刃性質，在最後，總是傾向於把曾經的客棧，轉換為自己的對手、敵人，進而蔑視它、批鬥它、消滅它，把它處理成一個渺小的無或廢墟。

戰鬥的口吃現象的特殊性是：無論它在充當客棧（即比喻性人生理論、歇腳地）的保護人，還是充當客棧的攻堅者，戰鬥的火力總是很猛烈，其語氣總是決絕式的（即本地語調）。正是這一點加固了口吃現象的內在音色：在為某一個客棧猛烈辯護和猛烈摧毀這個客棧之間，有著太多的矛盾和出爾反爾。它們之間的緊張力量，全化做了戰鬥的「嘴」邊不斷拉扯，以致於達到痙攣的肌肉——戰鬥的本體論的結結巴巴就這樣出現了。沒有任何理由為此去責怪戰鬥的結巴性和這種結巴性的擁有者，因為這是亂紛紛你方唱罷我登臺的時代事境的逼迫所致。誠如我們已經說過的，早在戰鬥的口吃形成之前，時代內部的口吃（比如在魯迅的時代，革命內部的計算法則的支吾性就是其表現之一），早已在立正侍侯；也正如鍾鳴所說，時代比人更早遇到痛苦，也更早經歷失敗（鍾鳴《旁觀者》）。沒有時代內部的口吃作為支撐，戰鬥的口吃的出現就是不可想像的。

因此，戰鬥的口吃站出來現身時，早已天然帶出了時代內部的結巴。當魯迅處於一邊大力讚揚和歌頌大眾、人民，卻又在另一邊猛烈向他們開火的矛盾關係之中時（魯迅：民眾的伐惡之心並不下於軍閥），就不能算是戰鬥的口吃犯了錯誤，而是由「人民」構成的時代事境的滑稽性引發了喜劇。當阿 Q 準備革命，高老夫子準備袖珍造反，子君準備追求個性解放試圖把命運攥在自己手中，當孔乙己說「竊書不算偷」、茴香豆的「茴」有四種寫法，閏土根本就不打算從麻木不仁的圍城中走出來，青年中有勇於上進者，也有告密者、賣友者時（這些人都是「人民」、「大眾」或人民和大眾的組成部分），戰鬥除了口吃還該怎麼辦？是從他們中間挑選出一部分猛烈讚揚、施以戰鬥中內含的保護性火力，

還是利用戰鬥中天然包孕著的打擊力、摧毀力，全部予以摧毀以便重新開始？對此，魯迅牌戰鬥只能以它的結巴性來招架這些叫做群眾的人了。在《旁觀者》裏，鍾鳴精闢地說到了群眾的一貫特徵：相互簇擁而來，相互簇擁而去，相互吐口水，然後相互忘掉。魯迅看出了這一特徵（他曾把這暗示為「起鬨」）。在他的時代，人民曾經被看作新生力量，在魯迅牌戰鬥的某一階段也曾為人民辯護過（參閱魯迅〈中國人失掉自信力了嗎？〉）。但戰鬥內部的固有機制，它的雙面刃特性，使魯迅始終都能窺見人民可恥和可悲的一面。所謂「哀其不幸，怒其不爭」，所謂「可悲憫的，可詛咒的」，表達的正是這種複雜的、難以道明的口吃性情緒。而在面對所謂的人民時，口吃恰好標識出了戰鬥的力量：打翻他們，再保護他們。卻又絕不是去當他們的救世主或騎士。

在戰鬥的口吃和魯迅對各種信仰的習慣性背叛之間，有某種堪稱互為因果的關係。魯迅一生信仰過的比喻性人生理論很多，但無一例外總是拋棄。理由之一就是戰鬥的口吃。正當個人主義在魯迅早期思想的地平線漸露頭角時，他大喊著要棄物質而張靈明，任個人而排眾數，不惜自己的戰鬥擁有摩羅（魔鬼）精神，並以摩羅式戰鬥來為它辯護（《墳·摩羅詩力說》）。曇花一現的個人主義和嚴酷的時代境遇之間的重大分歧和對峙使魯迅沉默了，躲在北京的 S 會館抄「沒有問題和主義」的古碑。抄古碑不正是戰鬥的另一面嗎？它無疑已經把戰鬥中所包孕的蔑視成分發揮到極致，同時也構成了魯迅在艱苦的戰鬥間隙的短暫換氣。正當進化論快要紮根於戰鬥的鋒芒之上時，那些正在等待進化的青年們（魯迅曾寄予了他們多大的希望！），卻給了魯迅致命一擊，就更不用說群眾給他帶來的廣泛幻滅感了。戰鬥從此彎曲了。也就是說，戰鬥和對信仰的各種背叛內在地統一起來了。

在此，從象徵物的水平上我們可以說，當初的戰鬥是筆直的劍，隨著最初的彎曲的到來，戰鬥變作了弧形的鐮刀；隨著彎曲的普遍來臨（即背叛的大面積來臨），它變成了環形的獨鬥兵刃。這件武器的內、外環都是鋒刃，魯迅在以外環殺敵時，由於他的手始終握住了環形兵器（即彎曲到了極點的戰鬥），無一例外地總會讓魯迅自己流血（這就是雙面

刃的另一層意思了）。魯迅一貫被人們嘮叨的自虐習性，也正不妨從這
上面去找原因。從劍到環形兵刃的過程，就是戰鬥的口吃的動態發展過
程，是它保護歇腳地（比喻性人生理論），又背叛歇腳地並向它猛烈開
火的慘烈過程，而且也表徵了嚴酷的時代事境，是怎樣逼迫魯迅的戰鬥
和修改魯迅的戰鬥的，也能讓我們這些後人明白，在魯迅式戰鬥中包含
著一顆何其痛苦的靈魂。

　　有意思的是，在戰鬥的口吃的最後階段，魯迅出人意料地克服了口
吃：這就是無所顧忌地罵人——罵人當然需要口齒伶俐。既然一切最初
都值得戰鬥為之充當庇護人，最後總是不值得戰鬥去為之辯護時，口齒
伶俐的罵人，也就有理由成為戰鬥的可能的表現形式。畢竟在這種情況
下，戰鬥要得以生存下去，就必須找到既不為什麼東西辯護又有理由存
在的專有方式——罵人作為戰鬥的最後形式，就是魯迅為自己的空白日
月準備的最後一個道具。在這個階段，戰鬥只是為了自身存在的需要才
更加激烈地運轉；它的本體論性質，使得它既有義務也有能力在運動中
維持自己的存在。但這些旨在「傷害」他人的「罵人」，歸根結底出於
魯迅本人的需要——在戰鬥的庇護作用和蔑視、摧毀作用都變得毫無用
處，都成為不及物的動作時，口吃還有什麼用？在保護和摧毀之間的矛
盾性游弋（即口吃，或口吃的內部特徵）還有什麼用？魯迅就這樣把環
行兵刃拉直成了長劍。

3、時代的口吃……

　　擁有特殊內涵和內部機制的戰鬥動作，和魯迅遇到的時代事境以及
他的內心境況，有著緊密的上下文關係。魯迅的時代充滿著太多的火藥
味（想想革命內部的計算法則吧），也是天然的戰鬥場所。對於這個時
代中的每一個人，戰鬥的境遇都是先在的——他們一出生就落入了戰鬥
境遇的誘惑之囊中。魯迅的內心境況、好鬥的天性、熱愛暴烈行為的習
性——對此我們難以給出確切的解釋——，使他和時代境遇一拍即合
了，並最終選擇了獨有的戰鬥模式。尤其值得注意的，是他身處的、天

然就適合於戰鬥的時代本身，所擁有的對魯迅的戰鬥形狀最後之達成的諸多轉換能力：它過於嘈雜、主義繁多、理論層出不窮，各種比喻性的理論之間又存在著太多真實的鬥爭，這顯然使得魯迅牌戰鬥內部的力量、特性，與時代的內部音色、外部形象有著某種同一性。時代在呼喚魯迅的戰鬥動作與時代本身相適應。魯迅在不同的比喻性歇腳地之間漂泊，也同樣為他戰鬥的內部屬性打上了基調。正是時代事境與個人內心境況之間的「哥倆好」關係，幾乎完全向我們關閉了魯迅人生航程的比喻性特徵：他把比喻陡然之間給盡可能弱化了，剩下的只是幾乎逼真的戰鬥動作。

在 20 世紀中國，戰鬥毋庸置疑是最重要的時代主題——革命——最重要的派生產物之一。無論是救亡還是啟蒙，無論是反抗暴力和專制，還是爭取個人權利、民主與自由，戰鬥始終是其間最明顯的線索。無論是西方柔和、平易近人到何種程度的社會學理論一經引進中國，一經和中國的時代事境接壤，無一例外都被轉化成了比喻性的鬥爭理論，但鬥爭本身卻又是極端真實的，從來就不是比喻（戰鬥需要鮮血，這當然不會是比喻或修辭）；更不用說那些本來就是殺氣騰騰的西方理論。這同樣是由中國式革命內部的計算法則決定的。20 世紀的中國是各種型號的戰鬥的巨大實驗室。愛因斯坦說，教堂空無一人，實驗室卻欣欣向榮。是諷刺還是欣慰？不清楚。可它剛好構成了對中國的極大諷刺：溫、柔、恭、謙、讓的傳統禮儀，迎接來的客人卻是船堅炮利；為了打翻別人的槍炮，在怎麼說也沒有能力把別人的土地當作實驗場所的情況下，自己的土地理所當然成了槍炮的加工廠和實驗基地。溫、柔、恭、謙、讓就這樣被徹底繳械了。戰鬥和鬥爭成為絕對的教主、實驗室的主任和贊助商。

接納戰鬥的時代事境也因此擁有了自身的口吃：各種主義相互征戰，視對方（甚至多方）為生死仇敵，都為自己的信徒們準備了據說可以「賓至如歸」的「悅來客棧」。那些充當各種比喻性人生理論的利潤和剩餘價值的人們，互相征討，鮮血染紅了聖戰的旗幟，「悅來客棧」轉眼之間成了死人公墓，但戰鬥仍然在持續；而冷槍據說只是戰鬥的休

息形式和睡眠！一忽而甲占了上風，宣佈乙為邪惡；一忽而丙竊據了優勢，又迫不及待地聲稱甲乙均為匪類（魯迅：革命，反革命，不革命。革命的被殺於反革命的，反革命的被殺於革命的，不革命的或當作革命的而被殺於反革命的，或當作反革命的而被殺於革命的，或並不當作什麼而被殺於革命的或反革命的。革命，革革命，革革革命，革革……）。這都是作為暗中支配者的時代，偶爾的調皮和靈機一動的結果。時代充滿了恍惚性。時代內部的這種口吃現象，很顯然，給永遠盲目的庸眾，提供了隨時可以倒戈以及從既有客棧出走的口實。誰也不想生存在一個由槍炮和言辭暴力共同組成的口吃時代。魯迅也肯定不願意。

　　時代的口吃產生了兩方面的後果：它既讓大批庸眾成了漂泊者、流浪者、價值的流亡者，也使另一大批人成了「悅來客棧」永遠的利息，並最終演變為死利息。有人把這種類型的利息稱作炮灰，恰不恰當，自然還有待於請示時代的批准；也有人把它叫做英雄，是否恰如其分，當然還得由據說一貫公正的歷史點頭才作數！我建議把死利息看作誠實的人，被蠱惑而不自知的人，一條道走到黑、一棵樹上吊死的耿直之士。而漂泊者，由庸眾組成的漂泊者，卻無疑充當了戰鬥的投機商人。他們中間有些人在販賣戰鬥理論，生產潛在的炮灰；有些人則不斷在敵對的歇腳地（即已經意識形態化了的比喻性人生理論）之間，漫天要價，爭取落得一個好價錢。他們的漂泊不僅僅是為了戰鬥，更是為了要轉會費。顧順章、張國燾之流就是這種投機主義商人、革命的投機倒把者。他們的漂泊和魯迅的漂泊根本不是一回事，前者顯然具備著狂歡化的嘴臉。從終極的意義上說，顧順章、張國燾之流把革命給喜劇化了。

　　魯迅的漂泊始終和戰鬥聯繫在一起。漂泊者和戰鬥者是魯迅的統一身份：作為一個習慣於背叛的人，他在戰鬥中漂泊，也註定要在漂泊中展開戰鬥。漂泊是戰鬥者魯迅在人生中、在有關人生的眾多比喻性理論組成的森林中，遇到的現實景況；戰鬥是漂泊者魯迅在一個迫使他漂泊的時代裏，藉以存活下去的基本依據。至於魯迅是如何採取這種方式的，的確有著保羅·蒂利希所謂的「冒險性」和「偶然性」在裏邊作祟。既然追究起來太過困難，我們也就只好放棄追究的打算。誠如托爾斯泰

在《馬的故事》裏說的:「幹嗎呢?你們也許永遠也不會認識我!」是啊,顧順章、張國燾之流,還有一忽而叫這個乾爹,一忽而叫那個岳父的張學良,他們怎麼會認識將漂泊和戰鬥始終聯繫在一起的魯迅呢?

筆直的劍變做了內、外環都是鋒刃的獨鬥環形兵器,這個事實要麼被顧順章們誤解、誤用了,要麼就是被後人遺忘得太久了。它身上沾染的出擊、戰鬥和自戕、自虐的雙重性,顯示了魯迅在戰鬥中極大的惶惑、惶恐、矛盾和不安。和戰鬥的最後形式──罵人──比起來,彎曲的、結巴的戰鬥階段更屬於魯迅個人,因為它把痛苦的魯迅給真實地推到了前臺。隨著戰鬥本身的被扭曲,舞臺也被扭曲得變了形,有如一個哈哈鏡,照出了一切戰鬥的值得懷疑的面孔。在魯迅那裏,這都是他的獨鬥兵器的特定後果。

魯迅從來就不相信槍炮式的戰鬥,因為該戰鬥內部的計算法則有著「彎彎繞」和「腦筋急轉彎」的滑稽性。甫志高等人就是聽從了槍炮式戰鬥內部的運算法則,才大膽做起了戰鬥的生意人。戰鬥生意人的痛苦不能說完全沒有,但起碼已經降到了最低點(或者那是另一種形式和性質的痛苦)。魯迅鍾情於他獨特的戰鬥模式。在他戰鬥的各個階段和各種方式裏,彎曲到圓環的戰鬥兵器是最值得重視的,因為它使魯迅最終把自己的戰鬥弄成了一個迷宮,並且有意讓自己遺失在這個迷宮之中。他向不同的人開火,向不同的事件和歇腳處(比喻性人生理論)發炮,但又向這些值得同情的人間尤物施加保護力。令人滑稽地是,這種明顯的矛盾和口吃的目的始終是想走出迷宮。

雅克・阿達利說過,迷宮的古老用途有四:旅行、考驗、啟蒙與復活(雅克・阿達利《論迷宮》)。在魯迅這裏,還應該加一個首碼:他的迷宮是在被迫的情況下自動修建的。他在迷宮中曲折地穿行,也就是在有意進行著被逼迫的自我旅行、自我考驗、自我啟蒙和自我復活。這是一個漂泊者消費時日的本意,也是他自虐的真面目。迷宮引起的痛苦,和戰鬥的投機倒把者的線性漂泊引起的痛苦,從面貌到神髓完全不同。

4、戰鬥的時間形式……

　　魯迅的戰鬥有著特殊的時間形式。戰鬥的本體論把時間首先處理成了一種類似於本質性的東西：時間首先是安放戰鬥的一件容器，它框架了、承載了戰鬥的本體論，是本體論意義上的時間。海德格爾說：「物理意義的時間是脫離人的主觀體驗的客觀時間；而存在論的時間則是指此在之主觀體驗的時間；」因此，「此在所由出發之域就是時間。我們必須要把時間擺明為對存在的一切領悟及對存在的每一解釋的境域。」（海德格爾《存在與時間》）假如老海的話還不是故弄玄虛，仿照他我們不妨說，戰鬥的本體論必須呼籲一種和它的地位相適應的時間形式。實際上，我們儘管可以把母親當作一個人最初的時間起點，但對於戰鬥的本體論，它的時間起點必定包含在容納了戰鬥的那一瞬間。和宇宙大爆炸理論有著某種相似性，本體論的時間最初在魯迅那裏也是一個質點，它預先寄存在魯迅身上，也寄存在時代碩大的肚臍眼上；它們在共同等待爆炸並開創自己的那一剎那。當魯迅和時代相互交往、摩擦、碰撞時，在偶然間，兩個質點彼此從對方身上認出了自己，它們的結合註定的後果就是爆炸，由此開啟了戰鬥所需要的時間形式。

　　魯迅是看見了自己出生時刻的少數人中的一個。他明白這種時間對他的戰鬥的創生意義：如果沒有這樣一種時間，戰鬥就是不可想像的，因為戰鬥就會失去框架它的有效形式。這是特殊的本體論時間，它意味著，和許多別的時間形式、別人的時間形式不一樣（比如顧順章之流的線性時間），它始終構成了戰鬥的本體論馳騁疆場所需要的那種有如迷宮般的複雜時間。我們都看見了，自這種形式的時間從時代與魯迅本人的交互作用中產生出來以後，幾乎再也沒有退過場。魯迅說，他把別人喝咖啡的時間都用在了學習上；實際上，他也把別人喝咖啡的時間用在了戰鬥中。據很多小魯迅說，魯迅生來就是為了戰鬥的。很明顯，魯迅在戰鬥中花費的時間使得時間也變作了戰鬥的一部分；這不僅僅是因為戰鬥需要消費時間，更是因為在魯迅的時間中——和他的宇宙創生論相

一致──，早已內在地包含著戰鬥的一切要素。他清楚地看見了這一刻，如同他清楚地看見了「鐵屋子」的出生。

戰鬥的本體論呼喚出的具有創生意義的本體論時間，最後終於空間化了：這使魯迅把他的整個時代，都看作可供他的戰鬥縱橫其間的領地。誠如保羅・蒂利希所說：「當時間和空間以這樣一種不可避免的方式相互連接時，它們相互滯留於一種緊張狀態，這種緊張狀態可以被看作實存的最基本的張力，從心靈中，這種張力變作有意識的，並且獲得了歷史性的力量。」當本體論性質的時間支撐起戰鬥的本體論，戰鬥的本體論作為橋樑，在把廣袤的中國點化為戰鬥空間時，又把這種空間和時間聯繫在了一起。魯迅和他的時代之間的緊張關係雖說是以戰鬥來體現的，但最隱蔽同時也最為明顯的表徵，就是這種時間和這種空間共同承載著的緊張關係。

本體論的時間最大的功效，體現在促成戰鬥本體論的出生上；當戰鬥最後終於化為漂泊者魯迅的武器，那種具有質點性質的時間，也相應地需要轉化為漂泊者戰鬥著的時間。它的產生得力於魯迅的漂泊者身份：他在眾多的比喻性人生觀、眾多的歇腳地之間流浪與觀望時，本體論的時間馬上就具有了漂泊的性質。漂泊的時間形式是魯迅賦予時間的個人印記之一。漂泊的時間在更大的程度上意味著，它從來就不是關於未來的時間，而是此時此刻的，是在現時代的東西南北之間流逝，並供戰鬥的漂泊者所用的時間。有必要再說一遍，魯迅的戰鬥是一個漂泊者的戰鬥；他走遍了大江南北、黃河上下、長城內外，他走到哪裡戰鬥就會跟到哪裡，漂泊的時間也就會隨身相伴，彷彿唐吉訶德身邊永遠的桑丘・潘沙。這種時間有著太多時而延展、時而折回、時而遊蕩、時而迷惘的特性。它不是用於趕路，因為漂泊本身就不包含趕路的意思（也許一開始有這種目的，比如魯迅從黃昏「跋涉」到夜晚），因為漂泊並沒有固定的目的地。漂泊是為了消磨時間，是為了填充空白的歲月。時間的迷惘習性，是魯迅複雜的、矛盾的個性與動作自然而然加諸於時間之上的神色。它點出了漂泊的時間的龍睛，點出了漂泊者的痛苦，也道出了時間的憂傷、疼痛和時間的祕密。

　　應答時代境遇的嚴酷性時，戰鬥的本體論並不是全然呈直線前行和呈透明狀的。它也有著先天的結巴性。在這種情況下，時間來到戰鬥身上，既作為戰鬥的施力方向又作為戰鬥的依託體，明顯具有了矛盾的習性。時間內部的矛盾和戰鬥的口吃是相適應的。時間內部的矛盾比起時間的迷惘更讓時間痛苦。在這裏，時間展現了它曲曲折折、來回穿梭、不斷與自己為敵、故意和自己過不去的惡劣習慣。它隨著戰鬥既打擊了敵人也打擊了自己：手握環形兵器的戰鬥者流出的血我們都看見了，但時間被強行扭曲後也在同時流血，這一隱蔽的事實我們絕大多數人從未看見。我們總霸道地以為，時間始終外在於我們，它和我們的關係僅僅是消費和消費者的關係。這是對時間最大的蔑視和侮辱。時間在有些人（比如魯迅）那裏也有它的結巴性。魯迅不會忘記這一點，一部《野草》早已向我們道明了這一事實。

　　魯迅通過戰鬥的口吃體察到了時間的流血事實，也看到了時間被迫產生的自虐行為。時間憑什麼要流血？誰這樣殘忍？說到底，時間完全可以不管人間的每一件事物和每一個人的生老病死，以及他們的痛苦、他們的希望和絕望，時間滿可以自顧自地唱著歌來、唱著歌去。它被人奴役了。但它也樂於被奴役。魯迅通過戰鬥的本體論不斷修改時間的涵義、方向和性質，最嚴重的就是讓時間跟著他一起進行自我虐待：當魯迅玩起「殺人三千，自損八百」的戰鬥遊戲時（想想環行兵刃吧），時間也在跟著他受罪。魯迅多次說，反覆地說，在深夜說，在白天說，以灰色的心情說，也以黑色的心情說，我的時間和生命就消耗在這些無聊的爭鬥文字之中了。——這中間除了對自己的憐憫有沒有向時間道歉的意思？

　　賈西亞·馬奎斯（Gabriel García Márquez）在《百年孤寂》裏說，時間也會出現障礙，從而碎裂開來，把自己的一小部分永遠地留在了一個房間裏。這就是對時間的流血和時間很不情願的自虐的真實寫照。魯迅從時間的整體上強行扭下了一小塊，迫使它跟著自己；在流浪和漂泊的途中逼迫它時而歇腳，時而吶喊，時而游弋，不斷改變著時間的方向，調整著時間的路線。在戰鬥的逐漸彎曲中，也把碎裂的、被強行扭下的

時間扭曲為一個圓環。因此，時間本身也成了魯迅的武器：對於戰鬥內部的口吃來說，也只有時間在結巴之中構成一個圓環，才有可能承載戰鬥碰到時代的殘酷打擊後，形成的獨鬥兵器。很顯然，始終把時間看作直線，始終在漂泊的途中充當戰鬥生意人和投機倒把分子的顧順章、張國燾、甫志高等人，肯定沒有能力把時間扭成環形。在他們那裏，時間永遠是直線（或近乎於直線），因為在任何兩點之間直線是最近的。——這就是時代內部的口吃，向戰鬥的生意人反諷性地頒佈的運算法則，這種法則告訴他們，只有走直線才能多快好省地獲得利益。即使時間也會出現障礙，但時間卻不會向戰鬥的生意人顯明這一點。

艾略特說：只有通過時間、進入時間，我們才能征服時間（Only through time time is conquered）；只有在公正的時間中，人才能對自己公正，才能和自己講和（In justifying time, he has justified himself, and reconciled himself to himself）。毫無疑問，魯迅征服了時間，但戰鬥內部的口吃始終未能給予時間以公正，也從未與自己和解過。因為魯迅對待時間的方式的確有著太不公正的一面。

可是，魯迅的戰鬥的本體論最終還是給了時間以補償性的安慰：通過戰鬥的最後形式（罵人），魯迅賦予了時間狂歡化的色彩。這是時間在魯迅的戰鬥那裏獲得的首次解放，當然，也是最後一次。此時的時間分明擁有了眉飛色舞的面孔：它大聲呼叫，只從各個方向向前行駛，再也不把利刃對準自己的喉頭；環形的口吃性時間一躍而成了筆直的時間。在筋疲力盡時，它依然還在跑動，彷彿狂歡節上的小丑，翻滾、鬧騰、不斷地做著鬼臉。這種不再結巴、倒略微顯得有些饒舌的時間形式，早已內化於魯迅晚年的「罵人」文字中，有著狂歡和調皮搗蛋的一面（魯迅也由此有能力把自己弄成謠言家和小丑），儘管它依然帶有魯迅一貫蒼老、決絕式的語氣，有著魯迅牌破折號天然的脾性。

錢玄同說，魯迅「往往聽了人家不經意的幾句話，以為是惡意的，甚而至於要陷害他。於是動了不必動的感情；」他「本善甲而惡乙，但因甲與乙善，遂遷怒於甲而並惡之了。」不能說錢玄同的話全是謊言，它有真實的一面——翻開魯迅晚期的文字，只要我們不心存偏見，不為

尊者諱，也不怕別人把這說成是誹謗，就一目了然了。但錢玄同的錯誤在於：他沒有理解戰鬥內部的口吃給魯迅帶來的痛苦和傷害，沒有理解魯迅在背叛信仰（即比喻性的人生理論）時，信仰更早地背叛了魯迅這個辛酸的事實，更沒有理解魯迅在猛烈向別人開火時，他們也在向他開火。「動了不必動的感情」、因惡乙而惡原先友善的甲很可能都是事實，但正是依靠這些，魯迅終於掙脫了戰鬥的口吃帶來的陷阱，把戰鬥應有的決絕式的內在音色（即本地語調），完全爆發了出來並用於罵人。他舒展了自己，平息了怒氣，也讓戰鬥像一部汪洋恣肆的《莊子》那樣汪洋恣肆地狂歡起來。

從魯迅晚年的罵人開始，戰鬥的口吃再也不存在於戰鬥內部了。我們寧願承認，旨在消磨時光、再也不打算尋找什麼歇腳地的漂泊者魯迅，罵人無疑是一件既有趣、又解恨而且還能拯救自己的最為有效的方法之一。當此之際，魯迅終於走出了迷宮。是罵人解除了迷宮，使迷宮最終成為被人憑弔的遺跡。被誘拐的時間重新回到了自己的軌道上，它被魯迅解放了出來，讓它跟著自己去狂歡。它是時間中被挑選出來的部分；它唯一的任務，就是護送魯迅安全抵達上海虹口以魯迅的名字命名的公園。

瞪眼的意識形態

1、瞪眼……

　　從所有關於魯迅的肖像畫上，我們都能注意到畫家對魯迅眼神的重視：它的光線逼人而來，彷彿要洞穿一切，甚至連空無也不打算放過。一位無名的電車售票員曾在魯迅的晚年有幸見過魯迅一面，在前者後來寫的一篇很短的紀念魯迅的文章裏，多次提到了病中魯迅的犀利眼神（阿累〈一面〉），和畫家們筆下的魯迅的目光有著異曲同工之妙。多虧了電車售票員，讓我們這些晚生幾十年的後人們才能夠得知，即使臨近生命的終了，魯迅的眼神依然有著逼人的力量。——他歷經滄桑，穿過過多的黑暗，仍然把自己目光的鋒利完好無缺地保持到了晚年。

　　幾乎所有的畫家都把魯迅的目光處理成了向上倔起的眼神。這無疑是正確的。因為向上倔起的眼神和魯迅的文字有著驚人的內在一致性。他的目光越過了自己身處的黑暗的時代之山，和遙遠但又同樣黑暗的歷史事實接通了。向上倔起的眼神為魯迅的目光提供了驚人的深刻性：它幫助魯迅洞穿了今天中所包孕的幾乎全部歷史內容。「白頭燈影涼宵裏，一局殘棋見六朝。」（錢謙益〈金陵後觀棋〉）魯迅文字裏時而文白夾雜、拗口晦澀、獨具風格的話語流，無疑和向上倔起的目光也有著相當直接的關係。

　　但魯迅眼神中所蘊涵的笨拙的力量卻被畫家們善意地忽略了。這一遺忘是致命的，因為笨拙的力量是理解魯迅眼神最有效的鑰匙之一。向上倔起的、高昂的目光，絕不是輕靈的、飛揚的、水性的眼神，它明顯帶有一種吃力的色彩，在看似的猶豫（即口吃或結巴）中飽含著某種堅定的硬性。「路漫漫其修遠兮，吾將上下而求索。」《彷徨》扉頁引述的這兩行詩句，正是魯迅眼神中蘊涵的笨拙和吃力特徵的上好說明。因

此，對魯迅眼神最好的描述性詞語應該是瞪眼。瞪眼準確地表徵了笨拙的力量所蘊涵的全部本色——它需要它的主人調動全身力量以便完成它。瞪眼需要力氣。瞪眼不是輕易而舉的行為。

被畫家們忽略掉的還有魯迅斜視的眼神。實際上，在魯迅普遍而持久的語境中，斜視正是瞪眼的變種之一；它的出現，是為了減輕瞪眼長期以來所處的緊張狀態和費力狀態。斜視是瞪眼的省力方式，是穿插在一個個瞪眼動作之間的換氣現象。斜視和瞪眼是魯迅一生中最主要的眼神，它們交替出現在不同的場合，針對著不同的對象，以期達到不同的目的。斜視是瞪眼的休息狀態。它們彼此互為過渡，彼此作為對方的準備和前奏。

瞪眼的方向是向上倔起，斜視則是落向旁邊。瞪眼針對的是歷史事實，是為了弄清楚今天的黑暗生活中包含著的黑暗的歷史內容；斜視則針對當下生活的黑暗以及造成今天的黑暗的基本群眾。因此，瞪眼表徵著越過了「今天的」時代之山，斜視則表徵著越過了今天的基本群眾的人頭，卻並不是當代詩人梁曉明所謂的「向下看」。由於歷史本身的深遠、廣大、浩淼，歷史黑暗蘊涵著的過多的迷霧、污垢，使歷史需要一種費力的、旨在勘探與偵破的眼神——瞪眼剛好滿足於這一需要。當下的情況畢竟要容易一些，它可以被瞪眼的休息狀態直接洞穿，魯迅的斜視也確實具有這種舉重若輕的力量。按照當代詩人李亞偉嬉皮笑臉的話說，當下基本群眾的「美德和心病也被火星上的桃花眼所窺破」（李亞偉〈懷舊的紅旗〉）。在比喻的維度上，魯迅語境中的斜視就是李亞偉語境中「火星上的桃花眼」。但群眾們的「美德」和「心病」究竟是什麼呢？魯迅的著述早已寫滿了答案。和許多魯迅研究家的看法相反，儘管魯迅立足於當下，但他最主要的眼神卻是針對過去，是從過去中尋找可用於瞪眼的對象，來印證今天的斜視的正確與必須，以及被斜視的東西們的應該被斜視。

由於施「視」方向的不同，瞪眼給魯迅帶來了歷史謠言家的身份，斜視則給他帶去了當下小丑的角色。歷史謠言家意味著，由於瞪眼的內部運作，魯迅看出了歷史的痼疾，並在寫滿仁義道德的歷史帳簿旁邊，

很是風言風語地說了些風涼話：什麼「吃人」呀，什麼「暫時做穩了奴隸的時代」呀……就是典型的謠言家家語；歷史謠言家是魯迅在瞪眼的勢力範圍內，給自己找到的一種有別於斜視的省力方式——正經八百地、嚴肅板正地說出歷史的污垢既顯得太過費力，又顯得太過迂腐：它還不值得我們的魯迅那樣去做。當下小丑則意味著，當瞪眼發現了歷史的痼疾仍然存活在當下生活之中時，魯迅能以當下生活小丑的角色，調笑當下基本群眾的可笑生活。這就是我曾經指出過的魯迅式的幽默。

　　很多學者都承認，魯迅曾經信奉過進化論，但很快又拋棄了進化論。按照通常的理解，進化論早已向我們暗示，作為生物進化的最高階段，人以及人的生活也是需要進化的，只不過它比生物進化有著更多的複雜性。正當人們都在普遍相信五四運動之後的中國，正在邁向一個新的並且是輝煌的歷史階段時（比如郭沫若式破折號所指示的方向），在瞪眼和斜視的交替運作中，魯迅卻看到了當下與歷史痼疾擁有內在的驚人一致性：中國人的生活，並沒有隨著各種型號的革命運動的展開以及時光的流逝，產生應有的進化。並不是因為青年之中出現了惡人、混球、告密者，才促使相信青年必勝於老年的魯迅放棄進化論；僅僅這樣看待魯迅習慣性地放棄信仰、背叛信仰，低估了魯迅作為懷疑主義者在思想上的深邃和複雜。是瞪眼和斜視、歷史謠言家和當下小丑相互間的深層結盟，並以不同的比例進入到魯迅的目光整體之中，才使魯迅終於窺破了庸俗的社會達爾文主義的缺陷，並最終扔掉了庸俗的社會達爾文主義。瞪眼和斜視為它們的主人的敏銳增添了籌碼。

　　瞪眼表徵著瞪眼者對歷史的仇恨，斜視表徵著斜視者對基本群眾拒不進化的生活的輕蔑。但仇恨、輕蔑的結果是否引出理想的生活、光明的前景、好的世界，卻並不是瞪眼者、斜視者可以預知的。在它們之間並沒有合乎邏輯的、可以擺渡的航船。考慮到當時中國的現實處境，「好的世界」云云就更不可預期。歷史必然性在這裏失效了。正如格羅斯曼在《生存與命運》臨近結尾，對斯大林格勒戰役結束時那場大雪所發的議論：「……這不是雪，而是時間本身。潔白而柔軟的時間一層層地沉積在人類鏖戰的城市的廢墟之上。現在的一切正在變為過去。在這場緩

緩飛舞的大雪中看不見未來。」斜視、瞪眼和格羅斯曼筆下的大雪一樣也是時間本身，是時間之上毛茸茸的大霧，它們覆蓋了歷史和當下，卻並不能從中呼喚出有關未來的幼芽。──吶喊是魯迅早年「遵命」的結果，其幼稚、可笑、荒唐，魯迅又有什麼不明白的？隨後的放棄就是理所當然的。在瞪眼者和斜視者那裏，未來是不存在的，或者是不輕易存在的，因為瞪眼的本義就是針對過去，斜視的本義就是直面今天。

魯迅對跑到他寓所求教的青年作家們建議說：寫好小說中的人物的訣竅之一，就是要想盡千方百計寫活人物的眼睛。推究起來，並不僅僅因為眼睛是心靈的所謂窗戶，更關鍵的倒在於，眼睛中無疑包孕了許許多多可以稱作意識形態的待定物，而目光恰可以被看作是某種──是某種而不是隨便哪一種──意識形態的衍生體。眼眶中滾動的絕不僅僅是物態的眼珠，而是活體的意識形態（即意識形態化了的比喻性人生理論）；眼眶不只是眼珠的收容所，也是意識形態的倉庫。眼珠是意識形態的密謀狀態，它渴求著在眼眶肌肉的牽引下，轉動、思謀、把目光射向它想去的地方，看見它想看見的東西。在魯迅的語境中，眼睛是意識形態的窗戶。這就是瞪眼的意識形態。瞪眼的意識形態既包括向上倔起的瞪眼所包孕的內容，又包括了把目光投向當下人與物旁邊的斜視所蘊涵的全部表情。在這兩者之間，有著相依為命、靠魯迅複雜的心靈進行典當才能過活的悲慘特徵。而這無疑就是魯迅所謂寫活小說人物的眼睛的隱蔽涵義。

瞪眼的意識形態堅定地表明了：斜視和瞪眼、歷史謠言家和當下小丑，使魯迅永遠無法處在時代旁觀者的位置，又永遠處在時代旁觀者（即黑暗隱士或計算漆黑的鐘點）的位置上。依靠瞪眼的意識形態，魯迅開創了自己獨有的生活方式（即次生生活）：背靠虛無，面對沒有未來的前方，卻向過去和當下施以不同方向、旨在不同目的的眼神。在《伊加利亞旅行記》的序言裏，空想社會主義者埃蒂耶納·卡貝（M. Cabet）非常自信的宣言道：「慷慨的大自然既賜給人類以種種資源供我們享用，又賦予人類以智慧，或曰理性，以便我們用以指導自己的行動，只要考慮到這一點，我們就不能同意說地球上的人們註定是不幸的；如果

再考慮到人類從本質上說是社會性的，因而是彼此同情、互相友愛的，那麼，我們也不能同意說人類天生是性惡的。」瞪眼的意識形態堅定地否決了卡貝一相情願的善良空想，只餘下孤零零的、倔強的眼神。在書寫中，魯迅的眼睛打開了：它開啟了他的意識形態之窗。

2、孤獨的眼神……

中國傳統文化對人的目光和眼神有著專門性的要求。自孔孟以來的儒家教義的發展歷程，與其說是如何在世事變遷中，經過無數代「柔儒」的努力罷黜了百家成為國教的歷史，還不如說是對人的目光的限定史。早年激昂、晚年漸趨保守、回歸傳統老路的康有為，在 1927 年 2 月 15 日向末代皇帝寫了一封〈謝恩折〉。在〈謝恩折〉中，凡是提到天的，一律比正文高出三字，凡是提到皇帝稱謂的，高兩字；康有為自稱「微臣」，凡是提到自己時，字都寫得很小（《康有為政論集》下），至於小到什麼程度，相信老康已經動用過儒家倫理的游標卡尺丈量過了。董仲舒在《春秋繁露・人副天數》、《春秋繁露・為人者天》等篇目中，早已給了康有為以詳細的教誨。一整部儒學史，就這樣成了對中國人的目光的限定史：在文人筆下高出正文三字的天，表徵著上天的眼睛能夠洞明一切，正所謂「舉頭三尺有神明」（好聽一點的話是「天聽即我民聽」），它的目光是俯視的；皇帝的目光則是內斂的，表徵著尊嚴、天威，他偶爾的掃視是君臨天下的象徵；而人臣的目光，永遠只指向皇帝或比自己更高一級人物的腳尖，它是向下的、低眉順眼的。限定了施「視」方向的眼睛，在中國永遠表明了它特有的意識形態，眼睛的的確確是意識形態的窗戶。

瞪眼的意識形態使魯迅有足夠的能力，非常精闢地指出了中國人的眼睛上沾染的意識形態的特徵：「中國文人，對於人生，──至少對於社會現象，向來就多沒有正視的勇氣。我們的聖賢，本來早已教人非禮勿視了；而這禮又非常之嚴，不但正視，連平視斜視也不許。」（《墳・論睜了眼看》）因為平視、斜視是中國目光限定史及其教義堅決否棄的

「觀看」形式；這種「觀看」在目光限定史的嚴厲語境中，永遠不只代表純粹的「觀」、「看」，更多的則是對儒家倫理的虔、敬和遵從的態度，它們的成色、比例全處在這種嚴厲語境的規定之中。斜視、平視顯然違背了眼睛的意識形態的森嚴規定，是對傳統意識形態的大不敬。而目光限定史的另一個隱蔽特徵，也被魯迅一語道破。在另一處，他又說：「勇者的憤怒，抽刀向更強者；怯者憤怒，卻抽刀向更弱者。不可救藥的民族中，一定有許多英雄，專向孩子們瞪眼。」（《華蓋集·有感》）在魯迅的語境中，孩子既表徵未來，又表徵弱者。目光限定史的功用在魯迅那裏因而就是再明白不過的了：隨著目光限定史的推演、強化和被庸眾（尤其是文人學者）自覺遵從，不但刪除了未來，而且鑄就了一個可恥可悲的民族風貌。在這中間，起決定作用的就是那些能斷文識字的知識份子。程顥就嘴硬地說過：「學者須先識仁，仁者渾然與物同體，義、禮、智、信皆仁也。識得此理，以誠敬存之而已，不須防檢，不須窮索。」（《二程遺書》卷二上）當然也就可以由此達成儒家所規定、所需要和所允許的眼神。李宗吾抱怨說：「中國的學者，受了數千年聖人的摧殘壓迫，思想不能獨立，無怪乎學術消沉。因為學說有差誤，政治才會黑暗。所以君主之命該革，聖人之命尤其該革。」（李宗吾《厚黑學》）這種大不敬的態度，顯然是在提倡不同於傳統的異質目光，相信能得到魯迅牌瞪眼的意識形態的贊同。

毫無疑問，在魯迅瞪眼的意識形態和中國傳統文化對國人目光的專門性要求之間，存在著巨大的反差。是中國傳統文化造成的積弱積貧、污七八糟的殘酷現實修改了魯迅的目光，促成了魯迅牌瞪眼的意識形態，並不僅僅是西學單方面的作用。西學只是魯迅唯一有效的參照系和資源管理器。目光限定史的嚴重後果──魯迅憂心忡忡地指出過──，只能讓中國人從「世界人中擠出」（《熱風·隨感錄三六》），從而自絕於地球，空頂著一個中國人的名號。因為它從根本上剷除了國人平視、正視的權利：臣子平視皇上，末將平視大將軍，兒子正視父親，按照中國目光建設工程第八副總指揮程顥的話說，都是不忠、不孝、不仁、不義、

不誠、不敬之舉，有違天理「隻眼」的道德要求、目光限定史中所蘊涵的意識形態的內在律令。

很讓人驚訝，魯迅本人的目光中所含正視成分的比例卻是相當有限的。儘管他始終都在提倡正視，並歌頌過正視的偉大功用：在叛逆的猛士的正視下，天地將為之退色，貌似莊嚴的天、神都將為之退避三舍（《野草·復仇》）。這是因為他不屑於正視。我們說，魯迅也許沒有這樣做的權利，但他明顯有這樣做的能力。中國傳統文化貌似的高明和博大精深，在魯迅式瞪眼的意識形態那裏，只是一些手工作坊階段的粗劣屁話，連應該有的精緻都還說不上。它漏洞百出。向上倔起的眼神和斜視的眼神，明顯包含了魯迅對中國歷史事實（最主要的是目光限定史）和當下基本群眾的生活的雙重蔑視：他清楚他（它）們，瞭解他（它）們，卻沒有必要去正視他（它）們。魯迅能給予他（它）們的，只是恨，只有討厭。這早已包含在瞪眼的意識形態之中，包含在魯迅施「視」的方向上。

但瞪眼的意識形態在具體操作上，卻有自己的幽默形式。魯迅顯然掌握了孫悟空的本領：在需要長高的時候，他長高了，並得以使用向上倔起的笨拙眼神，在看起來的舉重若輕之中，吃力地洞穿了歷史中的黑暗。而在需要縮小自己的時候，他也如願以償地縮小了，把目光投向了基本群眾、當下事件的旁邊，窺出了他們「麒麟皮袍下的馬腳」；或者調笑似的以仰視的目光望上去，雖然看不到他們那偉大到無邊無際的一面，卻無疑看見了他們腳尖上的灰塵、污泥、爛貨……甚至糞便（魯迅發明的可以嘔吐的記錄方式就是這種能力的物化形式之一）。「麒麟皮袍下的馬腳」以及灰塵、污泥、爛貨甚至糞便，都掩蓋在目光限定史冠冕堂皇的教科書中。這兩方面的事實，構成了瞪眼的意識形態的幽默形式。我曾說過，幽默是體弱多病的魯迅在言說時採取的一種省力方式。但在瞪眼的意識形態的疆域裏，幽默方式更多表明的是魯迅的蔑視、仇恨，儘管它的確仍然是省力的。

程顥說：「學者不必遠求，近取諸身，只明人理，敬而已矣，便是約處。」（《二程遺書》卷二上）這毋寧是說，目光應該得到仁、義、禮、

智、信、人理等等玩意的修飾和限定。一個時代有一個時代的眼神、目光以及目光的施展方向；但在「天不變，道亦不變」的強烈要求下，國人的目光是固定不變的。在他們的目光背後永遠存在著亞當‧斯密「那隻看不見的手」，它在調控他們的眼神，規定他們施「視」的方向，測定他們目光的比例和成色……魯迅的眼力即使在他的時代也無人可比；要命的是，魯迅還發現了被目光限定史規定為固定不變的目光，在魯迅的時代仍然很有賣點。各種個人和權利團體掀起的尊孔、讀孔，不過是它的外在表徵之一。魯迅曾經指著這些現象，用斜視的獨有音勢喝斥過它們（參見《華蓋集‧十四年的「讀經」》），順帶也喝斥了程顥的辛苦說教。

瞪眼的意識形態的種種特徵，以及它和傳統目光限定史內在律令之間的巨大反差，使魯迅陷入了深深的孤獨：畢竟他的目光是獨一無二的。這是孤獨的眼神，是沒有伴侶、沒有同志、沒有戰友、沒有親人的孤零零的眼神。向上倔起的瞪眼和落向人、物旁邊的斜視挽手走遍天下，到頭來只發現了自己。對於魯迅，返回是不可能的。因為瞪眼的意識形態中包孕著的巨大仇恨和蔑視，即使拋開「好馬不吃回頭草」的尷尬，也使一切形式的返回在魯迅那裏都將成為自欺欺人。

在〈銀河天歌〉中，康有為自哀自憐地如是唱道：他想去一個美好的地方，卻──

> 無仙鵲以為梁兮，
> 遇張騫之泛槎。
> 望克廉水素之極星兮，
> 吾將出銀河而之它。

孤獨的魯迅顯然沒有好心情去做康有為那種矯情狀的離騷式神遊。他的目光在孤獨的中國「現事」場景中穿梭，時而向上，時而又落向旁邊，無一例外總是找不到自己所信的東西，只把仇恨撒向過往的歷史以及當下的歷史境遇，通過他獨有的、和目光限定史大相矛盾的瞪眼的意識形態。

3、旁觀者……

種種跡象表明，魯迅不是他身處時代的代表者，從各個方面來說，他都堪稱它的敵人。排除魯迅身上種種可以達成這個結論的要素後（比如魯迅的破折號的內在涵義帶出的結果等），他孤獨的眼神和目光就是最值得重視的原因了。可以想見，當瞪眼的意識形態既以仇恨的目光針對中國過往的歷史，又用輕蔑的眼神針對當下基本群眾的人間生活，瞪眼的意識形態從骨子裏導出的無疑只有虛無主義。在此，虛無不是沒有（have nothing），而是討厭：歷史與當下都不足信，而未來只是一個巨大的無。這裏正可以調笑式地用到海德格爾故作深奧的茫然了：為什麼有存在，無反倒不存在？

依靠這一點，瞪眼的意識形態有能力把魯迅放在一個特殊的旁觀者（即黑暗隱士）的位置上。他在「現事」、「現世」、「現實」和「現時」中，只佔據了一個羅蘭‧巴爾特所謂「虛擬的主語」的位置。這個小丑，這個謠言家，穿行在當下和歷史之間——眼神和目光就是他用於穿行的橋樑——對著他看見的一切比比劃劃、吆三喝四、指指點點，在激昂和憤怒的神色中，永遠具備著的只是輕蔑和討厭的眼神。他彷彿置身事中，卻又明顯地身處事外。正如當代詩人臧棣所說的：

> 熱愛幻想的人，我深知，你只會
> 拿出身體的一半嫁給現實
>
> （臧棣〈訪友〉）

本雅明也說到了這類旁觀者的「觀看」：「看的快樂是令人陶醉的。它可以集中於觀察，其結果便是業餘偵探。」（本雅明《發達資本主義時期的抒情詩人》）處在「虛擬的主語」位置上的旁觀者結果也成了業餘偵探。業餘偵探意味著，除了他本人沒有人會真的需要他；業餘偵探在內心對自己偵察出的犯罪事實毫不懷疑，但又對偵察出的事實是否會成為審判、處決罪犯的有效證據毫無信心，當然對罪犯在服刑過程中是

否會得到改造並成為新人類，就更沒有把握——瞪眼的意識形態促成的旁觀者身份的真實涵義就在這裏。

　　孫悟空為過火焰山要向牛魔王的老婆借扇子，但後者無論如何都不願意，孫悟空只好縮小自己鑽進牛夫人的肚子裏拳打腳踢，逼得後者終於就範了。魯迅的斜視正如同縮小了自己的孫大聖：仰仗這一點，他也鑽進了當下基本群眾生活的胃囊裏邊閃轉騰挪。孫悟空在和另一個本事同樣高強的妖怪比高矮時，陡然之間身高如柱。魯迅向上倔起的瞪眼也這樣做了：依靠這一本領，他站得高，看得遠，眨眼之間就顯出了目光限定史及其教義的身材矮小——後者突然之間頓時現出了駝背小矮人的真面目。但這一切，都和旁觀者的身份相當吻合：斜視做出的閃轉騰挪科，和目光限定史在向上倔起的瞪眼面前顯示出的身材矮小，並沒有呼喚出施「視」者理想中意欲改造它們的結果，直到最後，它們是否能夠被改造就不再是魯迅感興趣的了。他只是不斷地這樣施「視」而已。

　　瞪眼的意識形態和魯迅的文字有著相當的一致性：魯迅的文字也是一個特殊旁觀者觀察現實和歷史的筆錄（即具有嘔吐功能的記錄方式）。魯迅激憤的語調、時而高昂時而低沉諳啞的語氣，無一不表徵著他身處事中；但是，掩蓋在它們之下的無奈腔調，尤其是幽默和調笑的音勢，卻無疑可以看作是他置身事外的象徵。斜視、瞪眼施「視」的方向在這裏的作用是顯而易見的：身處事中的激昂語調（無論是當下事件，還是歷史事件）無疑就是瞪眼，因為激昂需要力量，需要力氣去促成憤怒，也需要力氣去書寫力透紙背的檄文。置身事外的調笑音勢（也無論是當下事件，還是歷史事件），肯定就是縮小自己的、意在省力的斜視。「莫恨西風多凜烈，黃花偏奈苦中看。」（黃宗羲〈書事〉）激昂、調笑（幽默）的共存，和瞪眼、斜視的同居一室相類似，它們共同構成了魯迅時而波浪起伏，時而文白夾雜，時而晦澀、哽咽，時而又流暢、慷慨激昂的文字的顯著特點。

　　表徵置身事外的斜視和調笑的音勢，與目光限定史的典型話語存在著極大的反差。目光限定史始終要求「溫柔敦厚」、「正襟危坐」的眼神，它導出的腔調無疑是板正的、肅穆的和莊嚴的，幽默、調笑將被視為不

正經的、輕浮的表現。特殊旁觀者的語調和他斜視的目光相一致，有效地採取了目光限定史（或教義）所痛斥的「輕浮話語」。它的風言風語一方面表明了旁觀者對此毫無興趣（除了調笑的興趣外），另一方面，也為自稱的正經和嚴肅臉上抹了黑。而這，正是小丑和謠言家的另一種表現形式。

　　魯迅的目光之所以是一種孤獨的目光，就是因為它是一種表徵特殊旁觀者的目光。長期以來，絕大多數論者都注意到了表徵激昂、憤怒、批判的瞪眼，據此以為魯迅是一位絕對的入世者，卻忘記了表徵隱士、事不關己高高掛起的斜視。這一遺忘，毫無疑問，和畫家們善意忽略魯迅眼神中的笨拙與吃力質地一樣，也是致命的。因為這樣做，最終遺忘了魯迅大多數時刻都是生活在一個交叉地帶的關鍵事實：在出世與入世之間、在絕望與希望之間、在戰鬥與逃避之間，產生的巨大交叉地帶上生存的魯迅，對組成交叉地帶的眾多兩極（比如出世與入世）都不信任。瞪眼的意識形態只相信交叉地帶；而交叉地帶身上沾染的全部消息，無疑構成了瞪眼的意識形態的本質內涵。正是它，使瞪眼的意識形態既有了可以憑恃的靠山，能同時向左（比如入世）、向右（比如出世）反覆出擊，無論是使用向上倔起的瞪眼，還是使用落向人、物旁邊的斜視；也由此有了對瞪眼（激憤）和斜視（幽默、調笑）的支撐，並最終把自己變作了一個特殊的旁觀者。儘管在早期（1927 年以前），瞪眼的意識形態和交叉地帶之間還有一種游弋不定的關係，但它一經形成，就如同附骨之蛆一樣，讓魯迅再也揮之不去。

　　基於這樣的考慮，我們有理由認為，不理解瞪眼的意識形態的如許特徵，就很難說能夠理解魯迅的複雜性——無論是革命家的魯迅，思想家的魯迅，文學家的魯迅，還是處於痛苦之中的魯迅與生活之中的魯迅。很顯然，特殊旁觀者的身份，是魯迅之所以成為這一個懷疑主義者、虛無主義者的真正根源之一。從很早開始，他就在扮演這一角色，無論是從他的動作上、語調上、眼神上，還是對信仰的習慣性背叛上。

4、哎，群眾，群眾……

目光限定史的終極結果──魯迅曾經暗示說──，就是閉眼：在對上天、皇帝、上司、長輩低眉順眼後，很自然地就會對上天等東西們的所作所為（無論好壞，也很可能分不出好壞）睜一隻眼閉一隻眼；更惡劣的還在於，從來就有許許多多的人在為閉眼尋找理論依據──目光限定史正是為著這一目的才得以出現。它是無數代「柔儒」和准「柔儒」集體智慧的結晶。魯迅當然不是說出這一結論的第一人，但他無疑是說出這一結論的那些人中最深刻、最有力量的人。

很久以來，人們一直以為魯迅是大眾的同路人，是群眾的忠實盟友。這樣說話的人，顯然忘記睜眼的意識形態中包涵的斜視成分。我早已說過，斜視作為睜眼的省力和換氣方式，是以交叉地帶作為憑恃和內涵的睜眼的意識形態中，專門針對當下基本群眾的生活的眼神。基本群眾包括軍長、教授、西崽、車夫、家庭婦女、農民、孔乙己、阿Q、高老夫子、子君、涓生、假洋鬼子、閏土、趙太爺……甚至蔣介石。在斜視中，魯迅多次稱他們為「看客」。與看客相連帶的，魯迅早就暗示過，永遠都是表演者和他們弄出的各種型號的表演：殘忍的、滑稽的、可悲的、可笑的、可恨的表演。所有這些人，那些基本群眾，在睜眼的意識形態看來，都是目光限定史及其教義要求下閉眼的看客。是他們組成了閉眼的中國。假如模仿海德格爾在迫不得已的當口才發明的闡釋學循環，我們也可以說，在這種情況下，魯迅如果不成為一位特殊的旁觀者還能成為什麼？因為單純的身處事外，放棄睜眼，他就無法填充他的空白人生，也無法在業餘偵探身份之外找到更好地打發歲月的方式。僅僅使用斜視，他就有可能成為瞎起鬨的看客們的同路人或者犧牲品──目光限定史早已向我們表明，有太多剿匪的人最後也成了匪，還有更多的人是剿匪不成反被匪剿。魯迅根本不是大眾的同路人。

維克多·富爾內爾在《巴黎街頭見聞》中有趣地說：「絕不能把遊手好閒者同看熱鬧的人混淆起來，必須要注意到個中的細微差別。」「一個遊手好閒者還保留著充分的個性，而這在看熱鬧的人身上便蕩然無存

了。它完全沉浸在外部世界中，從而忘記了自己。在面前的景象前，看熱鬧的人成了一種非人化的生物；他已不再是人，而是公眾和人群的一部分了。」這段話彷彿不是描寫巴黎，聽起來倒好像是獻給目光限定史的貼切判詞。看客們（「看熱鬧的人」）看上去好像是在看熱鬧，實際上卻閉著眼睛。他們是非人的，是天然就去勢的，他們只是賓格，他們在看熱鬧時發出了太監般的笑聲：尖利、醜陋，和閉眼的動作與神情完全一致。他們看見了別人的表演，卻沒有發現自己早就是其中的一員。在魯迅早年對這夥人的斜視中還飽含著同情（比如《阿Q正傳》中對阿Q開赴刑場時的描寫），還保持著憤怒（比如〈藤野先生〉裏的有關陳述），但是，瞪眼的意識形態一經最後成型，我們的特殊旁觀者在使用斜視時，除了悲憫和同情，更多的只是調笑。他們的確值得笑話，值得無償地送給他們超過兩次的嘲笑。但魯迅的調笑已經明顯地帶有憂傷和絕望的性質。

　　閉眼的中國全靠這幫看客夥計們了。魯迅多次說過，群眾的伐惡之心並不下於軍閥。這種惡，也是由目光限定史及其教義定義過的。他們的閉眼，實際上是一種伐惡的體現：他們贊同他們看到過的殺頭、分屍吃人、蹂躪，贊同在麻木不仁中對人的尊嚴的肆意冒犯。這組成了看客們的基本生活，也組成了目光限定史定義下以閉眼為特徵的基本文明。依靠瞪眼的意識形態的指引，魯迅以一個特殊旁觀者的身份向看客們指點說：「這文明，不但使外國人陶醉，也早使中國一切人們無不陶醉而至於含笑。因為古代傳來而至今還在的許多差別，使人們各各分離，遂不能再感到別人的痛苦；並且自己各有奴使別人，吃掉別人的希望，便也就忘卻自己同有被奴使被吃掉的將來。於是大小無數的人肉的筵席，即從有文明以來一直排到現在，人們就在這會場中吃人，被吃，以凶人的愚妄的歡呼，將悲慘的弱者的呼號掩蓋，更不消說女人和小兒。」（《墳・燈下漫筆》）這一後果既是閉眼造成的，但它也同樣促成了閉眼。這裏又令人不無尷尬地遇到了類似於闡釋學循環一類的玩意。讓魯迅和瞪眼的意識形態絕望的是，無論怎樣，看客們面對如斯事實卻始終未曾睜過眼，他們樂在其中，陶醉、滿足，然後放心地睡覺，然後就是「採菊東籬下，悠然見南山」。

　　瞪眼的意識形態發現了中國看客們普遍的哭聲。但魯迅的瞪眼和斜視的力量更加看清了：只有被看者的哭聲，看客們在沒有成為被看者時是不會下淚的。讓—諾安（Jean Nahain）在《笑的歷史》一書裏很有趣地說：「《大百科全書》用了一點七六米的縱欄篇幅來解釋笑。而解釋眼淚的篇幅只有一點三七米長，疼痛一欄只有三十五釐米，而哭泣一欄僅僅二十四釐米。這說明，在過去的時代，我們的父輩乃至祖輩已經發現，理解牽動我們面部顴肌的動機，比理解導致我們突然哭泣，引起我們眼簾下分泌出含有千分之十四氯化鈉的鹼性水溶液的動機更為複雜。」對中國的看客們來說，這是再合適不過的比例：在基本群眾那裏，對他人哭聲的理解不是他們生活中的內容，只是可用於像待宰的鴨子那樣伸長脖子觀看的材料。他們是真正的旁觀者，和魯迅的旁觀者身份有著本質的差別。

　　正是這樣，瞪眼的意識形態徹底疲憊了。仿照卡夫卡的話說，它的疲憊是一個鬥劍士鬥劍後的那種疲憊。元曲說：「興亡千古繁華夢，詩眼倦天涯。孔林喬木，吳公蔓草，楚廟寒鴉。數間茅舍，藏書萬卷，投老村家。山中何事？松花醉酒，春水煎茶。」（張可久〈黃鍾·人月圓·山中書事〉）與此內容不同但思路一致，作為緩衝與換氣，斜視在瞪眼的意識形態中才會有著更加濃厚的比例。——魯迅懂得怎樣修改瞪眼的意識形態內部的各種配方。當目光限定史及其教義在當下基本群眾的生活中已萬難改變，當下生活因此拒不進化時，瞪眼和斜視了幾乎一生的魯迅陷入了深深的絕望。作為一個傳統目光的背叛者，魯迅一方面有可能去建立自己的交叉地帶（即次生生活），建立自己發言和觀看的身份與角度，另一方面，他又完全對瞪眼的意識形態產生的效果不抱任何希望。他的瞪眼和斜視也不再需要弗·詹姆遜（Fredric Jameson）所謂的「意識形態投資」，而是掏空瞪眼的意識形態：在他獨有的交叉地帶，魯迅只更換著瞪眼的意識形態內部配方的比例（比如三分瞪眼，七分斜視，或者相反），以針對不同的具體對象，也對應於彼時彼地內心的黑色境況。最終不再理會基本群眾的當下生活，只投以瞪眼和斜視就行。

　　如此這般，在瞪眼的意識形態那裏最後只剩下一片空無。向上倔起的笨拙眼神，落向旁邊的斜視，已經沒有任何實際內容；看起來被猛烈批判、被高度調笑的對象只是近乎虛擬的。魯迅也不再會在乎他（它）們。他臨死前扔下的「一個也不寬恕」，和他的眼神有著高度的一致性：既然一個也不準備寬恕了，餘下的還有什麼可理論的呢？它和瞪眼的意識形態最終的被掏空難道還有什麼區別嗎？群眾們遠去了，背負著目光限定史及其教義；魯迅身後留下的，只是對這些人孤零零的恨──恨鐵不成鋼的那種「恨」（不是「能憎才能愛」的那種恨）。他說：一個也不寬恕。宣告了他和他們絕對的分裂。當然，也宣告了他徹底失敗的鐵定命運。

腸胃的精神分析

1、腸胃的現實主義……

　　和病夫魯迅一樣，儘管我們每一個人都有一副蠕動著的腸胃，可我們平常卻不會專門花時間去理會它，直彷彿它從來都不存在。在從三閭大學輾轉回上海的船上，方鴻漸「博士」對他的未婚妻孫柔嘉女士說，儘管我們有那麼多親人，可我們把一生中用於想念他們的時間全部加起來，也很難超過數小時（錢鍾書《圍城》）。腸胃遇到的正是這種待遇。它正好也是我們的親人。通常只有在它出現了問題時，我們才會在迫不得已之間發現它原來依然還在那裏，像一隻勤勞的工蜂，一直在默默無聞地為我們的所有動作，哪怕是吃、喝、嫖、賭、獻媚、竊國、貪污、受賄等等提供有力的支撐。在《南腔北調集》裏，魯迅就曾經專門說到過腸胃的長期被忽略和偶爾的被重視，以及這中間合乎人性的原因。有趣的是，腸胃正是魯迅經常用到的辭彙之一，尤其是它的許多變種辭彙，早已組成了魯迅個人語境中的專門辭彙；這些辭彙在暗中支撐著魯迅的思維、眼光、語調直到寫作[1]。

　　在此值得當作對比的是詩人海子，他在自殺前半個月以幾乎凌亂的句式，天才般地寫到了糧食、腸胃和農業。和魯迅一樣，他也給腸胃打上了他個人的印記：

---

[1]　羅蘭・巴爾特說過，即使「一個詞語可能只在整部作品裏出現一次，但藉助於一定數量的轉換，可以確定其為具有結構功能的事實，它可以無處不在，無時不在。」（巴爾特《批評與真實》，上海人民出版社，溫晉儀譯，1999 年，第 66 頁）儘管「腸胃」一詞在魯迅的文本中並不是出現的最頻繁的辭彙，但它無疑是最重要的辭彙之一。

> 那裏的穀物高高堆起，遮住了窗戶
>
> 他們把一半用於一家六口人的嘴、吃和胃
>
> 一半用於農業，他們自己的繁殖
>
> 大風從東刮到西，從南刮到北，無視黑暗和黎明
>
> 你所說的曙光究竟是什麼意思？

（〈春天，十個海子〉）

　　嘴、吃和胃一邊聯繫著我們的人生動作，一邊連接著土地和糧食。在海子那裏，我們繁複的人生動作經由嘴、吃和胃最終掏空了糧食的五臟六腑，使大地變得虛無、荒涼。毫無疑問，在海子那裏，嘴、吃和胃是大地的殺手，是罪惡的器官（或動作）。海子以他的敏感心靈，透見了腸胃和豐收、土地、糧食之間剝奪與被剝奪的殘忍關係。很明顯，在海子的語境中，腸胃是一個倫理學問題；而在魯迅那裏，卻更看重腸胃的原始功能，它表徵的無疑是腸胃的現實主義：如何才能更加有效地容納和消化食物（糧食）。因此，海子的腸胃中包納的是土地，尤其是使土地變暗、變得空無荒涼的邪惡力量，是慾望；魯迅的腸胃中容納的，則是支撐我們做出各種人間動作的原始力量。如果海子語境中的胃如其所願地被摘除，大地肯定就安寧、美好和純潔了；如果魯迅語境中的胃不幸被消除了，大地就只有草木、野獸以及它們的自生自滅，按照魯迅一貫的話說就是：中國人肯定是要被擠出「世界人」之外（《熱風・雜感三六》）。

　　讓我們先把海子和倫理學的腸胃拋在一邊。實際上，從腸胃開始分析中國的現實境遇是魯迅較常用到的方法之一。對於中國這樣一個大同主義、小康主義曾經囂然塵上，幾千年來卻又無不為嘴、吃和腸胃奔忙的國家，魯迅這樣做並沒有什麼不可理解。值得注意的是，腸胃從一開始就不是作為一個孤零零的詞，而是作為一個具有包孕性的詞根出現在魯迅的語境之中，並由這個詞根演變出了許多專門性的派生詞彙。在魯迅那裏，腸胃從功能上說，首先是一個基礎：正是依靠它，才使人的身體得以生存下去。即使是聖子耶穌當年餓極了，也得不顧身份去偷人家

的東西吃，當主人警告說這就是犯法時，他還煞有介事地為自己的腸胃尋找神學理由（參見《馬可福音》12：3-12：6）。這當然沒有什麼可笑，而是「基礎」給了每一個凡夫俗子以宿命和大限。即使是聖子也不能例外，只要他還沒有三位一體。魯迅理解這中間的隱秘內涵。在腸胃問題上，如果不說魯迅只是一個現實主義者，最起碼也能說他首先就是一個腸胃的現實主義者。基於這一點，我們馬上可以說，恰好是腸胃的現實主義給了腸胃這個詞根最基本的涵義：它指明了這個詞根在自我推演、自我膨脹、自我完成過程中的方向和路徑。

　　魯迅多次說，我們的當務之急是：一要生存，二要溫飽，三要發展（《華蓋集・忽然想到》）。這裏容不得半點詩意，也和所有型號的倫理學暫時無干。它是現實的，也是功利的，帶有太多保國保種的焦灼感。而「生存」、「溫飽」、「發展」云云，正是腸胃作為詞根經過自為運動獲得的派生性辭彙。它既表明了「基礎」的意思，也把魯迅的腸胃現實主義擺渡到了它應該去的地方。這就是說，在魯迅那裏，腸胃一邊連接著簡單的保命術，另一邊卻連接著登龍術。可它又絕不是橋樑。和許多人的意見相反，基礎就是基礎，從來就不是別的什麼！它是生存的必需品。

　　腸胃也不需要墓誌銘，它是活體，始終處在時間的流動之中，它蠕動、收縮、擴張和吸附的節律，就是它自身的時間。更加準確地說，腸胃只有它自己的時間，也只聽從它自身時間的號令。這就是為什麼我們即使在忘記它時，它仍然能夠自得其樂、孜孜不倦地運轉的原因。為腸胃虛構一種假想的時間是不可思議的——這就是腸胃的現實主義最內在的要求，也是「基礎」最嚴厲的措辭。誠如保羅・德曼（Paul de Man）在《作為抹去的自傳》裏說的：「墓誌銘或者自傳話語之主要修辭法，是擬人化，是死後的聲音之虛構。」魯迅也說，夢是好的，否則金錢是重要的（《墳・娜拉走後怎樣》）。腸胃反對夢想，特別是當腸胃還沒有達到它自身的滿足的時候——儘管腸胃確實能支撐起我們的夢想。也只有它才能支撐起我們的夢想。腸胃的現實主義最隱蔽的潛臺詞是：它是代表能量的陽光進入我們身體最重要的中轉站。而我們說，腸胃的現實主義和它所要求的特殊的時間，使腸胃堅決反對包括擬人在內的所有修

辭法。腸胃是活體，魯迅通過《阿 Q 正傳》、〈孤獨者〉、〈傷逝〉告誡我們說，一定要記住這一點。

可是，一個非常簡單然而又十分緊迫的問題始終出現在魯迅眼前：幾千年來，儘管我們的腸胃從未缺席，儘管我們的腸胃一直都在暗中給我們提供力量，可它並沒有得到善待，並沒有得到我們的尊重。種種腸胃的倫理學、政治學給了它過多的傷害，給了它超過了它承受能力的眾多教義。在極端的時候，我們還常常以樹皮、草根、觀音土甚至人肉去敷衍它滑膩的時空。這是腸胃的倫理學對腸胃的現實主義最大的犯罪。一般說來，在腸胃的現實主義肚量的彈性限度內，中國的腸胃以它菩薩般的胸懷，原諒了腸胃倫理主義的敵意。它懂得，「腸胃」作為一個橫跨亙古的巨大詞根（而不僅僅是魯迅的詞根），它的自為運動畢竟還是給腸胃倫理主義的辭彙之達成開啟了後門，也預支了場地。是的，中國的腸胃現實主義一直有著寬廣的襟懷。

時而當忙月，時而打短工的阿 Q 在生計出現問題時——魯迅通過《阿 Q 正傳》告訴我們，也告訴了他的時代——照樣是要造反的。這是一個草民的腸胃在為自己的基礎地位、現實主義尋找尊嚴。魯迅的深刻在於，他不但以瞪眼和斜視看到了中國數千年來文化上的愚民、弱民政策，使得中國人的思想體格處於極度貧弱的狀態，也看到了文化自身的機制在對腸胃實施愚民政策，在時時打破腸胃現實主義的內部平衡。「造反」是「腸胃」作為詞根派生出的又一辭彙。

魯迅曾經提到了李自成的造反、張獻忠的造反。他暗示說，他們造反的目的和阿 Q 準備革命的宗旨並沒有根本差別。一旦李自成、張獻忠等人（當然也包括阿 Q）得勢，他們的秉性使他們仍然會毫不猶豫地造就新一輪腸胃現實主義內部的失衡。這都是些有來歷的老例了。在這裏，通過腸胃和腸胃的現實主義，魯迅毋寧說出了這樣一條真理：腸胃的尊嚴最終是冒犯不得的，腸胃最終是不可能被愚弄的。腸胃的現實主義有它的獨門兵法。腸胃作為詞根的派生詞彙之一「造反」，就是眾多獨門兵器中最厲害的一種。腸胃一邊維繫著我們的生存，一邊維繫著我們的尊嚴。當腸胃受到了類似於錢鍾書所說的那種不公正的待遇時，它

就會鋌而走險，起義造反。是腸胃最終把人逼上了梁山。是腸胃最終給予了改朝換代的最大助力。畢竟海子那種過於詩意的腸胃倫理主義在庸眾們那裏，從來就不會有像樣的市場。

　　魯迅碰到的時代正是一個大饑荒的時代，人人都面帶菜色；無論是肉體上的腸胃還是精神上的腸胃都沒有得到善待。在一篇雜文裏，魯迅說到了北京城沿街乞討的小孩。這是腸胃現實主義最動人的華章和最精彩的一幕。魯迅保證說，從這裏我知道了中國的未來。接下來的問題就順理成章了——魯迅的潛臺詞是：我們民族的腸胃早已出現了問題，這會引起什麼樣的結果，凡智商不等於零的人都不難想見，因為按照某種貌似莊嚴的口吻，畢竟孩子還是人類和民族的未來。在另一處，魯迅不無「惡意」地說，我的確是生得早了一些，康有為公車上書時我已經有好幾歲了，這真是不幸。為什麼會不幸呢？魯迅卻含糊其辭、王顧左右而言他。但他知道終有人會明白這裏邊的深意。

2、腸胃的倫理主義……

　　孔夫子的弟子們記錄了孔子說過的一句很有趣的話：「割不正不食。」他老人家的意思大概是，如果食物在刀法上顯得凌亂、不守規矩、破壞了應有的美感，我們的至聖先師是寧願餓肚子也不願意下箸的。聯繫到孔子「質勝文則野，文勝質則史」（《論語・雍也》）的說教，這自然可以理解。千百年來，我們的儒生、理學家、衛道士們在板著面孔之際，顯然忘記了孔夫子在這麼說話時包含著的更多的幽默感，也不願意在孔夫子身上去尋找他之所以這麼說話的原因。順便說一句，孔夫子的話裏邊還隱含著一個腸胃上的美學問題，也被眾多的孔家門徒給忽略掉了。是啊，在孔子那個年代，美學剛剛草創，割不正就不食，也未免顯得太奢侈。經生們怎麼願意注意這些有可能給聖人臉上抹黑的雞毛蒜皮呢？他們從那中間更願意看到的是格物、致知的心性功夫。我們都聽說了，只有有病——不管是身體有病還是精神有病——的人，才會過分重視吃食的面孔、成色和酸鹼度是否與自己的腸胃相匹配。後起的儒生們可不管

三七二十一，活生生把孔子的話上升到了象徵的高度，並由此開創了腸胃的倫理主義傳統。聽他們解釋說，刀法不正，帶出來的實際上是食物的非「禮」；而非禮的事情，我們都願意相信，老夫子從來都是不會幹的。

保羅・蒂利希在《文化神學》裏，一針見血地指出了象徵的一般性來源：所謂象徵，就是「出自我們今天所說的群體無意識，或者集體無意識，出自一個群體；這個群體在一件事物、一個詞語、一面旗幟或者不管別的什麼東西中承認了自己的存在。」「禮」當然就是儒生們的「存在之家」，自然也是他們腸胃的「存在之家」。具體到這裏，我們還有必要加上一個限定性條件：此處的集體無意識倒正好是儒生集團的有意識——是他們有意識地把意識強行處理成了無意識，最後把它弄成了象徵，當作了禁忌，並給予了它倫理主義的板滯面孔。因為千百年來，魯迅的腸胃現實主義暗示說，小老百姓夢想的從來都不過是大碗喝酒、大塊吃肉，至於割得「正」不「正」，大體上不會有什麼講究；到了民不聊生、易子而食的年頭，就更是去他娘了。因此，任何號稱無意識的東西幾乎從來都是被迫成為的。這裏不妨插一句，正是在這一點上的失察，使得容格（Carl Gustav Jung）之流的偉大理論從一開始就帶有了先天的殘疾。

孔子聞《韶》三月不知肉味，已近乎變態；孔子「食不厭精，膾不厭細」，似乎又在提前呼喚一種精緻的新美學。他在吃食上的窮講究，與其被門徒們上升到象徵的高度、腸胃倫理主義的假想位置，不如先在腸胃的現實主義水平上進行一翻思維游弋再說。正是在這裏，歷史謠言家魯迅敢於斷言：孔老二有胃病；而且他還指名道姓地說那是胃擴張，患病的時間大約是在周敬公十年以後（《南腔北調集・由中國女人的腳，推定中國人之非中庸，又由此推斷孔夫子有胃病》）。這不應該算是瞎把脈，畢竟魯迅是學過醫學的。除此之外，魯迅還有著強大的理由，這裏也一併羅列：無論從哪裡來的，只要是食物，壯健者大概就無須思索，直接承認那是吃的東西；只有患病的人才一再想到害胃、傷身，搞出了許多有關食物的禁忌（《墳・看鏡有感》）。這當然是更加準確的診斷，因為它建立在病理學和物質經驗的雙重基礎之上。

　　腸胃的現實主義在這裏擁有了足夠的批判力量：它面對祖傳的腸胃倫理主義時，有著鄙夷、蔑視和揮手之間就將它打發在一邊的能力（這暗合了向上倔起的眼神）。在魯迅看來，古老的、建立在「克己復禮」基石之上的腸胃倫理主義根本不值得再提倡，它是糟粕，同樣也是壓在腸胃上的巨大重負之一。正是它，導致了整個民族都患上了廣泛的胃下垂。尤其需要注意的是，腸胃的倫理主義一開始就給腸胃虛構了時間段落——王化的、由「禮」規定好了的四平八穩、低眉順眼的時間。所謂君子不飲「盜泉之水」、不吃「嗟來之食」。這種柔順的時間徹底摧毀了、取消了腸胃自身的時間。但它保證說，只有在王化的時間段落裏，腸胃才能獲得它需要的安寧、和平以及滿足（大同？小康？）。腸胃現實主義在經過它自身的思辯、運作後，毫不猶豫地打翻了虛構的時間——我們早就知道，腸胃的尊嚴最終是不能被冒犯的。

　　值得考慮的倒是，魯迅不僅是一個腸胃的現實主義者，同時也是一個倫理主義者。但他不是祖傳的倫理主義者，也不是海子那種詩意盎然的倫理主義者。在魯迅這裏，腸胃倫理主義反對詩意，它遵循它的主人對食物的理解方式，並由此去規定對食物的挑選，對食用方式的選擇。魯迅的腸胃倫理主義天然帶出了他對個人、時代、歷史、人生和文化的幾乎全部理解。由於腸胃作為詞根在魯迅個人語境中的內在含義，魯迅的腸胃倫理主義也有了它自己的獨特性。簡單說起來，和魯迅一貫關心的問題及其表情相一致，他的腸胃倫理主義也具備著痛苦的、口吃的質地。

　　在小說〈孤獨者〉裏，魯迅描寫了一個叫做魏連殳的知識份子。此人早年激進，抱著改造山河、富國強民的大志。殘酷的現實生活卻讓他處處碰壁，幾乎是經常性地食不裹腹，及至無人理睬。最後他破罐破摔，當上了一個地方小軍閥的幕僚，立時境遇大變，身邊經常性地聚集了一大堆唯利是圖、討好賣乖之眾和海吃大喝之人，其中也不乏那些先前對他的「不理睬」黨。但魏連殳最終只是一個孤獨者，因為他的真正目的、人生理想根本就不在這裏。和孔子的倫理學一樣，魏連殳的腸胃也自有它要排斥的「盜泉」和「嗟來之食」。不排除魏連殳身上著被許多論者所標明出來的種種特質和象徵意義，但他正好表明了魯迅牌腸胃倫理

主義的實質。魯迅的腸胃倫理主義的真正涵義毋寧是：在拋開祖傳倫理主義對腸胃的時間虛構後，新的倫理主義必須要給腸胃一個全新的、有利於富國強民的、並且是健康的、可靠的時間段落。這個時間段落一定要征得腸胃自身的時間形式的同意。這就是說，腸胃的倫理主義既要尊重腸胃的本己需求，但又決不為腸胃的原始現實主義犧牲自己的尊嚴（這在思路上倒有些近似於祖傳的腸胃倫理主義）。它同意《馬太福音》說的話：「人活者，不僅僅是為了麵包」（Man shall not live by bread alone）；也能在抽象的涵義上同意《文子》的建議：「外與物化，內不失情。」但它決不同意「割不正不食」。

魯迅的腸胃倫理主義的痛苦和口吃就在這裏：儘管他特別想找到可靠的時間段落去框架腸胃，但現實境遇不答應；在腸胃現實主義的巨大壓力下，他不得已犧牲了自己獨有的倫理主義，但倫理主義卻又為此痛苦不堪，並由魏連殳明知自己患了絕症也懶得去治療最終吐血而死來了結痛苦。魏連殳是腸胃現實主義和倫理主義深刻衝突的犧牲品，是炮灰和齏粉。在矛盾雙方之間，魯迅牌腸胃的倫理主義實在是很難對它們誰更有理做出準確的判斷——這自然就是口吃了。魏連殳的痛苦歸根到底是腸胃倫理主義的痛苦，魏連殳的孤獨也是腸胃倫理主義的孤獨。一件意味深長的事情是，魯迅接受過國民政府一家學術機構的聘請，雖然他從未到場視事，卻幾乎是直到死都在領取它發放的薪水。聯想到魯迅對國民黨及其政府的猛烈攻擊，而他似乎對只領薪水不幹事從來也不願意提起，這中間不正充滿著他的腸胃倫理主義的躲閃性嗎？該躲閃性和魯迅腸胃倫理主義的痛苦、口吃有沒有內在的一致性呢？

建立在「禮」上的倫理主義造就了一個四平八穩的胃口、對食物進行廣泛挑剔的胃口；建立在魯迅私人詞根之上的倫理主義造就了一個痛苦的胃口，它不斷在倫理主義和現實主義之間來往穿梭、居無定所。誰敢一口咬定哪一種更好，哪一種更糟？為了解決倫理主義本身的痛苦、口吃和它們帶來的躲閃性，既然魯迅早已槍斃了祖傳的腸胃倫理主義，那麼，他會聽從海子的建議，揀起海子那種充滿濃郁詩意的倫理主義即乾脆把腸胃給摘除嗎？對於海子的小兒之見，魯迅當然會不屑一顧。因

為腸胃的現實主義始終給魯迅提供了這樣一個發言的立場：活人只談活人的腸胃。海子的腸胃在魯迅那裏顯然指涉的是死人的腸胃。但魯迅肯定不願意知道（但他肯定知道），這個世界上，還是有人會在他的腸胃倫理主義指引下一條道走到黑的，比如海子，他用倫理學的胃口徹底取代了現實主義的胃口，山海關鐵軌上被火車砍成兩截的身體，表明了「徹底取代」帶來的悲劇性，而不是躲閃性和口吃；比如伯夷、叔齊，他們同樣是用倫理主義的胃口一步步取代了現實主義的胃口，只不過他們的步伐更從容、更中庸。有趣的是，在《故事新編》裏，魯迅也寫到了伯夷、叔齊。在魯迅明顯的調侃和譏諷的語氣中，我們看到了他的腸胃現實主義和腸胃倫理主義之間忽而搏鬥、忽而和平共處的真面孔（《故事新編・采薇》）。魯迅把這中間的痛苦給掩蓋了；聯想到不為別人服務卻又毫無愧色（？）地領取別人給出的薪水，魯迅以那樣的語調描寫伯夷、叔齊，其目的和宗旨不是反而更加欲蓋彌彰了嗎？

3、腸胃的拿來主義……

　　腸胃作為詞根，無論是在魯迅那裏，還是在傳統文化那裏，勢必和饑餓聯繫在一起。饑餓是腸胃派生出的又一個值得大寫的辭彙。腸胃的現實主義正好是建立在饑餓的基礎之上的：是饑餓讓我們在迫不得已之際開始重視我們的腸胃，腸胃也是通過饑餓這個可怕的仲介，向人籲請對它的尊重。饑餓迫使腸胃倫理主義高揚的眼光向下看，把目光集中在早已坍塌的肚皮上；饑餓在呼喚建立腸胃自己的倫理學——關於尊重腸胃的倫理學。

　　饑餓使腸胃自身的時間終於從隱祕的地方浮現在我們眼前，從而和我們的公共時間打成一片。但它的方式卻是特別的：它是金色的公共時間幕布上的黑色，是太陽中的黑子，是焦灼的時間。因此，兩種不同的時間終於重合了，也迫使人們重視腸胃自身的時間。一般說來，人們總是傾向於用最簡單的法子把它重新打發回到囊中。但這種漫不經心的方式，往往是要遭到報應的。

　　腸胃的倫理學一直在為饑餓規定方向和解決的線路而奔忙：吃什麼，不吃什麼；這樣吃，而不是那樣吃。所有的腸胃倫理主義都在幹著這樣的事情。因此，在腸胃的倫理主義和現實主義之間存在著天然的矛盾。腸胃的現實主義傾向於馬上解決饑餓，不管是什麼東西，不管怎樣搞到這些東西，也不管是以什麼樣的方式消耗掉這種東西（比如「割」得「正」不「正」就不在考慮之列）；倫理主義則傾向於對食物進行再三挑剔，反覆研究，以確定下口的方式和選擇什麼樣的食物。在通常情況下，倫理主義並不在乎饑餓痛苦的叫喊。腸胃倫理主義是天生的硬心腸，因為它本來就是由一群不知道饑餓為何物的腸胃們發明的。

　　一般來說，腸胃的倫理主義在腸胃的現實主義面前沒有不慘敗的，無論是魯迅牌倫理主義還是祖傳的倫理主義——為了果腹而背叛自己理想的魏連殳，自然是前者的好例證，被逼良為娼的良家婦女更是後者的蠟制標本。因此，口吃（支吾、猶豫）就是各種腸胃倫理主義的天然特徵，畢竟饑餓有著更大的力量，畢竟海子的倫理主義太完美了，以致於無法做到，畢竟祖傳的倫理主義太高大了，凡人們註定無法攀沿到那個致命的高度。「餓死事小，失節事大，」又有幾個婦人能夠終生奉為圭臬？為了解決倫理主義中暗含的口吃，祖傳的倫理主義選擇了「從權」：為了尊重腸胃，「嗟來之食」、「盜泉之水」也不妨一用。——畢竟像伯夷、叔齊那樣徹底的人並不多見。魯迅將會選擇什麼方法呢？

　　我們都知道，魯迅的腸胃倫理主義有著痛苦的一面，也有著強烈的躲閃性。這種痛苦來源於兩個方面：從我們專事批發經營辮子、小腳的國粹當中，找不到除了「從權」之外更好的理論資源；時代境遇在造成了廣泛的饑餓時並沒有提供更多的食物。總之，雖然中國地大物博，外國鬼子現有的一切東西我們都「古已有之」，但饑餓畢竟還普遍地存在著。它仍然是一種本地的、土生土長的饑餓。在倫理主義和現實主義發生衝突時，魯迅牌腸胃的倫理主義迫於饑餓的巨大能量，也只有先靠躲閃性——以躲閃之後的痛苦為代價——度過眼前的劫難，然後再想辦法。

　　魯迅說：「我們目下的當務之急，是：一要生存，二要溫飽，三要發展。苟有阻礙這前途者，無論是古是今，是人是鬼，是《三墳》《五典》，百宋千元，天球河圖，金人玉佛，祖傳丸散，秘制膏丹，全都踏倒他。」（《華蓋集‧忽然想到》）魯迅的意思是，這些祖傳的法寶和今人的鬼把戲，其實都無法解決普遍的饑餓：既解決不了精神上的饑餓，因為它為精神的腸胃規定了一種殘忍的、無視饑餓的倫理學；也解決不了肉體上的饑餓，因為它的教義往往使得土地裏的糧食連年遭災。當魯迅通過躲閃性度過了最初的饑餓後，他馬上開啟了腸胃的拿來主義之門：他把求救的雙手伸向了別人，伸向了域外。

　　拿來主義是作為倫理主義和現實主義之間衝突的調解者身份出現的。調解意味著看到兩邊。拿來主義既不同意祖傳倫理主義的迂腐、無聊，現實主義的完全喪失原則、有奶便是娘，也不忍心看到魯迅牌倫理主義始終處在無能的痛苦狀態和躲閃性的偷偷摸摸上。因此，拿來主義意味著，它要給予腸胃自身的時間以更加廣闊的解釋，它要把腸胃自身的時間搬到更大的空間中去，洗掉它的腥味，除去它的潮濕。但魯迅非常清楚，由於祖傳倫理主義對腸胃現實主義的長期規範、定義、修改、奴役，已經使得腸胃極度虛弱，難以承受、接納和消化有著強烈生猛性質的西餐。羅蘭‧巴爾特對使用筷子和使用叉子的現實境遇作過一次區分：「由於使用筷子，食物不再成為人們暴力之下的獵物，而成為和諧的被傳送的物質；它們把先前分開來的質料變成細小的食物，把米飯變成一種奶質物；它們具有一種母性，不倦地這樣一小口一小口地來回運送，這種攝食方式與我們那種食肉的攝食方式所配備的那些刀叉是截然不同的。」（羅蘭‧巴爾特《符號帝國》）與其說巴爾特是在讚揚中國的食物，不如說是在諷刺：上述言論已經把中國腸胃的虛弱性的原因和結果給一鍋端了——雖然整本《符號帝國》說的都是日本。正是在這種情況下，魯迅才說：

　　人＋獸性＝西洋人
　　人＋家畜性＝某一種人

（《而已集‧略論中國人的臉》）

　　排除這兩個算式中包含著的其他含義，我們完全可以把它們看作是中西腸胃比較學的綱領。魯迅在許多文字中都曾經暗示道：我們必須要有一副野獸一樣的好腸胃。拿來主義需要一副野蠻的胃口。從工具論的意義上說，拿來主義拿來的就是野蠻的腸胃。

　　遵循著這樣的設想，魯迅曾經塑造了一位手持長槍、大步行走在無物之陣上尋找敵人的「這樣一個戰士」（《野草・這樣一個戰士》）。我曾經指出過，我們要特別注意這個戰士手中的投槍，尤其是要注意投槍上的原始性。在這裏，原始性毋寧可以被看作是拿來主義所需要的那種腸胃的外部顯現、物化形式。因為魯迅說過，這個戰士肌肉發達，有如非洲土人一樣健康、野蠻。「這樣一個戰士」粗礪的腸胃，和他雖然無聊但堪稱勇敢的鬥爭方式完全吻合。

　　讓魯迅非常生氣的是，儘管腸胃的拿來主義早在他提出之前就已經被國人廣泛地使用了，但被拿來的各種東西──無論是西方的最新教義，還是最新式的洋槍洋炮，中國的腸胃都沒有能力很好地消化。出於中國腸胃的虛弱性，要麼就是這些東西被完全腐蝕掉，要麼就是中國的腸胃被它們搞得七零八落，腸胃自身的時間也被大卸八塊，離開母體而單獨轉動。這種情況早已被魯迅揭發出來了。在〈拿來主義〉一文裏，他指出中國的腸胃在面對外來食物時一貫採取兩種方法：要麼按照祖傳倫理主義的旨意拒絕拿來，甚至一把火燒掉──這就和善於放火燒房子的中國文化有著相當的一致性；要麼就是專門在外來食物中尋找已經腐朽的部分，因為它正好配得上只適合消化「流質」的中國腸胃。可是，既能消化外來食物，又能拒絕祖傳倫理主義的中國腸胃在哪裡？

　　這是魯迅碰上的又一個大問題。

4、腸胃的個人主義……

　　在鍛鍊中國胃口、強化中國胃口宣告徹底失敗之後，魯迅在無奈中只有選擇並依靠自己的胃口這一條路。只有自己的胃口強大起來才能自救；如果想去救人，當然也就因此擁有了前提。魯迅穿行在無數胃囊之

間，卻沒有找到拿來主義所需要的那種好胃口。而「鍛煉」、「強化」云云，需要希望作為後盾。在此處的語境裏，「希望」也是「腸胃」的派生詞彙之一。它意味著，在腸胃拿來主義的巨大廢墟之後，有著大片未曾開墾的處女地，那裏的時間柔軟、溫和，正在等待腸胃自身的時間能自動與它合一。希望有著心態上的雙重性：焦灼和從容。從容能讓魯迅堅信未來還是有的，也可以讓他把眼光投向將來；但焦灼卻分明已經標識了，形勢的急迫和希望本身的遙遙無期，使得魯迅經常性的陷入了絕望的地雷陣，從而喪失了從容。很快，魯迅弄明白了自己的尷尬處境，隨之對希望做出了堅定的區分：希望——如果不是虛擬的話，也是別人的，與他無干；絕望——這肯定是再真實不過了，卻是自己的，與他人無關。

　　腸胃的拿來主義迫於希望在心態上天然就沾有的雙重性的巨大壓力，徹底失敗了。拿來主義事實上成了一紙空文，蛻化為一個比喻，一句胡話。也正是由於希望的雙重性，使得魯迅把拿來主義的成敗的關鍵，最後一次寄託在自己的腸胃上。魯迅的腸胃怎麼樣呢？我們早就從魯迅的動作中（比如踃擊、背叛、跋涉、掙扎、向白天施割禮、斜視、瞪眼等等）生活中（比如領取國民政府的薪水），看見了魯迅的腸胃的種種特點：他的腸胃現實主義教導他，必須要為自己的腸胃而戰；他的腸胃倫理主義則唆使他，無論怎樣的戰鬥都得有一定的規矩，要遵循一定的律令。在所有的飲食中，總會有一部分被定義為「盜泉」、「嗟來之食」以及和「失節」形成鮮明對照的「餓死」。遺憾的是，由於歷史和現實對魯迅的交互作用，他的腸胃現實主義和倫理主義並不總是協調一致、和平共處——只領他的敵人的薪水而不為敵人幹事，已經把這種不一致給——挑明。因此，中國需要的腸胃拿來主義，魯迅也需要。這直接構成了魯迅的腸胃個人主義。

　　魯迅本人的胃口並不是非常健康。但他的胃口的不健康卻有著特殊的形式。和中國腸胃的普遍性、集體性虛弱最終導致在拿來主義催生下的拉稀不一樣，魯迅是嘔吐。魯迅的腸胃一生都在試圖接納希望、消化希望，結果卻無一例外地和他的腸胃有著先天的不合：希望在從容中預

支的遙遠的未來時間，始終在和魯迅腸胃自身的時間打架、鬥毆、刺刀見紅。魯迅嘔吐了，嘔吐出來的也不再是什麼希望，而是黑色的絕望。是的，那個人早就說過了，希望本無所謂有，也無所謂無。因此，絕望就是魯迅腸胃個人主義形成的嘔吐物。它們組成了魯迅作品空間的一磚一瓦。

魯迅說，他一直在拿著希望的盾，以抵擋絕望的矛（參見《野草·希望》等篇目）。這實際上已經把他腸胃個人主義的特點全部「點水」了：腸胃個人主義的最大特徵就是導致嘔吐（這和魯迅習慣於嘔吐的記錄方式遙相對應）。在魯迅完全否棄了祖傳的倫理主義之後，隨著集體的腸胃拿來主義的普遍失敗，他發現，腸胃的個人主義也有失敗的危險。順便插一句，祖傳的倫理主義、集體的拿來主義也一度充當過魯迅的食物，但它們還是被嘔吐出來了。魯迅為了獲得健康的身體，從生到死都在尋找可以食用的、非腐朽的食物。他本人的腸胃拿來主義使他很早就把嘴伸向了國門之外，他吞吃過大量的食品：個人主義、進化論、尼采主義、鬥爭哲學。讓人揪心的是，他的胃口在祖傳的倫理主義長期的薰陶下，一方面想反對祖傳的倫理主義，另一方面又不得不悲哀地承認，早已被祖傳的倫理主義弄得太過虛弱；再加上現實的殘酷境遇，使得他個人的倫理主義與腸胃現實主義之間，存在著巨大的矛盾並產生了強烈的躲閃性，共同導致了魯迅最終對幾乎所有外來食品的嘔吐——對各種信仰的習慣性背叛早已昭示了這一點。

魯迅乾瘦的身體和腸胃個人主義的嘔吐特徵有著極大的內在關聯。由於嘔吐，吃下的東西只有很少的一部分化作了營養以供他的動作所驅譴（比如魯迅的本地語調最終和傳統語調有了某種同一性就是顯明證據）；但在他做出的所有動作中，嘔吐本身卻佔據了絕大半比例。最終的結局是尷尬的：嘔吐本身導致了新的饑餓，需要新的「拿來」——既然本土的食品已根本不可食用；嘔吐導致了新一輪的嘔吐。我不知道魯迅在怎樣忍受這一連串充滿腥味的動作帶來的痛苦；而詳細描摹忍受和嘔吐的過程，也不是本人的本事所能及；但魯迅的文字作為嘔吐物組成的龐大建築群，卻給了我們可以直接觀察嘔吐的凝固形式。只要我們走進去，我們就能看見它、聽見它。

　　魯迅的嘔吐是相當深刻的。因為嘔吐把他的痛苦、絕望、憤怒給全部捎帶出來了，也將腸胃的拿來主義重新進行了論證。如果最初提出腸胃的拿來主義，只是作為對解決倫理主義的躲閃性和痛苦的可能方案的「大膽假設」，嘔吐毋寧就是對它的「小心求證」。小心求證的最終結果是：拿來主義是不可能的。不僅中國的腸胃已經集體性地虛弱到了不能承受外來食品的程度，腸胃的個人主義也不能成為通達它的道路。魯迅的深刻就在這裏，他為未來的中國從腸胃（不管它是一個詞根還是物態意義上的東西）的角度算了一卦：時至今日，我們真的有拿來主義嗎？我們真的已經擁有了一副野蠻的胃口？魯迅肯定預見到了，這是直到今天我們仍然無法很好回答的問題，也是直到今天我們必須要面對和解決的巨大問題。可是，沒有腸胃的拿來主義，我們的身體和思想肯定會過度虛弱，有了拿來主義就肯定不會虛弱了嗎？

結尾：失敗者

我們的確可以為魯迅給出許多不同的身份，因為他是如此複雜以致於我們不得不這樣做：黑暗隱士、無物之陣上的戰士、病夫、謠言家、懷疑主義分子、人間偉人、罵人者、虛無主義者、絕望者、斜視者、瞪眼者、腸胃問題的研究者、為白天施割禮者、次生生活的持有者、漂泊者、踹擊者、空白時光的艱苦填充者、各種比喻性人生理論的背叛者、各種小矮人的抨擊者、流水帳的記錄者、掙扎者……諸如此類，不一而足。它們都是魯迅，但它們都不單獨構成魯迅。每一種身份都遵循著自己的行進路線，都有自己確定的方向；所到之處，每一種身份也都留下了各自的遺跡和嘔吐物。無論魯迅以何種身份、何種方式，也無論他到達什麼地方，都有無數的瘋狗歡迎他的到來，而在他離開時，也有無數的看門狗狂吠著歡送他——猶如法國的小偷作家熱內（Jean Genet）曾經遇到過的情形。種種不同的身份穿過重重迷霧，在灰暗、曲折的迷宮甚至是找不到敵手的無物之陣上，突破了各種各樣的圍追堵截後，終於在距離迷宮和無物之陣五英尺的野地上相遇了：身份和身份彙聚在一起，方向和方向相逢、問好和點頭。它們互相從對方身上看見了自己的面孔，認出了自己的血液，發現了支撐它們跳動的同一顆心臟和那些不同的原因。

身份與身份以及方向與方向的匯聚和相逢，最終給了魯迅失敗者的身份。失敗者是魯迅在空無的時空中，通過自己的行動對自己各種可能的身份的精闢總結，當然也是迫不得已的、辛酸的和值得人們感慨與同情的總結。彷彿魯迅的所有身份都在等待著這一定型，儘管失敗者肯定不是魯迅最終想要的身份。林語堂說過，中國人一提到大名鼎鼎的蘇東坡都禁不住要會心一笑（林語堂《蘇東坡傳》）；現在我們也可以說，中國的讀書人一提到魯迅都會心情沉重。從終極意義上看，蘇東坡也稱得

上是一個失敗者，但他的失敗者身份和魯迅的並不相同。這取決於失敗被看到的方式：魯迅的失敗被看到的方式通常和別的失敗者遇到的情況幾乎完全不一樣。

蘇東坡在多次被流放和慘遭政治打擊的漫長旅途中處處題壁留詩，他把整個旅途用於審美、抒發感慨，並在強作歡顏中預支了人生的終點和大限。他用一種寬厚的、樂觀的心態對待失敗，最終將自己的失敗視作成功。在逝世前不久（那時他還在流放的途中），蘇東坡還以略帶興高采烈或自嘲的語氣說：問汝平生功業，黃州、惠州、儋州。我們都聽說了，這三個地方正好是蘇軾的流放地，並且一次比一次更遠。事實上，也正是通過這種方式，蘇軾的失敗被我們如此這般地看見了。他給我們留下了「會心一笑」。魯迅也多次遭到了流放，但他的流放從最根本的角度看，幾乎和政治權力無干，而是他的懷疑主義癖好使得他在各種身份、各種主義和信仰之間進行自我放逐。我們也都聽說了，紹興、南京、東京、北京、廈門、廣州、上海是魯迅自我放逐的漂泊地，個人主義、進化論、對人民大眾的信仰……是魯迅在長期的流放途中暫時的歇腳地和「悅來客棧」。在流放過程中，他戰鬥著，也對各種價值和信仰進行了習慣性地「背叛」。到頭來，他卻沒有蘇東坡那種強打精神的樂觀。蘇東坡說：「誰道人間無再少？門前流水尚能西，休將白髮唱黃雞！」魯迅則說：「一個也不寬恕。」這完全可以看作是他對自己流放和漂泊命運的總結。而我們也正是從這種隱秘的方式中，「看到」了魯迅的失敗和他的失敗者身份。

「一個也不寬恕」是魯迅留下的沉痛遺言，它表明，魯迅是在絕對的悲觀、痛苦和兩手空空之際含恨離開人世的。和許多別的人的意見相反，我更傾向於相信，「一個也不寬恕」與其說表明了無物之陣上的偉大戰士的偉大戰鬥成果，毋寧說透露了「這樣一個戰士」從長年的征戰中，獲得的對戰鬥的廣泛虛無感和失落感。因為「一個也不寬恕」正好標識了戰鬥對象的極度無聊。卡爾・克勞斯說：「我和我的公眾彼此都十分理解：它聽不見我說的，我不說它想聽見的。」「一個也不寬恕」也有這樣的面孔：無法被魯迅饒恕的對象根本就不在乎魯迅寬恕不寬恕

他們。事情的殘酷、悲哀甚至可笑就在這裏：在習慣性地對信仰的「背叛」中，懷疑主義者魯迅最終絕望地發現，臨死前他能抓住的唯一一根救命稻草就是堅決不寬恕。從終極的意義上看，一個也不寬恕有著強烈色屬內荏的性質：在看似的有力中透露出的恰好是虛弱；也正是從這裏，魯迅對自己的失敗者身份和失敗本身進行了確認。因為常識告訴我們，一個成功者是不會含恨離開人世的。魯迅的失敗者身份也可以幾經轉換被我們以如此這般的方式所看到。

　　魯迅的失敗和卡夫卡的失敗有著某種可比性。如果說卡夫卡終其一生都在向一個更高的法庭投遞有關自己無罪的辯護狀，魯迅的一生都在尋找自己可以立足的信仰帳篷；如果說卡夫卡因為膽小和缺乏耐心，最終以自辯失敗而結束，魯迅則是通過對戰鬥和批判的嗜好，一次次拋棄到手的信仰，以最後兩手空空而告終（「一個也不寬恕」除外）；如果說失敗者卡夫卡最後恐怖到了只有鑽進地洞的程度，魯迅最終則是絕望到了一個也不寬恕地嚴重地步。如果卡夫卡的哲學就是失敗哲學，因為失敗在他那裏早已是既成事實，卡夫卡是那種一開始就看見了自己終點的人，他的一生不過是在證明自己對終點的假定和預設；魯迅的哲學其實是關於成功的哲學，因為他的目的是要在一邊努力有趣地填充空白人生，一邊還要努力地改造國民性，以便被「歷史」和「意義」所挑選與追認。他渴望成功，他對自己命運的失敗大限是逐步覺察和慢慢承認與體認的。但魯迅對自己失敗者身份的承認始終有著含糊其辭的一面。這同樣也由「一個也不寬恕」這樣的句式和這樣的句式中包含的強烈語調給表達出來了。

　　有趣的是，魯迅的失敗是以他在人們（尤其是小魯迅們）眼中的成功來最終達成的。多年來，無論是哪種形式的魯迅研究，最後基本上都把魯迅塑造成了一個成功者。這裏邊的偏差是非常明顯的，因為魯迅的失敗是全方位的。作為一個普通人，他在填充空白歲月的過程中時時都充滿了痛苦和絕望──魯迅之所以接受叔本華和尼采痛苦的、悲觀的個人主義，而不是像五四一代（比如胡適等人）那樣去接受文藝復興時期樂觀的人本個人主義，原因是深刻的。在對信仰的追逐中，他是一個屢

教不改的「叛變」份子；他的最大理想是改變國民性，可是國民性並沒有因為有了他而產生絲毫改變──最明顯的例證在這裏：文化大革命中，儘管魯迅的著作和「毛選」幾乎有著相等的神聖地位，但魯迅的批判鋒芒和個人主義對整個「文革」如果不能說有推波助瀾的功績（即使有，責任也不在他），起碼也沒有減輕一點「文革」的殘酷性。他並沒有讓「文革」中人懂得什麼叫獨立思考、什麼叫有尊嚴的個人、什麼叫特立獨行和真正的革命──一種魯迅式的革命。這意味著，失敗的魯迅死後繼續在失敗。他有著天才般的文學創造能力──這至少有《野草》作證──，但他並沒有留下多少像樣的作品，大量文字只是時過境遷之後讀來讓人不大舒服的雜文。

尤其值得注意的是，為了抵抗這種廣泛的失敗感，為了緩衝這種失敗感給他帶來的痛苦，魯迅被迫發明了對他自己有效的「闡釋學循環」。仰仗它，魯迅令人辛酸地不斷模糊自己痛苦、失敗的原因與結果的界限，為的是給自己找到一個出氣的閥門。對於像魯迅這樣始終清醒的人，正如我們早已看到的，「闡釋學循環」並沒有多少實際用處。

儘管失敗是人類的根本主題──因為從終極的意義上看，這個世界並不存在什麼成功者──但我們中國人從來都不習慣談論失敗。也從來沒有人出於人道主義的考慮，為弱者和失敗者發明一種安慰性的有關失敗的哲學。我們只有關於成功的哲學，強人的哲學，儘管每一個有智力的清醒之士都知道成功從來就是虛妄。魯迅也說過，我們從來就沒有為失敗者鼓掌的習慣，我們如花的掌聲總是獻給那些虛擬的勝利者的──不管這個勝利者以怎樣的方式取得了「勝利」。而我們之所以大力歌頌魯迅，不正是把他也當成勝利者了嗎？為此，眾多的小魯迅們挖空心思發明了一種特殊的辯證法：即使面對失敗，他們也有本事本著一分為二的基本原則把它轉渡為成功。魯迅享受到的正是這種待遇，雖然他早已通過阿 Q 的精神勝利法批判過這一劣根性。魯迅的看法並沒有得到應有的尊重，即使是應用於魯迅本人。

魯迅的深刻和魯迅最吸引人的地方，並不僅僅是他那些極少數的優秀作品，更在於他對失敗和失敗者身份深入骨髓的體驗。如果一定要說

魯迅是「民族魂」，那也是因為魯迅身上濃縮了一個失敗的民族之所以失敗和構成這種失敗的精華性因素。如果一定要稱魯迅為人類的思想家——一如錢理群先生所認為的——，那也是因為魯迅對人類最終失敗這個最偉大的主題的深刻體認。魯迅是失敗中的失敗。他的出現，是造物主為了警醒老不爭氣的中國人的有意結果。它將魯迅挑選出來，讓他擔負起這一角色，正是「天之將降大任於斯人也」的標誌。魯迅也很好地完成了這一任務。這一切構成了一個巨大的象徵；可是很遺憾，習慣於從象徵（或用言語織體編織傳說）出發去思考國計民生的中國人，卻沒有把魯迅當作失敗的象徵來看待。

臺灣版後記

　　1998 年歲末，我在華東師範大學的博士生生活已經接近尾聲。一個傍晚，鍾鳴從成都給我打了一個電話，說他接受安徽一家出版社的邀請，希望他能組織一套同魯迅有關的書，力圖從生活的層面而不是官方意識形態的層面描寫魯迅。他告訴我，他希望他自己、王寅和我每人各寫一本，寫作的角度隨便自己挑。鍾鳴和王寅是我至今仍然崇敬的上一輩詩人，能與他們合作，是我莫大的榮幸，所以就一口答應了下來。

　　1999 年 7 月，我取得博士學位後，從上海到設立在北京的中央民族大學中文系執教。待一切安頓下來，已經到了這一年的 9 月。從 10 月開始，以兩週一章的速度，直到 2000 年元宵節，歷時半年後，本書總算全部寫完。遺憾的是，鍾鳴和王寅根本就沒有動筆寫一個字，鍾鳴那時正出人意料地忙於古玩生意（他後來成了一個大收藏家），王寅則在熱情蓬勃地為媒體效力。

　　在本書花城版（2003 年）和遠方版（2006 年）的〈後記〉中，我曾經寫道：「本書曾受蕭元先生的邀請，原打算在他主編的《芙蓉》雜誌上全文連載。但終於沒能成功。原因很多，此處就不講了。」大陸的讀者和個中人士知道這句話的潛臺詞，但鑒於本書此刻面對的是臺灣讀者，從前沒有講的事情實在有必要講一下。1999 年 11 月，我將寫好的前兩章寄給長沙的《芙蓉》雜誌。因為這個大型刊物在蕭元先生的主持下正處於鼎盛時期，連續發表了好些有衝擊力的文章。既然那些激烈的文章都能發表，我的不那麼激烈的文章也應該能夠見刊。儘管我和蕭元先生素不相識，但他很快來電話告訴我，他希望《芙蓉》雜誌能在翌年全年連載這本書。我當然很高興，便將稿子連續不斷地寄給他。但有意思的事情很快發生了。因為 1999 年最後一期的《芙蓉》雜誌發表了韓東先生的《論民間》，被雜誌的內部人士告發，蕭元隨之被迫辭去了主

編職務，連載的事情當然泡湯了。《論民間》的本義，不過是呼籲在大一統的國家意識形態中，能夠允許普通知識份子的公共空間存在，以供獨立思考和寫作之用。就是這篇措辭溫和的文章斷送了我的連載。另一件事更有意思。著名的《收穫》雜誌在 2000 年第 1 期發表了王朔的《我看魯迅》，以嬉皮笑臉的方式重新打量魯迅。因為王朔的特殊身份，這篇文章迅速引起了軒然大波，魯迅故鄉的中共宣傳部長公然要求當局懲治王朔；為挽回影響，《收穫》雜誌在 2000 年最後的五期中，不惜版面，以每期兩篇文章的容量，幾乎是按照官方的口徑「正面」訴說魯迅，試圖肅清王朔的文章造成的「流毒」。

在這樣的大背景下，本書根本不可能出版，單篇發表也是奢望，因為魯迅在中國大陸早已被官方神化，只要有人說魯迅的不是，一定會引起轟動，何況還有那麼多人在吃魯迅飯，他們不允許自己的偶像遭到破壞。直到 2003 年 8 月，本書才在花城出版社悄無聲息地出版，幾乎沒有引起像樣的反響。由此看來，有關方面從一開始就是錯誤的：大不了一本書，還真的能引起天下大亂麼？魯迅自己就說過，筆桿子從來就鬥不過槍桿子。他們槍桿子在握，還怕什麼呢？真不知道他們在怎樣學習他們所稱道的魯迅精神。

順便說一句，因為本書當初打算在《芙蓉》雜誌連載，這個雜誌又是一家文學刊物，所以沒有像通常的學術著作那樣，加上詳細的注釋。等幾年後本書在花城出版社出版時，我已經沒有能力再將注釋按照學術寫作標準給一一補上了。好在凡是本書引用過的文字和觀點，在正文中都有初略的出處，最起碼能證明筆者從來沒有把別人的東西當作自己的東西。坦率地說，我從來就沒有過這等貪財的想法，以致於把別人的財物當成自家的私貨。考慮到中國大陸學術界如火如荼的抄襲行為給臺灣讀者留下的惡劣印象，我的「順便說一句」也許不是多餘的。

我很高興這本書能在臺灣出版。我知道，有較長一段時間，魯迅在臺灣是禁區，臺灣的讀者對魯迅的興趣也不太大。但也許這正好能較為客觀地理解魯迅。在這裏我要說的是：魯迅是偉大的。儘管他人格有缺陷，但只要我們把他當人而不是當神看，這些缺陷都可以得到原諒，蒲

伯說，「犯錯誤的是人，原諒人的是上帝。」我還想說的是：本書絕不是謗書，而是對魯迅的另類理解，是嚴肅的學術著作，何況本人對誹謗一向嗤之以鼻。

感謝蔡登山先生和本書的責任編輯藍志成先生，感謝「秀威」在本書和臺灣讀者之間起到的牽線搭橋的作用。

2009 年 2 月 2 日，北京魏公村

國家圖書館出版品預行編目

失敗的偶像: 魯迅批判 / 敬文東著. -- 一版.
  -- 臺北市 : 秀威資訊科技, 2009.03
    面 ；   公分. -- (史地傳記類 ; PC0073)
BOD 版
ISBN 978-986-221-177-9 (平裝)

1.周樹人　2.傳記　3.學術思想　4.文學評論

782.884　　　　　　　　　　　　　98002236

史地傳記類　PC0073

失敗的偶像
——魯迅批判

作　　者 / 敬文東
主　　編 / 蔡登山
發 行 人 / 宋政坤
執行編輯 / 藍志成
圖文排版 / 黃莉珊
封面設計 / 李孟瑾
數位轉譯 / 徐真玉　沈裕閔
圖書銷售 / 林怡君
法律顧問 / 毛國樑　律師
出版印製 / 秀威資訊科技股份有限公司
　　　　　台北市內湖區瑞光路 583 巷 25 號 1 樓
　　　　　電話：02-2657-9211　　　傳真：02-2657-9106
　　　　　E-mail：service@showwe.com.tw
經 銷 商 / 紅螞蟻圖書有限公司
　　　　　台北市內湖區舊宗路二段 121 巷 28、32 號 4 樓
　　　　　電話：02-2795-3656　　　傳真：02-2795-4100
　　　　　http://www.e-redant.com

2009 年 3 月 BOD 一版
定價：330 元

・請尊重著作權・

Copyright©2009 by Showwe Information Co.,Ltd.

讀 者 回 函 卡

感謝您購買本書，為提升服務品質，煩請填寫以下問卷，收到您的寶貴意見後，我們會仔細收藏記錄並回贈紀念品，謝謝！

1.您購買的書名：＿＿＿＿＿＿＿＿＿＿＿＿＿＿＿＿＿＿＿＿

2.您從何得知本書的消息？

　　□網路書店　□部落格　□資料庫搜尋　□書訊　□電子報　□書店

　　□平面媒體　□ 朋友推薦　□網站推薦 □其他＿＿＿＿＿＿

3.您對本書的評價：(請填代號　1.非常滿意 2.滿意 3.尚可 4.再改進)

　　封面設計＿＿＿　版面編排＿＿＿　內容＿＿＿　文/譯筆＿＿＿　價格＿＿＿

4.讀完書後您覺得：

　　□很有收獲　□有收獲　□收獲不多　□沒收獲

5.您會推薦本書給朋友嗎？

　　□會　□不會，為什麼？＿＿＿＿＿＿＿＿＿＿＿＿＿＿＿＿＿＿＿

6.其他寶貴的意見：＿＿＿＿＿＿＿＿＿＿＿＿＿＿＿＿＿＿＿＿＿＿

＿＿＿＿＿＿＿＿＿＿＿＿＿＿＿＿＿＿＿＿＿＿＿＿＿＿＿＿＿＿

＿＿＿＿＿＿＿＿＿＿＿＿＿＿＿＿＿＿＿＿＿＿＿＿＿＿＿＿＿＿

＿＿＿＿＿＿＿＿＿＿＿＿＿＿＿＿＿＿＿＿＿＿＿＿＿＿＿＿＿＿

讀者基本資料

姓名：＿＿＿＿＿＿＿＿＿＿　年齡：＿＿＿＿　性別：□女 □男

聯絡電話：＿＿＿＿＿＿＿＿　E-mail：＿＿＿＿＿＿＿＿＿＿

地址：＿＿＿＿＿＿＿＿＿＿＿＿＿＿＿＿＿＿＿＿＿＿＿＿＿

學歷：□高中(含)以下　　□高中　　□專科學校　　□大學

　　　□研究所(含)以上 □其他＿＿＿＿＿＿＿

職業：□製造業 □金融業 □資訊業 □軍警 □傳播業 □自由業

　　　□服務業 □公務員 □教職　□學生 □其他＿＿＿＿＿＿

請貼郵票

To：114

　台北市內湖區瑞光路 583 巷 25 號 1 樓

　秀威資訊科技股份有限公司　　　收

寄件人姓名：

寄件人地址：□□□

（請沿線對摺寄回,謝謝!）

秀威與 BOD

BOD（Books On Demand）是數位出版的大趨勢，秀威資訊率先運用 POD 數位印刷設備來生產書籍，並提供作者全程數位出版服務，致使書籍產銷零庫存，知識傳承不絕版，目前已開闢以下書系：

一、BOD 學術著作—專業論述的閱讀延伸
二、BOD 個人著作—分享生命的心路歷程
三、BOD 旅遊著作—個人深度旅遊文學創作
四、BOD 大陸學者—大陸專業學者學術出版
五、POD 獨家經銷—數位產製的代發行書籍

BOD 秀威網路書店：www.showwe.com.tw
政府出版品網路書店：www.govbooks.com.tw

　　永不絕版的故事・自己寫・永不休止的音符・自己唱